高等院校财政金融专业应用型教材

保险心理学
(第2版)

陆剑清　编著

清华大学出版社
北京

内容简介

保险心理学作为一门研究保险领域人类心理与行为特征、决策规律及其应用的新兴交叉学科，其研究对象是面对风险时的人性。因此，本书基于心理学、经济学、金融学等相关理论文献，通过深入分析人类的风险决策特征，进而对保险心理机制及行为决策规律进行系统性研究，以构建保险心理学的理论体系架构，并根据我国保险实践，提出保险产品设计及营销推广的优化策略，最终促进我国保险业的健康发展。

本书既可作为高等院校专业课程教材，又可作为保险从业人员实务操作的指导与培训手册，还可作为新兴学科知识的普及读本。

本书封面贴有清华大学出版社防伪标签，无标签者不得销售。
版权所有，侵权必究。举报：010-62782989，beiqinquan@tup.tsinghua.edu.cn。

图书在版编目(CIP)数据

保险心理学/陆剑清编著. —2版. —北京：清华大学出版社，2023.1
高等院校财政金融专业应用型教材
ISBN 978-7-302-62191-1

Ⅰ．①保… Ⅱ．①陆… Ⅲ．①保险—应用心理学—高等学校—教材 Ⅳ．①F840

中国版本图书馆 CIP 数据核字(2022)第 229103 号

责任编辑：孟　攀
封面设计：杨玉兰
责任校对：周剑云
责任印制：刘海龙

出版发行：清华大学出版社
　　　　网　　址：http://www.tup.com.cn, http://www.wqbook.com
　　　　地　　址：北京清华大学学研大厦A座　　邮　编：100084
　　　　社 总 机：010-83470000　　邮　购：010-62786544
　　　　投稿与读者服务：010-62776969, c-service@tup.tsinghua.edu.cn
　　　　质量反馈：010-62772015, zhiliang@tup.tsinghua.edu.cn
　　　　课件下载：http://www.tup.com.cn, 010-62791865
印 装 者：北京同文印刷有限责任公司
经　　销：全国新华书店
开　　本：185mm×260mm　　印　张：14.75　　字　数：355千字
版　　次：2016年1月第1版　2023年1月第2版　印　次：2023年1月第1次印刷
定　　价：49.00元

产品编号：087879-01

第 2 版前言

在过去的近 40 年间,自然及人为灾害发生的次数均呈现逐年攀升的态势,尤其是近年来随着互联网媒体的深度介入,呈现在人们眼中的灾害显得愈加频繁。以 2009 年为例,全球各类自然及人为导致的巨大灾难事件一共发生了 288 次,约 15 000 人遇难,造成经济损失高达 620 亿美元,这些近乎发生于瞬间的生命和财产的蒸发给人们带来了强烈的心理冲击及恐惧情绪,进而深刻影响并改变着人类的风险决策模式,加速推进着人类心智的自我进化。

众所周知,我国是世界上遭受灾害最严重的国家之一,除了火山爆发之外,几乎面临着其他所有自然灾害的威胁,诸如地震、飓风、干旱、洪水等灾害发生的频率相当高。仅以 2014 年为例,无论是马航失联,还是云南地震、泥石流灾害等,无不牵动着广大国人的心弦,进而引起了社会各界对保险的广泛关注。因此,深入分析人类的风险决策特征,并据此对人类保险心理与行为规律展开系统性研究,对于推动我国保险理论及实务的发展具有重要的现实意义。

因受学术使命感与社会责任意识的驱使,笔者于 2015 年年末撰写了《保险心理学》一书,该书用 8 章内容概述了"保险心理学"所涉及的主要领域,通过深入系统地研究消费者的保险心理机制,提出了积极有益的理论模型、方法工具及对策建议,并希望以此突破广大消费者内心的"心理瓶颈",从而促进我国保险市场的健康发展。本书出版后即受到市场的欢迎,并收获了读者好评。

岁月荏苒,时光如梭。在此次修订中,《保险心理学》第 2 版在继承了原版基本框架以及相关内容的基础上,新增了第九章"神经科学的新探索与保险心理学",以使《保险心理学》所涉及的内容更为全面、分析更为深入,让读者能从本书阅读中获得更为系统的保险心理学理论与操作层面的知识。

总之,本书理论严谨、文献翔实、分析透彻、案例生动,是一部既实用又耐读的学术著作,在保证学术严谨性与规范性的同时,真正达到了专业性与趣味性相融合,学术性与可读性相统一的目的。同时,为了便于读者深入理解与掌握,笔者仍在各章内容前设置了"本章精粹"、"章前导读"及"关键词",在各章结尾处则配以"本章小结"与"思考题",以供读者思考和回味,因此具有极强的学习指导性。本书既可作为高等院校的特色课程教材,又可作为保险实务操作的指导与培训手册,更可作为新兴学科知识的普及读本,从而有效地满足社会各层次读者的广泛需求。

编 者

第1版前言

进入 21 世纪之后，尤其是互联网技术及其应用的迅猛发展，使人类前所未有地开始直面乃至体验各种风险及灾害所带来的严重的生命和财产损失。在过去的 30 年间，自然及人为的灾害发生次数均呈现逐年攀升的态势，尤其是近年来随着互联网媒体的深度介入，呈现在人们眼中的灾害显得愈加频繁。以 2009 年为例，全球各类自然及人为导致的巨大灾难事件一共发生了 288 次，约 15 000 人遇难，造成经济损失高达 620 亿美元，这些近乎发生于瞬间的生命和财产的蒸发给人们带来了强烈的心理冲击及恐惧情绪，进而深刻影响并改变着人类的风险决策模式，加速推进着人类心智的自我进化。

众所周知，我国是世界上遭受灾害最严重的国家之一，除了火山爆发之外，几乎面临着其他所有自然灾害的威胁，诸如地震、飓风、干旱、洪水等灾害发生的频率相当高。仅以 2014 年为例，无论是马航失联，还是云南地震、泥石流灾害等，无不牵动着广大国人的心弦，进而引起了社会各界对保险的广泛关注。因此，深入分析人类的风险决策特征，并据此对人类保险心理与行为规律展开系统性研究，对于推动我国保险理论及实务的发展具有积极的现实意义。

由于保险是风险管理的有效手段，所以保险活动组织的深度和密度也是市场经济是否成熟的一种衡量标准。然而，当前作为全球第二大经济体的中国，保险业务的开展状况却不尽如人意。与美欧日等发达经济体相较而言，我国的保险市场不仅需求不旺盛，而且保险业务在我国的开展也遭遇消费者的信任危机，这一危机源于广大消费者内心对于保险产品与服务存在着种种心理偏见与误解，进而严重阻碍了我国保险市场的健康发展。因此，如何有效化解广大消费者的心理偏见与误解，已成为广大保险业者无法回避且亟待解决的一个重要课题。

此外，经过多年的探索与实践，我国保险业者已经发现消费者的消费心理是影响其保险购买行为的重要因素，并且基于消费者心理技巧的推销术也已开始被广泛运用于保险营销活动中，但这毕竟仅限于"术"的层面，而缺乏深厚的学术底蕴作支撑，即在营销过程中来来回回就是那"三板斧"，最终难免陷于"知其然，却不知其所以然"的实践困境。长此以往，消费者难免会对这种简单生硬的推销套路感到厌倦，乃至产生抵触心理，久而久之，这不仅对我国保险业的可持续发展难以起到促进作用，而且还会产生负面影响。事实上，缺乏保险心理学理论支撑的保险营销实践则必成"无源之水"，前景堪忧。目前，保险市场中"低俗化"营销的乱象丛生也证明了这一点。然而，在当今中国，基于"道"的层面，系统深入地开展保险心理学理论研究及学科体系构建的市场需求已日益显现。

由于保险心理学是一门研究保险领域中人类心理与行为特征、规律及其应用的新兴交叉学科，并无现成的体系范式可参照，因而笔者在写作过程中完全是"摸着石头过河"，个中滋味如人饮水，冷暖自知。庆幸的是，邹咏辰硕士参与了本书资料的收集整理及初稿撰写工作，大大加快了本书的写作进度，最终成就了这部保险心理学的抛砖引玉之作。

事实上，保险心理学研究的对象是面对风险时的人性。因此，保险心理学主要是回答人们为何要购买保险产品，即人们购买保险产品的心理需求是什么，人们购买保险产品的内驱力机制如何，人们对于保险产品的认知有何规律性，哪些因素影响着人们的保险决策，人们保险决策有何偏差及其原因为何，诸如此类的问题。为此，笔者从心理学、经济学、金融学、营销学等著作中收集整理了大量与保险决策理论相关的文献资料，据以对保险心理展开系统研究，构建保险心理学科的体系架构，并根据我国保险实际，有针对性地提出关于保险产品设计及营销推广的优化策略。

全书共分八章，具体内容如下所述。

第一章为保险心理学导论。该章首先介绍了保险与保险业的起源及其历史沿革，然后界定了保险心理的基本内涵，明确了保险心理学的研究对象、方法与步骤，并对风险可保性及巨灾风险进行了专题探讨与案例分析。

第二章为保险心理的理论基础。该章分别对态度理论、预期理论、风险理论及福利理论的基本含义及其在保险心理中的应用等进行了系统的阐述。

第三章为保险需求与保险心理学。该章首先揭示了消费者对于保险产品的需要与需求来源，然后在此基础上提出了保险产品设计规律及相应的促销策略，最后评述了认知心理学中的"交叉感知匹配""锚定效应"，并分析了上述心理机制如何有效地应用于保险产品设计中。

第四章为风险评价偏差与保险心理学。该章着重分析了消费者在保险决策中容易产生的认知偏差，即概率认知偏差和保险风险认知偏差，并引入了相关研究成果。

第五章为风险认知与保险心理学。该章介绍了一系列关于"风险感"的研究成果，以及如何把握消费者普遍的情感心理和情绪特征，以期通过营销手段激发消费者对于保险产品的内在需求。

第六章为保费框定心理与保险心理学。该章基于消费者对于保险成本(保费)的认识显著影响其保险决策的行为的研究结果，即消费者对于成本费用的认知普遍存在着偏差，进而阐述了保险营销中对于消费者保险成本的适当描述方式。

第七章为保险权益评价与保险心理学。该章基于人们的保险行为选择并不是时时使得保单价值达到最大化，分析了人们的保险行为偏差，尤其是保单默认选项的设置对于保险权利维护行为的影响。

第八章为保险决策的情感效应与保险心理学。该章主要将情感学派的观点和成果运用于保险心理学研究领域，并引入了相关的研究成果。

总之，本书通过深入系统地研究消费者的保险心理机制，提出了积极有益的理论模型、方法工具及对策建议，有助于突破广大消费者内心的"心理瓶颈"，从而促进我国保险市场的健康发展。本书理论严谨、文献翔实、分析透彻、案例生动，是一部既实用又耐读的学术著作，在保证学术严谨性与规范性的同时，真正达到了专业性与趣味性相融合，学术性与可读性相统一的目的。

此外，为了便于读者深入理解与掌握本书内容，笔者还在各章内容前设置了"本章精粹"、"章前导读"及"关键词"，在各章结尾处则配以"本章小结"与"思考题"，以供读者思考和回味，因此具有极强的学习指导性。本书既可作为高等院校的特色课程教材，又可作为保险实务操作的指导与培训手册，更可作为新兴学科知识的普及读本，从而有效地满足社会各层次读者的广泛需求。

编 者

目 录

第一章 保险心理学导论 1
  第一节 保险与保险业概述 2
    一、保险的基本含义 2
    二、保险业的历史沿革 9
  第二节 保险心理学的研究对象、
         方法与步骤 16
    一、保险心理的基本含义 16
    二、保险心理学的研究对象 17
    三、保险心理学的研究方法 17
    四、保险心理学的研究步骤 19
  第三节 理论延伸：风险可保性和
         巨灾保险 19
    一、巨灾和巨灾风险管理 20
    二、平均决定论和极端决定论 21
    三、巨灾债券与风险管理 23
  本章小结 25
  思考题 26

第二章 保险心理的理论基础 27
  第一节 态度理论与保险心理 28
    一、态度的基本含义 28
    二、态度理论在保险心理学中的
        应用 28
  第二节 预期理论与保险心理 29
    一、预期的基本含义 29
    二、预期的理论背景 30
    三、预期的构成要素 30
    四、预期的分类 31
    五、预期理论的发展 31
    六、预期理论在保险心理学中的
        应用 32
  第三节 风险理论与保险心理 32
    一、风险的基本含义 32

    二、风险的分类 32
    三、风险与冒险的关系 34
    四、风险的心理认知 34
    五、风险的态度类型 35
    六、关于感觉寻求与风险态度的
        研究 36
    七、风险理论在保险心理学中的
        应用 36
  第四节 福利理论与保险心理 37
    一、福利的基本含义 37
    二、福利理论的发展 37
    三、福利理论在保险心理学中的
        应用 41
  本章小结 41
  思考题 42

第三章 保险需求与保险心理学 45
  第一节 投保心理与保险需要 46
    一、"需要金字塔"与保险心理 47
    二、购买动机与影响因素 48
    三、保险产品的感官认知 48
    四、自我认知与保险决策 50
  第二节 保险决策中的锚定效应和
         交叉感知 52
    一、锚定与锚定效应 52
    二、锚定效应的影响因素 54
    三、锚定效应与交叉感知匹配 58
  第三节 理论延伸：交叉锚定效应的
         若干应用 64
    一、黄金与交叉感知匹配 64
    二、风险决策与认知警戒 65
    三、风险管理与锚定效应 66
  本章小结 68

思考题 69

第四章　风险评价偏差与保险心理学 71

第一节　对事故发生概率的认识 72
一、决策权重函数：在0与100%之间 73
二、侧重于损失的概率 78

第二节　评价风险中的认知偏差 78
一、过度自信：你的汽车驾驶技术高于他人吗 78
二、后视偏差 80
三、"涌上心头"：熟识性偏差和可得性启发法 81
四、"天灾"与"人祸"：不同风险源下的保险决策 85

第三节　认知偏差与投保心理 87
一、恐怖袭击PK一切风险 87
二、具体疾病PK所有疾病 89

第四节　理论延伸：德国长期护理保险 ... 92
一、人口格局变化、社会责任转移和长期护理需求 92
二、信息因素和长期护理投保决策 .. 93
三、长期护理保险购买意愿的实证研究 95

第五节　拓展阅读：启发法与理性思考 97
一、思维的"捷径"：启发法 97
二、"认知吝啬"和认知偏差 100

本章小结 104
思考题 105

第五章　风险认知与保险心理学 107

第一节　认知心理学的归结主义分析框架 108
一、归结主义分析框架：经济学和心理学的理论引导 108
二、情感心理学的兴起 110

三、风险分析与风险感受 111
四、情感效应与情感启发法 112

第二节　风险感假说 116
一、风险感假说及其含义 116
二、情绪与认知的相互作用 117
三、情绪与认知调解 118

第三节　情绪的影响因素 131
一、生动性与灾害想象能力 131
二、个体对概率变化的不敏感 134
三、从决策到决策生效之间的时长 138

第四节　情绪风险管理 139

第五节　案例分析：保险营销和保户的占先情绪 141

本章小结 143
思考题 144

第六章　保费框定心理与保险心理学 147

第一节　框定偏差和得失框架 148
一、框定偏差和诱导效应 149
二、价值函数与保费框定 151

第二节　心理账户与保费框定 159
一、心理账户及其实验研究 159
二、心理账户与前景理论得失框架在保险领域的应用 164

第三节　案例分析：寿险投资中的心理账户效应 168

本章小结 171
思考题 172

第七章　保险权益评价与保险心理学 173

第一节　维持现状效应的含义与实验 174

第二节　保险诉讼权中的维持现状效应 175

第三节　限制诉讼权和维持现状的证据 178

本章小结 179
　　思考题 179

第八章　保险决策的情感效应与保险心理学 181

　　第一节　情感效应和保险索赔决策 182
　　　　一、保险索赔决策的实验研究 182
　　　　二、慰藉假说 186
　　第二节　情感效应和投保决策 189
　　第三节　保险心理研究的延展 196
　　本章小结 200
　　思考题 201

第九章　神经科学的新探索与保险心理学 203

　　第一节　神经科学在保险领域的应用 204
　　第二节　人脑结构与脑部兴奋追踪技术 206
　　　　一、人脑结构简介 206
　　　　二、人脑兴奋的衡量技术 208
　　第三节　神经科学在风险决策领域的主要发现 212
　　　　一、模糊性和风险决策的神经科学研究 212
　　　　二、短视损失厌恶的神经科学研究 215
　　　　四、风险决策者对于市场波动的生理反应研究 217
　　本章小结 220
　　思考题 221

参考文献 222

第一章 保险心理学导论

【本章精粹】

- 保险与保险业
- 保险心理学的研究对象、方法与步骤
- 风险的可保性和巨灾保险

【关键词】

保险　保险业　保险心理　保险心理学　可保性

【章前导读】

保险心理学是采用心理学与经济学的研究方法深入分析保险领域诸多行为的一门新兴交叉学科。本章首先介绍了保险与保险业的起源及其历史沿革,然后界定保险心理的基本内涵,明确保险心理学的研究对象、方法与步骤,并对风险的可保性及巨灾保险进行专题探讨与案例分析。

第一节 保险与保险业概述

1347 年 10 月 23 日,"圣克勒拉"号货船缓缓驶离意大利热那亚湾,开始了至马乔卡的航行,意大利商人乔治·勒克维伦为这次航行承担保险,出具了历史上最早的一张保险单。从此,保险与保险业就宛如那艘离港的货船,漂流到世界上的各个角落。

一、保险的基本含义

(一)保险的定义

保险是指投保人根据合同约定,向保险人支付保险费,保险人对于合同约定的可能发生的事故,因其发生所造成的财产损失承担赔偿保险金责任,或者当被保险人死亡、伤残、疾病或者达到合同约定的年龄期限时,保险人承担给付保险金责任的商业保险行为。可见,保险是一种转移风险的有效方法,它通过投保人向保险人支付一定金额的保险费把风险转嫁给保险人,一旦发生意外损失,被保险人即可获得保险人给予的损失补偿。

换言之,从经济学角度来看,保险是分摊意外事故损失的一种财务安排。投保人通过参加保险,将其不确定的大额损失变成确定的保险支出,即保险费,而保险人则集中大量的同类风险,通过向投保人收取保险费建立保险基金,用于补偿少数被保险人受到的意外事故损失。因此,保险是一种有效的财务安排,体现了一定的经济关系。从法律角度来看,保险是一种合同行为,体现了一种民事法律关系。根据合同约定,一方通过承担支付保险费的义务,以换取另一方为其提供经济补偿或给付的权利,这正体现了民事法律关系的内容——主体之间的权利和义务关系。可见,分担损失是保险的重要职能,保险双方以订立保险合同(保险单或协议)的方式,由投保人通过购买保单而把损失风险转嫁给保险人。

保险业是经营风险的特殊行业,然而并非所有风险都具有可保性。保险通常需要满足以下条件:

(1) 大量同质风险的存在。即某一风险不是在个别地区出现,也不是个别人可能遭受损害,而是在广泛地域内可能发生,并且会有相当数量的人可能受其影响。这样,保险人就能比较精确地预测损失的平均频率和程度。

(2) 损失应是偶然的意外。损失应是有可能发生,但不一定发生,且不是人为制造的风险。否则,保险费会无限上升,大数法则也会失灵。

(3) 损失必须是可以预测的。即损失的时间、地点和金额具有一定的确定性,能够用概率来衡量。

(4) 保险属于资金后备形式。在现实生活中,自然灾害(如火灾、台风、雷击、地震、海啸、洪水等)会给人的生命和社会财产带来严重损害,如人员伤亡、财产毁坏、生产中断等。尽管人类根据长期实践和科学研究,针对各类自然灾害采取了种种预防措施,但是由于自然灾害和意外事故具有不确定性,因而许多灾害事故还无法提前预防。虽然灾后抢救是减少损失的有效对策,如消防队灭火、海上救助以及沉船打捞等,但这也只能作为减少损失的一种手段,其功效范围具有局限性,灾害事故给社会造成的最终损失是客观存在的。因此,为了维持社会生产的正常运行及保护人们的生活安定,对于灾害事故造成的生命和财产损失必须进行经济补偿,如补偿车祸受害者的医疗费用开支、经济收入损失、汽车修理或置换费用等,而保险就是以资金支付方式给予经济补偿的一种后备形式。

(二)保险的要素

1. 可保风险的特性

可保风险是指保险人可以接受承保的风险。保险是人类处理风险的一种方式,它能为人们在遭受损失时提供经济补偿,但并非所有风险保险人都会承保。可保风险具有以下特性。

(1) 风险不是投机性的。对于投机性风险(如赌博,购买彩票、股票等风险),保险人是不承保的。

(2) 风险必须具有不确定性。即就某个具体单独的保险标的而言,投保人事先无法知道其是否会发生损失,发生损失的时间和程度如何。

(3) 风险必须是大量标的均有遭受损失的可能性。

(4) 风险必须是意外的且损失较大。

(5) 在保险合同期限内预期的损失是可计算的。保险人承保某一特定风险,必须在保险合同期内收取足够金额的保费,以聚集资金,支付赔款与各项费用开支,并获得合理的利润。

2. 保险风险的集合与分散

保险的过程既是风险的集合过程,又是风险的分散过程。众多投保人将其所面临的风险转嫁给保险人,保险人则通过承保将众多风险集合起来。一旦发生保险责任范围内的损失时,保险人便将少数人发生的风险损失分摊给全体投保人,即通过保险的补偿行为分摊损失,将集合的风险分散转移。

保险风险的集合与分散应具备两个前提条件:一是多数人的风险。如果仅是少数人的风险,那么就无所谓集合与分散,并且风险损害发生的概率也难以测定,大数法则便不能有效发挥作用。二是同质风险。如果风险为不同质风险,那么风险损失发生的概率就会不同,风险也就无法进行同一集合与分散。此外,由于不同质风险损失的发生频率与幅度具有差异性,因而进行集合与分散,会给保险财务管理带来不稳定性,保险人将不能提供有效的保险供给。

3. 保险费率的厘定

保险在形式上是一种经济保障活动,实质上则是一种商品交换行为。因此,厘定合理的保险费率,即制定保险产品的合理价格便构成了保险的基本要素之一。保险费率过高,保险需求会受到抑制;反之,保险费率过低,保险供给就得不到保障,而合理费率的厘定应依据概率论、大数法则的原则计算确定。

4. 保险基金的建立

保险的分摊损失与补偿给付功能是通过建立保险基金实现的。保险基金是用以补偿或给付因自然灾害、意外事故及人体自然规律所导致的经济损失和人身损害的专项货币基金,其主要来源是开业资金和保险费。保险基金具有来源的分散性、返还性、广泛性、专项性和增值性等特点,是保险的赔偿与给付的基础。

5. 保险合同的订立

保险作为一种社会经济关系,是通过保险合同的订立来确定的。保险是专门针对不确定性事件造成的经济损失给予相应的赔偿。由于风险是否发生、何时发生、其损失程度如何等均具有较大的随机性,所以这就要求保险人与投保人必须在确定的法律或契约关系约束下履行各自的权利和义务。如果不具备在法律或合同上规定的各自的权利和义务,那么保险经济关系就难以成立。因此，订立保险合同是保险得以成立的基本要素之一，是保险经济关系成立的法律保障。

(三)保险的特征

(1) 经济性。保险作为社会经济保障活动，是整个国民经济的有机组成部分。由于保险体现了一种社会经济关系，即商品等价交换关系，所以保险经营具有商品属性。

(2) 互助性。保险是在一定条件下分担了单位和个人所不能承担的风险，从而形成了一种经济互助关系，它充分体现了"一人为众，众人为一"的思想，因此，互助性是保险的基本特征。

(3) 法律性。由于保险这一社会经济保障活动是依据法律合同来开展的，所以保险又是一种法律行为。

(4) 科学性。保险是以数理统计为依据而收取合理的保险费，因此，保险经营的科学性是现代保险业生存和发展的重要基础。

(四)保险的职能

1. 保险的基本职能

保险的基本职能是指通过分摊风险以补偿损失或给付保险金。因为保险是将在一定时期内可能发生的自然灾害和意外事故所导致的经济损失，在具有共同风险的投保人中平均化，使少数人的经济损失由全体投保人共同分担，从而使个人难以承受的损失转变为多数人可以承受的损失，通过上述分摊方式，给予遭受损失的被保险人以经济补偿。可见，分摊风险是补偿损失的前提和手段，而补偿损失则是分摊风险的目的。

2. 保险的衍生职能

(1) 投资职能。由于保险费的交纳与给付的发生具有一定的时差性，这就为保险人开展投资活动提供了可能；同时，保险人为了使保险业务经营稳定，必须保证保险基金的保值增值，这就衍生出保险的投资职能。补偿损失的给付保险金活动是保险人的负债业务，而利用保险基金进行投资活动则是其资产业务。目前，投资已成为保险公司收益的重要来源之一。

(2) 防灾防损职能。保险是承担风险的业务活动，作为保险经营者，为了稳定经营，需要通过人为的事前预防，以减少损失的发生。为此，保险又衍生出防灾防损职能。保险公司通常以提供损失管理服务来实现其防灾防损职能。损失管理服务的主要方式包括分析潜在的损失风险、评价保险标的的风险管理计划、提出费用合理的替代方案及损失管理措施等。

(五)保险的作用

保险的作用是指在国民经济中保险活动所引发的社会效应,具体表现为保险在宏观经济中的作用和保险在微观经济中的作用。

1. 保险在宏观经济中的作用

保险在宏观经济中的作用是指保险活动对于国民经济总体上所产生的经济效应,具体包括以下4个方面。

(1) 保障社会再生产的正常运行。社会再生产过程由生产、分配、交换和消费4个环节构成,它们在时间上是连续的,在空间上是并存的。即社会总产品的物流系统和价值流通系统在这4个环节中的运动过程在时间上是连续的,在空间分布上是均衡的。然而,社会再生产过程的这种连续性和均衡性会因遭受各种灾害事故而被迫中断或失衡,保险则能及时迅速地对这种中断或失衡发挥有效的补偿恢复作用,从而保证社会再生产的连续性和稳定性。

(2) 有助于财政收支计划和信贷收支计划的顺利实现。财政收支计划和信贷收支计划是国民经济宏观调控的两个重要方面,而自然灾害和意外事故的发生不仅可以造成财政收入的减少和银行贷款归流的中断,并且还会增加财政和信贷支出,从而给国家宏观经济调控带来困难。如果企业参加了保险,财产损失获得保险赔偿,恢复生产经营也就有了资金保障,而生产经营一旦恢复正常,就能保证财政收入的基本稳定,银行贷款也能得到及时清偿。此外,受灾单位由于得到了保险赔偿,也就减少甚至无须财政和银行的信贷支持。由此可见,保险确实对财政收支平衡和信贷收支平衡发挥着重要的保障作用。

(3) 增加外汇收入,增强国际支付能力。保险在对外经济贸易和国际经济交往中是必不可少的一环,按照国际惯例,进出口贸易都必须办理保险。保险费和商品的成本价及运费构成了进出口商品价格的三要素。出口商品时争取到岸价格,即由卖方在本国保险公司投保,就可以赚取保险外汇收入;反之,在进口商品时争取离岸价格,即由买方负责投保,则可以减少保险外汇支出。保险外汇收入是一种服务性贸易收入,对于增强本国的国际支付能力发挥着积极的作用。

(4) 有利于科学技术向现实生产力的转化。高新技术的采用意味着新的风险,保险可以为企业开发高新技术产品及使用专利提供风险保障,从而促进高新技术的推广应用。

2. 保险在微观经济中的作用

保险在微观经济中的作用是指保险作为企业或个人风险管理的财务处理手段所产生的经济效应，具体包括以下 4 个方面。

(1) 有利于受灾企业及时恢复生产。尽管自然灾害和意外事故是不可避免的，但是自然灾害和意外事故何时发生、在何地发生、波及面有多广、财产受损程度如何等则是偶然的，事先难以预测的。而企业参加保险后，一旦遭受灾害事故损失，就能按照合同约定的条款及时获得保险赔偿金，重新购置资产，恢复生产经营；同时，由于恢复生产及时，还可以相应减少受灾企业的间接经营损失。

(2) 有利于企业加强经济核算，增强市场竞争能力。保险作为企业风险管理的财务手段，能够把企业不确定的巨额灾害损失转化为固定的、少量的保险费支出，而将保险费摊入企业的经营成本或流通费用中则是完全符合企业经济核算制度的，因为企业通过交纳保险费把风险转嫁给保险公司，这样不仅不会因灾损而影响企业生产成本的均衡，而且还可以保证企业财务状况的稳定，增强企业的市场竞争能力，从而更有利于企业的健康发展。反之，如果企业不参加保险，那么为了不因自然灾害和意外事故而使生产经营中断或萎缩，就需要安排一笔风险储备金，这对于企业个体而言既不经济也不现实。

(3) 有利于企业强化风险管理意识。保险赔偿虽然可以在短时间内迅速消除灾害事故的影响，但毕竟造成了社会物质财产的损失，而且被保险企业也不可能从风险损失中获取额外的利益。因此，防患于未然是企业和保险公司利益一致的行为。保险公司常年与各种灾害事故打交道，积累了丰富的风险管理经验，可以帮助投保企业尽可能地消除风险隐患，从而达到防灾防损的目的。此外，保险公司还可以通过保险费率这一价格杠杆充分调动企业防灾防损的积极性，共同搞好风险管理工作。

(4) 有利于安定人们的生活。自然灾害和意外事故对于家庭而言是不可避免的，参加保险则是家庭风险管理的有效手段。例如，参加家庭财产保险可以使受灾家庭恢复原有的物质生活条件，而当家庭成员遭遇伤、残、病、老、死等事故时，人身保险作为社会保险和社会福利的补充，对于家庭的正常生活能起到积极的保障作用。此外，在日常生活中难免会发生民事赔偿责任造成的第三者人身伤亡或财产损失，通过责任保险就可以有效地保障受害人的经济利益。可见，保险对于安定人们的家庭生活起着积极有效的作用。

总之，保险在社会经济中的作用主要体现为：一是发挥社会减震器作用，以保障社会经济生活的安定；二是发挥经济助推器作用，为社会投资、生产和流通保驾护航。

(六)保险的分类

保险通常具有以下 4 种分类方式。

1. 按保险的业务实施方式分类

保险业务按其实施方式可以分为强制保险和自愿保险。

(1) 强制保险。强制保险是指以国家法律形式强制实施的，凡属于保险范围内的有关单位和个人必须参加的保险，保险金额则由政府统一规定。

(2) 自愿保险。自愿保险是指由投保人与保险人自愿签订保险合同而形成的保险关系，投保人根据自己的实际需要和承担保险费的能力决定是否参加保险，并且自主选择险种、确定保险金额，而保险人则根据投保人的情况决定是否接受投保。

2. 按保险标的的保障范围分类

保险业务按保险标的的保障范围可以分为财产保险、人身保险、责任保险和保证保险。

(1) 财产保险。财产保险是指以财产为保险对象，对因自然灾害或意外事故所造成的物质财产损失实行经济补偿的保险。由于财产保险通常是对以物质形态存在的财产进行保险，因而又称为财产损失保险，具体包括单位财产保险、家庭财产保险、工程保险、运输工具保险、货物运输保险等。

(2) 人身保险。人身保险是指以人的寿命、健康和身体为保险对象，对被保险人的死亡、伤残、疾病、年老丧失劳动能力或保险期届满由保险人给付保险金的保险，包括人寿保险、健康保险和人身意外伤害保险。

(3) 责任保险。责任保险是指以被保险人的民事损害赔偿责任为保险对象，保险人依法或者根据合同约定对被保险人应对他人的损害负有经济赔偿责任的，由保险人负责赔偿的保险。

(4) 保证保险。保证保险是保险人向债权人提供的一种担保业务，保险人对债权人因被保险人的不法行为(如盗窃、诈骗)或不履行合同约定而遭受的损失，负担经济赔偿责任。保证保险包括忠诚保证保险、履约保证保险等。

3. 按保险政策分类

保险业务按保险政策可分为社会保险和商业保险。

(1) 社会保险。社会保险是指社会通过立法，采取强制措施对国民收入进行分配和再分配，从而形成专门的保险基金，当劳动者暂时或永久丧失劳动能力及失去工作机会时，在物质上给予社会帮助以保障其基本生活水平的制度。社会保险主要包括工伤保险、失业保险、生育保险、养老保险、死亡保险等。

(2) 商业保险。商业保险是指根据商业化经营的原则，通过收取保险费建立保险基金，对财产损毁或人身伤亡实行经济补偿或给付的一种社会后备制度。

4. 按可保风险的转嫁方式分类

保险业务按可保风险的转嫁方式可分为原保险、再保险和共同保险。

(1) 原保险。原保险是指由投保人和保险人直接签订保险合同而形成的保险关系。

(2) 再保险。再保险是指保险人为避免因风险过于集中致使一次灾害事故影响自身财务状况的稳定，将其所承保业务的一部分或全部再次向另一保险人保险的经济行为。

(3) 共同保险。共同保险是指由若干个保险人共同承保同一笔保险业务，当发生赔偿责任时，其赔款按照各保险人自身承担的理赔金额赔偿损失。

二、保险业的历史沿革

保险作为人类趋利避害、祈求平安的思想和活动由来已久，早在我国《周书》中就有记载："国无三年之食者，国非其国也；家无三年之食者，家非其家也，此谓之国备。"在这一积谷防饥的思想中便蕴含着朴素的保险理念。而在更早的3000多年前，古代"船帮组织"在水流湍急的长江上运输货物时，为了避免触礁翻船而导致灭顶之灾，便将一人的货物分装于数艘船上，以达到分散风险的目的，这就是先人们原始的保险活动。

可见，保险因风险而起，无风险就无保险。而风险是客观存在的，它既不因社会制度变迁而趋避，也不因时代进步而消失。正是因为风险的存在，才有了分担风险的保险的诞生，而保险业则是商品经济发展到一定社会阶段的产物。

保险业的萌芽形态可以追溯到古代社会某些分散风险的方法和互助组织，如我国夏代后期出现的储粮备荒赈济灾民制度。然而，真正意义上的保险业则是近代资本主义社会经济发展的产物。

(一) 保险业的兴起

尽管保险业的起源可以追溯到久远的古代，但保险业的真正兴起则是从近代开始的。大约在14世纪后半叶，海上贸易和海上保险活动在地中海一带已相当活跃，海上贸易在当时既是一种高收益的事业，又是一种高风险的活动，因为在海上贸易的过程中，船损和货损事故时有发生。因此,商人们在从事海上贸易活动的同时,便以前所未有的热情关注着如何减少和分散风险损失。在这一时期,从事海上贸易的商人和保险人开始以合同的方式明确保险业务,合同关系的引进,对于保险制度的发展具有重大意义。15 世纪末,美洲大陆及通往印度航道的新发现标志着资本主义国家可以在更为辽阔的世界市场上纵横驰骋。当冒险家们开始扬帆远航,寻找极具诱惑力的海外市场时,海上风险便对其形成一种致命的威胁,近代保险业便在这种状况下应运而生。下面按时间顺序介绍几种主要的保险形式。

1. 海上保险

保险的产生和发展经历了一个漫长的历史过程,最古老的保险形式是海上保险。早在公元前两千多年前,善于经商的地中海沿岸的城市居民就有广泛的海上贸易活动。当时的船舶构造简单,无法抵御海上风浪的冲击,因此,航海经商被视为一种冒险活动。当货船在航行中遇到狂风巨浪时,人们所能采取的唯一应急措施就是抛货入海,以减轻货船的载重,使其能尽快脱离险境。然而货物一旦被丢弃,拥有这批货物的商人就会遭受巨大的经济损失。而在决定抛货时,当然会引起船货各方的争议,因为任何一方都不愿意抛弃自己的财产而为他人的利益作出牺牲。

因此,为了避免争议,及时解除船货共同风险,使货主的损失能够得到应有的补偿,商人之间逐渐达成了一项共同遵守的原则——"一人为大众,大众为一人",并逐步形成一种习惯做法,即货船发生风险时,由船长作出决定,同时规定因抛货引起的损失,则由获益的船货各方共同分摊,这就是保险业著名的共同海损分摊原则。

这样,虽然一个人所受的损失是巨大的,但是分摊到每个人身上也就微不足道了。公元前 916 年,这一原则被罗地安海商法采用之后,又被许多国家所认同,该商法规定:"凡因减轻船只载重被抛入海中、为全体利益而牺牲的货物,应由全体分摊补偿。"

后来,原始的补偿办法逐渐演化成为商业保险,保险人取代了"全体"这个角色,负责收取每个人所支付的保险费,如果"全体"中的任何个人因意外事故而遭受财产损失或者人身伤亡,保险人就可以把集中的保险费补偿给个人。

进入 14 世纪中叶,海上保险获得了长足发展,这就是保险单的出现及海上保险法规的诞生。世界上最早的保险单是 1347 年 10 月 23 日由意大利热那亚商人乔治·勒克维伦签订的承保船舶保险的一张保险单。这一时期,意大利的商人和保险人都非常活跃,其足迹遍布整个欧洲。

如今英国伦敦保险中心的伦巴第街,就是由于意大利商人伦巴第经常在那里经营保险业务而得名。1397年,在意大利佛罗伦萨出现了保险单,开始承保海上灾害等保险业务,到15—16世纪,还制定了一系列相应的法规。例如,1435年,西班牙的巴塞罗那法规就取缔海上保险弊端、防止欺诈、禁止赌博等作出具体规定;1523年的佛罗伦萨法规在总结过去海上保险做法的基础上,制定了标准的保单格式,对于承保责任范围的规定较为具体。可见,早期的保险活动发源于14世纪的意大利,是围绕海上贸易进行的。

进入15世纪,海上贸易的中心从意大利转移到了英国。1688年,英国人劳埃德在伦敦开设了一家咖啡馆,为过往的船主和商人提供交流和休息的场所,使其成为船东、船长、商人、经纪人的聚集场所。1696年他出版了一份小报——《劳埃德新闻》,主要报道船舶起航和到达时间、海难、货物运输等海事信息。1734年又出版了《劳合动态》,至今仍在出版。1769年劳埃德咖啡馆的一批顾客组建了海上保险团体;1774年,劳埃德合作社(简称劳合社)正式成立。在以后的100多年间,它不断发展壮大,成为英国海上保险中心和世界上最大的保险组织之一。进入18世纪,伦敦已成为世界上最具实力的海上保险市场。1906年英国制定了《海上保险法》,这部法律是参照各国商业习惯和判例而制定的,长期以来它对资本主义各国的保险立法产生了深远影响,至今仍然是保险业界的权威法典。

2. 火灾保险

继海上保险之后出现的是火灾保险,公营火灾保险源于德国。1591年,德国汉堡的酿造业者成立了火灾救助协会,凡加入者遭遇火灾时可获得救助。17世纪初,德国盛行互助性质的火灾救灾协会制度。1676年,第一家公营保险公司——汉堡火灾保险局由46个协会合并而宣告成立,这就是公营火灾保险的开始。18世纪后,这种公营的火灾保险局在德国各地已十分普遍。

私营的火灾保险始于英国。1666年9月2日,伦敦市皇家面包店由于烘炉过热而起火,大火失去控制,连烧了五天五夜,伦敦全城85%的房屋被烧毁,20多万居民无家可归。这场大火使人们开始思考如何解决火灾损失的问题。1667年,牙科医生巴蓬个人独资创办了保险营业所,承接民用住宅和商业房屋的火灾保险业务。1680年,由于业务的发展,他邀请3人集资2万英镑,建立了一个火险合伙组织,开始按照房屋的租金和结构收取保险费。

18世纪末19世纪初,英、法、德美等国相继完成了工业革命,其直接的结果是物质财富的大量增加和迅速聚集,客观上增加了对火灾保险的需求。因此,火灾保险业迅速发展,并且保险组织以股份公司为主。最早的火灾保险股份公司是英国太阳保险公司,该公司1710

年由查尔斯·玻文在英国创办，它不仅承保不动产，而且承保动产，是英国现存最古老的保险公司之一。

3. 人寿保险

人寿保险历史悠久，在古代一些国家中曾出现过某些类似于人身保险的原始互助组织，这些组织以互助形式来分担人们所遇到的经济困难，如丧葬费用等。古埃及石匠行业中曾有过一种互助合作组织，参加者需交纳会费，建立分摊基金，当有会员死亡时，由该组织支付丧葬费用；古希腊的城市中有一种名为"公共柜"的组织，平时人们可以投币募捐，在战时该组织则用于救助伤亡者；古罗马有一种宗教性质的丧葬互助会，参加者入会时交纳一定的会费，以后每月都会交纳会费，当有会员死亡时，由该互助会支付丧葬费用，并救济其遗属。

随着商品经济的发展，从事人身保险的组织逐渐由互助形式转化为经营形式。即由一个经营者专门负责人身保险基金，从而在参加者和经营者之间建立起债权债务关系，这样，就使原先的互助行为转变为商业行为。

进入15世纪，随着海上贸易的发展，海上保险逐渐发达起来。当时奴隶贸易十分盛行，奴隶们被作为商品通过海上进行贩运，为了保证所贩奴隶的价值，开始出现以奴隶的生命作为标的的人身保险，以后又逐渐发展为船长和船员的人身保险。到16世纪，安特卫普的海上保险开始对旅客实行人身保险。

而现代人寿保险的出现则与死亡率被精确测定相关。1693年，著名天文学家哈雷根据德国布勒斯劳市居民的死亡统计资料，编制了世界上第一张完整的死亡表，精确计算出各年龄段人口的死亡率。18世纪中叶，托玛斯·辛普森根据哈雷的死亡表制成了依据死亡率变化的保险费率表。之后，詹姆斯·多德森又根据年龄的差异编制出更为精确的保险费率表。

1762年，英国创办了世界上第一家人寿保险公司——伦敦公平保险公司，该公司即以死亡表为依据，采用均衡保险费理论来计算保险费率，并对不符合标准的被保险人另行收费。该公司对于交纳保险费的宽限期、保单失效后的复效等均作了具体规定，并在保单中详细载明，而收取均衡保险费则使投保人不会因为被保险人年高(生命危险增加)、工作能力降低(收入减少)而多支付保险费。伦敦公平保险公司的成立标志着现代人寿保险制度的形成。

4. 责任保险

与前几种保险形式相比，责任保险的出现则要晚得多，它最先产生于19世纪中叶的英国。1855年，英国铁路乘客保险公司首次向曼彻斯特和林肯铁路系统提供承运人责任保险，开责任保险之先河。此后，建筑工程公众责任保险、马车第三者责任保险、雇主责任保险、职业责任保险、汽车第三者责任保险及产品责任保险等相继问世。进入20世纪，尤其是第二次世界大战后，一方面，由于社会经济的发展和物质文明的进步，新的责任风险迅速增加；另一方面，随着法制的不断完善，对于责任人承担相应赔偿责任的规定也更为详尽具体，人们运用法律武器保护自身权益的公民意识日益提高。

目前，我国的责任保险得到了极大发展。例如，中国太平洋保险公司在国内首推"金融机构责任保险"，这是太平洋保险公司针对金融机构抢劫案不断上升的现实情况，为切实维护广大储户或第三者的合法权益，以满足金融机构营业场所的风险保障需求所作出的新举措。《消费者权益保护法》中明确规定，消费者在购买、使用商品和接受服务时享有人身、财产安全不受损害的权利。但在突发事件(如暴力抢劫、劫持)中同样作为受害者的金融机构，要其完全保障储户或第三者的安全，确实心有余而力不足，因为无论从其经营成本还是本身职能而言，都是不太现实的。同时，在以前的保险市场上也没有以客户为保护对象、保障客户利益的险种，这就形成了一定的"业务盲区"。现在，中国太平洋保险公司在经过大量的可行性分析后，迅速向市场推出了"金融机构责任保险"。凡经政府有关部门批准，领有工商行政管理部门颁发的营业执照的金融机构(如银行、证券公司、信托公司等)均可以成为该险种的被保险人。在该险种中，太平洋保险公司将对金融机构的正式在册职工和签订劳动合同的临时工因疏忽或过失导致储户或第三者在营业大厅内的人身伤亡，以及在金融机构营业大厅内，由于发生暴力抢劫、劫持，导致储户或第三者的人身伤亡及储户在该营业大厅内当时所提取现金被抢夺的损失，依据法律的某些条款(如保护弱者原则)给予赔偿。此外，对金融机构因上述原因而产生的合理、必要的费用，公司也负责赔偿。因此，金融机构将完全可以把在经营过程中可能承担的上述经济赔偿责任转嫁给保险公司。可见，此次太平洋保险公司率先在国内推出"金融机构责任保险"，无论是对金融机构还是对广大储户都将产生积极的影响。对金融机构而言，投保该险种，并通过有效的宣传，将是提高其企业声誉和市场竞争力的又一条有效途径，有利于真正树立起"以客户为营销导向"的服务理念，做到让广大储户安心、放心、称心；对广大储户而言，至少到投保该险种的银行接受金融服务会得到心理上的保障，即使因突发事件而遭受损失，也能获得保险公司及时赔偿。

(二)保险业的发展

18世纪以来，由于资本主义商品经济的迅速发展，工商业日益兴旺，保险制度也随之得到了极大的完善。进入19世纪以后,资本主义国家相继完成了工业革命,因而极大地促进了资本主义经济的发展,并刺激了保险经营公司的大量增加。

19世纪中叶,保险公司的大量成立导致了市场竞争的加剧,许多保险公司纷纷破产。因此,世界各国不得不采取措施,对保险业加强监管,使之走上健康发展的轨道。同时,现代科学技术的发展为保险经营技术的创新和保险业务范围的拓展创造了有利的条件。现代保险业的发展具有以下几个主要特征。

(1) 保险业务范围的不断扩大。为了适应现代社会对保险的需求,传统的海上保险、火灾保险和人寿保险增加了一系列的新内容。在海上保险方面,扩充了各种内地水陆运输保险;在火灾保险方面,爆炸、雷击、消防及房屋倒塌时所造成的财产损失,房屋租赁双方当事人因火灾所遭受的损失,以及防止损失费用的负担,等等,均可包括在火灾保险的范围之内;在人寿保险方面,除了保险条款更有利于被保险人外,还发展出了许多新险种,如简易人身保险、团体人身保险、大病保险等。此外,随着社会经济的发展,还出现了一些新兴的保险业务品种,如汽车保险、航空保险、保证保险、伤害保险、信用卡保险、机器损坏保险等。

(2) 再保险业务的快速发展。随着生产规模的扩大和高新技术的发展,出现了越来越多的价值巨大的保险标的,如人造地球卫星、海上钻井平台、核电站等;同时,由于物质财富的大量增加,保险人所承保的保险金额也急剧增长,所以单一的保险公司已难以承担起如此巨额的保险责任,因而以分散风险为主要特征的再保险业务便迅速发展起来。1846年,德国首先创立了科隆再保险公司,这是世界上最早的一家专营再保险业务的公司。从此,再保险业务在世界各国都有了迅速发展。再保险的出现加强了国内外保险公司之间的业务合作,使保险业的发展呈现出国际化趋势。

(3) 保险人重视风险的预防和管理。现代保险人从保险经营的稳定性和安全性出发,在事后补救的同时,还积极采取事先预防措施,以防止风险事故的发生。现在世界上许多国家的保险条款都明确规定,被保险人对保险财产有妥善保护、保管及出险后及时抢救的义务,甚至保险人必须直接参与风险的预防,或者拨经费资助风险预防研究,或者设立风险管理机构以预防风险事故的发生,等等。例如,德国最大的保险公司之一——阿里昂兹保险公司在1932年设立了技术中心,1938年又设立了防火服务中心,由这两个专职机构专门从事保险防损工作。

(4) 保险业已成为国民经济发展的重要产业。保险业不仅具有经济补偿的作用,而且还能筹集大量资金,为社会经济建设服务。现代保险业在管理其后备基金的过程中,逐步发展和完善了保险基金的金融中介功能,因而在许多市场经济发达国家,保险业已成为其重要的支柱产业。保险融资功能的形成和完善，极大地促进了国民经济的发展。

(5) 社会保险的迅速兴起。社会保险起源于19世纪80年代的德国，当时的德国通过了三部法律，规定劳动者及其家属在遭遇不幸时，由社会保险机构提供补助。此后，欧美各国根据本国实际，纷纷建立了社会保险制度。进入20世纪80年代，世界上已有140多个国家和地区建立了具有不同特点、不同保障水平和范围的社会保险制度。

(6) 保险监管制度的建设获得加强。1855年，美国马萨诸塞州率先对保险实行监管。20世纪初，英、德、日等国相继建立了保险业法规。1929年以后，西方发达国家普遍加强了对保险业的监管，设立了专门的监管机构，监管制度也日趋完善。它们主要通过保险业法规，对保险机构的设立、审批、开业的最低资本金额、财产估值标准、账务处理、投资范围、利润结算、偿付能力等作出了明确具体的规定。

(三)保险业的发展趋势

从14世纪近代海上保险制度形成之日起，世界保险业已走过了600多年的风雨历程，获得了极大的发展。进入20世纪以来，特别是第二次世界大战以后，保险业更是获得了长足的发展。在19世纪初期，全世界仅有30家私营保险公司，到1910年，私营保险公司发展到2 540家，其中绝大多数分布在发达资本主义国家，1985年私营保险公司数量增至13 484家；而保险费收入1950年全世界仅为210亿美元，到1991年增至14 140亿美元，1996年保险费收入高达21 058亿美元；保险险种则由传统的海上保险、火灾保险、人寿保险发展到航空保险、人造卫星保险、海上钻井平台保险、计算机保险、核电站保险，以及与世界经济贸易发展相关的出口信用保险、产品责任保险、履约保险、营业中断保险等。可见，保险已渗入到世界的各个角落，并突破了险种和地域的界线，成为现代社会稳定与发展必不可少的组成部分。保险业对促进全球经济发展发挥着不可替代的巨大作用。

我们展望未来，随着社会经济的进一步繁荣，人口的进一步增长，新的发展观念、消费观念、竞争观念的不断涌现，保险业还将呈现出新的发展趋势。从世界范围来看，保险业的发展趋势将会体现出以下新的特征。

(1) 保险产品不断创新。随着社会经济的发展，新的风险不断出现，与此相关的新的保险产品便会相继问世。由于社会的进步，人们的生活节奏普遍加快，效率观念、效益观念、竞争意识日益增强。为适应这一发展趋势，保险产品必须不断创新。例如，抵消或缓解通货膨胀压力的险种、便利投保人投保的一揽子保险及具有投资性质的险种将获得进一步发展，而一些巨灾风险则会采取证券化形式，如巨灾期货等。

(2) 保险技术迅速发展。为了应对保险市场日趋激烈的竞争，迎接知识经济时代的到来，保险公司将更注重保险业务中新技术的运用，并通过加强人力资源开发和智力投资，不断提高保险业务的经营管理水平，同时国际互联网的兴起也将给保险经营管理技术带来革命性变化。此外，各保险公司还将致力于保险业务的创新等。

(3) 银行业与保险业渗透融合。自 20 世纪 80 年代末以来，银行业与保险业的相互渗透与彼此融合已蔚然成风。商业银行与保险公司或合作、或购并、或争取立法与监管部门的批准直接开办保险业务(主要是寿险业务)。银行业与保险业的相互渗透与彼此融合，有效地打破了传统的业务分工界限，有利于各自开拓新的发展空间，从而在一定程度上提高了企业的效益。例如，美国花旗银行与旅行者公司合并成为新的花旗集团就是成功的范例。但同时，这也对金融监管部门提出了更高的要求，即如何更好地规范其经营行为，既提高市场效率又维护广大客户的利益。

(4) 全球保险市场日益开放。WTO(世界贸易组织)于 1997 年 12 月 13 日达成了《全球金融服务贸易协议》，在该协议中，当时 WTO 102 个成员国作出了开放包括保险市场在内的金融服务市场的承诺。这一协议的主要内容包括允许外国在本国建立金融服务公司，并按竞争原则运行；外国公司享有与本国公司同等的进入金融市场的权利；取消跨边界服务限制；允许外国资本在金融服务贸易的投资项目中所占比例超过 50%。因此，在全球经济一体化的趋势下，各国保险市场将进一步开放，从而促进全球保险业的竞争。中国也不例外，经过历时 15 年的艰难谈判，于 2001 年正式加入 WTO。这样，我国入世后发放更多的营业执照给外国保险公司就成为必然之举，因而更多的外国保险公司自然会登陆中国，致使国内保险市场更趋开放，进一步加剧了保险市场的竞争，尤其是经济实力较强、经营理念先进、业务技术精湛的外国保险公司会对国内保险企业造成一定的冲击，并形成相当的压力。

(5) 保险监管制度更趋完善。保险业越发达就越需要加大监管力度。因此，保险监管技术、监管模式、监管机构、监管法规等将更加完善。今后，政府对保险公司的监管重点将从以往对保险费率及险种的直接干预转变为对公司清偿能力及是否具备充足的风险资本金的间接控制。

第二节　保险心理学的研究对象、方法与步骤

一、保险心理的基本含义

保险心理是指保险活动中的客观现实在保险人和投保人头脑中的主观反映。这一定义

包含了两个核心概念，即客观现实和主观反映。保险活动中的客观现实主要包括三类因素：一是保险公司所提供的保险产品、服务及对保险产品的说明、定价、广告、分销、人员推销等；二是投保人的社会地位、经济状况、消费需求、购买动机及性别、年龄、偏好等；三是由政治文化背景、经济发展状况等构成的社会外部环境。上述三类因素就是影响保险活动成效的客观现实。而这些客观现实会在与保险相关的个体身上产生一定的认知、情绪和意志的反应，从而导致人们形成相应的主观意识，诸如对保险产品信息或保险广告的注意、感觉、认知、偏好、欲望和购买行为等。

可见，保险心理是制约保险业务经营绩效的一种重要因素，如果不对保险心理与行为规律进行深入细致的研究，我们就无法开展有效的产品设计和促销活动。因此，一切保险新产品的设计和销售都必须以保险心理活动规律作为理论基础。

二、保险心理学的研究对象

保险心理学是一门研究保险心理与行为的新兴的经济心理学科。保险心理学的研究对象是在整个保险过程中所有参与者的心理与行为产生、发展和变化的规律。即作为现代经济心理学的一个重要分支，保险心理学充分运用现代心理学理论与研究方法，从心理学的角度探索人类保险行为发生、发展及其变化的内在原因，以及在市场经济条件下现代人保险活动的心理规律，成为其最鲜明、最突出的研究特色。我们在论述保险行为时运用了现代心理学的相关理论。由于整个保险业务过程既包括了解投保人的潜在消费需求，又包括保险人从事产品设计，还包括保险产品的售后服务与售后评价等环节，所以保险心理学主要是研究投保人的个体心理与消费动机，并对保险过程进行心理学分析的学科。

三、保险心理学的研究方法

在保险心理学的研究过程中，因为研究对象的差异，其所运用的研究方法也有所不同，或者在不同的研究方法中使用各种不同的研究工具以达到研究目的。研究工具既包括硬件设备(如摄像机)，也包括心理量表。因此，保险心理学的研究工具随着科学技术和心理学科的发展而逐渐呈现出发展变化的趋势。目前，保险心理学主要的研究方法及其常用的研究工具如表1-1所示。

表 1-1 保险心理学中主要的研究方法及其常用的研究工具

研究方法	实验法	观察法	调查法	投射测验法	深度汇谈
研究工具	• 样本预测 • 速示器	• 摄像机 • 记录仪 • 产品扫描仪 • 人员量表 • 眼动仪 • 电生理仪	• 问卷 • 记录表 • 心理量表	• 词语联想 • 造句测验 • 画图测验 • 图片分类 • 墨迹测验	• 屏蔽问卷 • 专题讨论

任何学科的发展通常在很大程度上取决于其研究方法和手段的进步，保险心理学尤其如此。因为这是一门年轻的经济心理学科，尚处于建设阶段且极富探索性，它的学科基础更多的是经济学与心理学的概念和理论，而不是没有争议的实验材料和研究结果，而学科理论的有效性则取决于其研究方法的科学性和独创性。保险心理学的研究方法通常有实验法和观察法。

(一)实验法

实验法是通过人为的控制条件来推断个体行为变化，对于未控制变量与行为不一致的现象可归因于不同的控制条件，这种归因是对实验行为结果的因果解释。实验法在保险心理学研究中独树一帜，并成为保险心理学中最具活力的研究方法之一。在保险心理学研究中，实验法已应用于认知、态度、情感、不确定性和保险情境问题的研究，甚至进行保险市场模拟，即在控制条件下进行一种真实生动的游戏，双方根据游戏规则进行模拟的保险交易。

(二)观察法

观察法是指在自然观察中，观察者记录下观察条件和事件，并由个体报告进行补充。观察条件的记录一般用于统计分析，通过经常性的统计工作，便形成了一个观察的时间序列，如保险指数统计等。观察法还包括对一个指定的保险市场进行观察性的调查，把保险市场作为一个整体来进行研究，如研究保险市场的信息交流过程、投保人的心理预期等。

(三)其他研究方法

除实验法、观察法之外，保险心理学的研究方法还包括调查法、投射测验法及深度汇谈等方法。这些方法有的是从观察法和实验法中演化而来，有的是经济学和心理学两种方法的耦合，有的则是经济心理学家的独创，它们共同构成了一个独特的保险心理学研究方法群。

四、保险心理学的研究步骤

人们开展保险心理学研究时还需要遵循以下 6 项基本原则。

(1) 确定研究对象，即要研究什么问题。因为合理地确定研究对象有助于人们决定所要收集的信息类型及其所要达到的研究程度。

(2) 收集和评价二手资料，即收集和整理他人或者自己已有的研究成果。例如，政府机关、市场研究公司等都是重要的二手资料来源地，而二手资料能为我们的进一步研究提供有益的线索，甚至会直接给我们提供解决问题的答案。

(3) 设计研究方案。通常，如果研究所需要的资料类型不同，那么资料收集的方法也会有很大的差异性。例如，收集定性资料主要运用深度汇谈法和投射测验法，收集定量资料则要运用观察法、实验法和调查法。此外，运用观察法、实验法和调查法时还必须考虑样本的设计、研究工具的选择等。

(4) 收集原始资料。其中，收集定性资料通常必须由经过良好专业训练的心理专家亲自进行，而收集定量资料则既可以由研究人员直接进行，也可以由受过一定专业训练的一线工作人员代为收集。

(5) 分析研究资料。在定性研究中，心理专家通常会亲自分析其所收集到的资料；在定量研究中，心理专家既可以指导他人分析，也可以自己进行分析。在目前的保险心理学研究中，人们一般是在计算机上借助于统计软件进行资料分析，而早期的研究工作则是以人工计算的方法分析所收集到的资料。

(6) 撰写研究报告。不论是进行定性研究还是定量研究，我们在研究报告中首先必须撰写一个简短的摘要，概要说明研究过程及其主要研究结果；其次，必须要有本研究所涉及的关键词，以利于他人检索和查阅；再次，研究报告正文则必须详细说明研究过程、所使用的研究方法及研究结果；最后，正文后还应附上所用问卷清样，以利于他人检验研究报告的客观真实性。

第三节 理论延伸：风险可保性和巨灾保险

保险中的可保性是指某种损失风险在理论上是否可以被保险。在讨论一切和保险有关的问题之前，应该弄清楚哪些风险是可以列入保险这种风险管理手段的讨论范围之内的。

根据梅耶、卡迈克和罗斯(Mehr，Camack & Rose，1985)[①]的提法，可保风险(insurable risk)具有以下特征。

(1) 大量类似的风险暴露单位。保险是通过汇聚风险将大量的保单签发给风险情形类似的大众，借由大数法则预测预期的损失和实际的损失接近，保险人才能从中获益。

(2) 损失具体可知。即损失一旦发生，应该可以明确知道它是在什么时候发生、在哪里发生及发生的原因。

(3) 损失是意外发生的。即损失是否发生不应该是人为控制的。此外，损失风险应当只承载着成本的发生。也就是说，有些以获益为目的而承受的风险，如证券投机风险就不属于可保风险。

(4) 损失是巨大的。即损失对于被保险人来说应该是有重大经济意义的。这是因为保险的保费不仅要包括期望损失成本，还要包括其他各类成本，如签发保单、处理理赔等成本，如果保险损失过小，附加保费就可能是期望损失成本的好几倍，保险也就失去了意义。

(5) 保费可负担。如果风险事件的发生概率太高，或者一旦发生，造成的损失太大，那么需要的保费就会使人无法承担，这样的话保险也会失去意义。

(6) 损失可计算，或者说风险可计算。即对于一项风险来说，必须有两项因素可以被计算或估计出来，一是事故发生的可能性，二是事故一旦发生将会带来的损失。其中事故发生的可能性大多来源于经验数据。

(7) 灾难性的损失风险较小。在理想情况下，可保损失之间是相互独立的，它们不是巨灾风险。也就是说，损失不会在同一时间发生，而让保险人无力履行赔付。

从理论上说，任何一项保险产品在投入保险市场前，都至少要满足风险可保性的原则，否则这种保险的发展就很有可能遭遇失败。但是出于一些特殊原因(如政府要求保险公司担当的社会责任)，有一些风险可保性具有问题的保险也会出现在保险市场上。我们下面就借巨灾保险(catastrophe insurance)的例子来引出风险及可保性的问题探讨。

一、巨灾和巨灾风险管理

巨灾会给世界带来严重的生命和财产损失，仅 2009 年度，各类自然及人为导致的巨灾就发生了 288 次，约 15 000 人遇难，造成经济损失估计达 620 亿美元。这些近乎发生于瞬间的生命和财产的蒸发令人恐惧。事实上，在过去的 30 年里，自然和人为的巨灾发生次

---

① Mehr, R. I., Camack, E. & Rose, T. *Principles of Insurance. 8th ed*. Richard D. Irwin, 1985.

数均呈现逐渐攀升的态势，外加媒体的关注力度加大，似乎世界各地巨灾的发生更加频繁。

当面临潜在的风险，而该风险又拥有足够的破坏力使我们遭遇较难以承受的损失时，人们自然希望寻求途径转嫁这些风险。这样的想法打开了人们对于巨灾风险管理的探索之门，又因为巨灾和人们日常生活中面临的各种风险(如疾病、意外等)具有十分相同的形式(只是巨灾相对日常的风险而言带来的损失更加巨大)，巨灾保险及其再保险这种显而易见的风险转嫁手段就自然而然地成为各界关注的焦点。

然而，当巨灾保险真正开展起来后，人们发现这种保险工具的性能并没有像它在以往其他领域中那样发挥出色。例如，在2009年全球总共遭受的620亿美元的巨灾经济损失中，得到保险赔偿的部分不到一半，这主要源于巨灾保险和再保险开展难以测控。不像其他险种，巨灾保险风险测算所需要的数据难以获得，且其发生次数少，发生强度具有极大波动性，等等。而现有的风险测控模型往往需要相当数量的数据才能模拟出相关模型，这就给巨灾保险和再保险的设计造成了很大阻碍。

除了巨灾保险和再保险外，对于巨灾的风险管理手段较普遍的还有保险人赞助发行巨灾债券，即风险证券化，也就是以巨灾风险是否发生作为债券本金是否能被赎回的触发条件。但是巨灾债券在施行过程中也会遭遇阻碍，本文之后的部分还将有所提及。

我国向来采用的应对巨灾风险的方式便是在巨灾发生后进行政府和社会援助，即间接由纳税人分摊损失。这种看似非常被动的风险应对方法受到了各界质疑，从而促进了巨灾风险管理的发展和创新。我国这种"无风险管理"手段，或者风险自留模式，或许是当前社会形态下较好的一种应对巨灾风险的方法，试图以当前的工具"管理"巨灾风险或难以实现。

二、平均决定论和极端决定论

事实上，与其无休止地讨论巨灾保险和再保险开展受阻的问题到底出在哪里，不妨倒过来检验巨灾保险这个被理所应当地认为可以成立的概念是否具有现实可行性。

其实，保险这种风险管理工具之所以能够有效地运作，转嫁风险，是因为它对受保险益处方(投保人或受益人)和保险人可以同时发挥作用：一方面，对于投保人或受益人而言，当风险发生时，它将会收到保险人提供的合理的经济补偿。例如，对于财产保险，保险人赔付的保额一般都能较充分地涵盖标的物的原先价值。另一方面，对于保险人而言，他们利用风险汇聚的手段，以高斯的(Gaussian)"钟形曲线"理论为依据可以获利。一个简单的例子是投保人对自己的房屋投保，保单中写明的保额大约是这栋房屋的价值；如果最坏的结果发生，房屋全毁，投保人能获得相当于这座房屋价值的赔偿，而对于保险人而言，他们有充分的历史数据知道他们签发的诸多保单中，只会有极少数的标的资产遭到损毁。简言之，有效的保险需要满足两条法则，即投保方知道自己可能承受的最大损失，保险方知道对于这类风险，风险汇聚手段有效。

然而，这种双边有效的作用法则在巨灾保险中却皆不适用。对于投保人而言，他们根本不知道什么是"最坏的结果"，或者说，所谓最坏的结果就是他们的所有财产在巨灾中全毁，而这意味着要对他们所有的财产投保，也就意味着极高昂的保费。但如果保险只涵盖他们所有财产的一部分，如果最坏的结果发生，对这小部分财产的赔偿就完全起不到根本的经济补偿作用。同时，对于保险人来说，如果巨灾发生，必将影响一个或几个城市或地区，导致某地区风险标的集中出险。在这种情况下，风险汇聚成了风险加法，大数法则就会失效。

如果要深入理解同样作为保险形式的两种工具为何会有如此大的差别，其实我们可以用一个很有趣的例子来解释这种现象。想象一个模拟试验，首先从这个世界上随机抽取 1 000 个人，计算出他们的平均体重；然后将这个世界上最肥胖的人加入这个样本群体，问新加入的这个人的体重将代表样本的多少？答案很明显，接近 0。而第二个模拟试验，同样从这个世界上随机抽取 1 000 个人，计算出他们的平均财富，然后将这个世界上最富有的人加入这个样本群体，问新加入的这个人的财富将代表样本的多少？答案也很明显，接近 100%。产生这种差异的原因在于在前一个试验中，平均决定一切，但在后一个试验中，极端决定一切。

通常意义上的保险便具有类似于第一个模拟试验的平均决定性，即在众多被汇聚的风险中，一次风险的发生对总体的影响微乎其微，这也是保险汇聚风险的理论依据。也就是说，保险能顺利开展，必须建立在一个具有平均决定性的事件群中。

不幸的是，巨灾保险(特别是自然巨灾)却相反地建立在具有极端决定性的事件群中，这从根源上导致了巨灾风险的不可保性。如图 1-1 中所示的蓝色(浅色)曲线画出了从 1970 年到 2004 年部分年份中，由于遭受自然巨灾而遇难的人数。其中，我们看到分别出现在 1976 年和 2004 年的两次峰值，造成这两年遇难人数攀升的原因分别是 1976 年中国唐山地震(遇难人数约为 25.5 万人)和 2004 年印度洋地震及海啸(遇难人数约为 22 万人)。

为了说明自然巨灾的极端决定性，我们从原本的数据中分别将唐山地震和印度洋地震及海啸的死亡人数减去，得到如图 1-1 中所示的红色(深色)曲线，结果发现，原本两处明显的峰值消失了，也就是说，这两次灾难的遇难人数在各自年份中起着决定性作用。如果对其他各年数据分别进行分析也能发现，每次遇难人数出现峰值，其原因往往是当年发生了某一起灾情严重的巨灾。与此相对，假如列出往年各年份中因车祸丧生的人数，而在每个峰值处减去该年最重大的一起车祸导致死亡的人数，得到的结果与原始数据显然不会有明显差异。

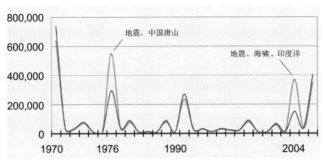

(数据来源：Swiss Re, Sigma catastrophe database)

图 1-1 1970 年至 2004 年自然巨灾遇难人数

如果单起风险发生的后果极端到能够主宰整个总体的平均水平，这样的风险群便具有极端决定性，要对它们进行保险是违背保险本意的。对于保险人而言，一旦一次严重巨灾事件发生就将导致巨额的赔偿，其性质无异于赌博。

三、巨灾债券与风险管理

巨灾债券是一种可以辅助巨灾保险和再保险运作的工具，这种工具将巨灾风险证券化，由保险人赞助，以债券的形式出售给投资者，而最后本金是否能被赎回的触发条件便是巨灾风险是否发生。对于已经承保巨灾风险的巨灾保险方的风险分散，巨灾债券相比巨灾再保险从定性的角度看更优。

(一)金融安全性

这里所说的金融安全性是指一种金融工具在金融系统中不断运作是否能给系统带来不安全因素。

巨灾债券的本质是将保险人已承保的风险证券化，出售给市场，故而首先需要考虑的是从最初的原始风险到证券化后的投资风险，其中可能会产生信息不对称现象，以及债券评级准确性差。美国实行的抵押贷款证券化就是典型的信息不对称和债券评级错误，银行将贷款证券化出售后，投资者根本不知道自己持有的抵押贷款背后的真实性，同时，信用评级机构对这些抵押贷款的评级也会产生重大失误。

然而，在巨灾债券的风险证券化过程中不存在严重的信息不对称现象，因为理论上投资者想知道自己购买的债券背后承保着哪个地区的何种巨灾风险不是一件困难的事。同样，这也使债券评级工作不容易出现因证券化后信息严重不对称而产生的评级错误。

(二)泡沫

金融安全性的另一个大问题是该工具是否可能助长实体标的的价格泡沫。显然，和抵押贷款等衍生金融工具不同，决定巨灾债券价值的是巨灾风险而不是某种资产，因此，人们不会对巨灾风险本身产生过度的热情，所以证券化后的泡沫难以形成。

(三)巨灾债券缺憾

然而，巨灾债券也不是非常理想的巨灾保险分散手段，因为其原理本身存在着一定的矛盾。巨灾债券最大的理论缺憾，是它所对应的巨灾风险虽然经过了保险人的风险汇聚，但是其实并没有起到最佳的作用，因为这些被汇聚的风险个体本身事实上已经具有许多相似性。举个例子，当巨灾保险人承保某一地区10万份巨灾风险时，将这些被保的风险个体的风险进行汇聚的效果不理想，因为这10万份风险个体本身具有许多相似性：他们处在同一个地区中，于是分享相同的气候、相同的地震带、相同的时区，住在质量相近，结构相近的房屋中，同时他们又处在同一个国家，处于相同的政治氛围中，受同样的政治行动的影响，等等。由于这些风险本身背景相同，一旦巨灾风险发生，这10万个风险个体很有可能承受极其相同的后果，因此，这样的风险汇聚效果并不理想。总之，投资者购买的相应的巨灾债券的风险其实要比看起来大得多。

如果想要解决这种问题，理论上最理想的方法就是在全世界范围内不同的地方对不同的人承保同种巨灾风险。例如，同样的10万份风险承保，保险人承保的这10万个风险个体来自全世界不同的角落，他们处在不同的地理位置，拥有不同的气候，处在不同的地震带上，各个风险个体之间存在时差，居住的屋舍结构材质各不相同，所在国家和地区的政局也不同。在这种情况下，即便巨灾事件同时在这10万个风险个体身上发生，也很可能各自发生的强度不一，发生的时间不一(由于时差的存在)，房屋情况不同，故损毁程度不同，各地政府处理方式也不同，各出险单位最后的后果参差不齐，风险汇聚就能发挥较好的作用。

这里的矛盾是，如果保险人真正采用上述办法汇聚巨灾保险，那么证券化后的债券出售又会出现新的问题。巨灾债券不同于一般债券，在巨灾发生时可能发生本金的丧失。投资人投资于巨灾债券有一部分原因是出于对同一国家人的情感，但是如果投资人知道债券的背后承保的是和自己全然没有关系的地区的风险个体，这种情感就会消失，投资人便没有理由购买可能发生重大损失的巨灾债券。

在我国，对于巨灾风险的处理方式基本上是风险自留，即在灾难发生后予以政府援助和各地捐款。虽然这种方法看起来极其被动，但是在没有创新的符合巨灾风险性质和原理的工具被开发出来之前，这种方法未必不是较优的解决途径。除了经济效应，对于巨灾的处理还附带有政治和社会效应，这在我国汶川地震中表现得尤为明显，其中媒体起到了重要的传播和宣传作用。

本 章 小 结

保险是指投保人根据合同约定，向保险人支付保险费，保险人对于合同约定的可能发生的事故，因其发生所造成的财产损失承担赔偿保险金责任，或者当被保险人死亡、伤残、疾病或达到合同约定的年龄期限时，保险人承担给付保险金责任的商业保险行为。由此可见，保险是一种转移风险的有效方法，它通过投保人向保险人支付一定金额的保险费，从而把风险转嫁给保险人，一旦发生意外损失，被保险人即可获得保险人给予的损失补偿。

保险业是经营风险的特殊行业，然而并非所有的风险都具有可保性。保险通常需要满足以下条件：①大量同质风险的存在；②损失应是偶然的意外；③损失必须是可以预测的；④保险属于资金后备形式。保险的要素包括：①可保风险的特性；②保险风险的集合与分散；③保险费率的厘定；④保险基金的建立；⑤保险合同的订立。保险的特征包括经济性、互助性、法律性、科学性。保险的职能包括保险的基本职能和保险的衍生职能。保险的作用是指在国民经济中保险活动所引发的社会效应，主要体现为：一是发挥社会减震器作用，以保障社会经济生活的安定；二是发挥经济助动器作用，为社会投资、生产和流通保驾护航。保险业务按其实施方式可以分为强制保险和自愿保险；保险业务按保险标的的保障范围可以分为财产保险、人身保险、责任保险和保证保险；保险业务按保险政策可以分为社会保险和商业保险；保险业务按风险转嫁方式可以分为原保险、再保险和共同保险。

保险因风险而起，无风险也就没有保险。正是因为风险的存在，才有了分担风险的保险的诞生，而保险业则是商品经济发展到一定社会阶段的产物。保险形式主要包括海上保险、火灾保险、人寿保险和责任保险。现代保险业的发展具有以下几个主要特征：①保险业务范围的不断扩大；②再保险业务的快速发展；③保险人重视风险预防和管理；④保险业已成为国民经济发展的重要产业；⑤社会保险的迅速兴起；⑥保险监管制度的建设获得加强。从世界范围来看，保险业的发展趋势将会呈现出以下新的特征：①保险产品不断创新；②保险技术迅速发展；③银行业与保险业渗透融合；④全球保险市场日益开放；⑤保险监管制度更趋完善。

保险心理是指保险活动中的客观现实在保险人和投保人头脑中的主观反映。保险心理是制约保险业务经营绩效的一种重要因素，如果不对保险心理与行为规律进行深入细致的研究，我们就无法开展有效的产品设计和促销活动。因此，一切保险新产品的设计和销售都必须以保险心理活动规律作为理论基础。保险心理学是一门研究保险心理与行为的新兴的经济心理学科。保险心理学的研究对象是在整个保险过程中所有参与者的心理与行为产生、发展和变化的规律。

保险心理学的研究工具既包括硬件设备(如摄像机)，也包括心理量表。保险心理学的研究方法包括实验法、观察法、调查法、投射测验法及深度汇谈法等。开展保险心理学研究时应遵循以下 6 项基本原则：①确定研究对象；②收集和评价二手资料；③设计研究方案；④收集原始资料；⑤分析研究资料；⑥撰写研究报告。此外，本章还对风险可保性及巨灾风险进行了专题探讨与案例分析。

思 考 题

1. 什么是保险？保险的基本含义是什么？
2. 保险业是如何起源的？
3. 请谈谈保险业历史的沿革。
4. 何为保险心理？保险心理的基本内涵是什么？
5. 请举例试述保险心理学的研究对象、方法与步骤。
6. 何为风险可保性？可保风险具有哪些特征？
7. 巨灾保险产品效用向来不够显著，为什么许多地方仍在沿用这种保险工具？
8. 你愿意花钱投保航空意外保险吗？人们对于航空意外保险的投入往往高于该保险的精算价值，是否一定意味着人们的非理性？

第 1 章参考答案

第二章 保险心理的理论基础

【本章精粹】

◆ 态度理论与保险心理
◆ 预期理论与保险心理
◆ 风险理论与保险心理
◆ 福利理论与保险心理

【关键词】

态度 预期 风险 福利

【章前导读】

态度理论、预期理论、风险理论及福利理论共同构成了保险心理学的理论基础。本章分别对上述各理论的基本含义及其在保险心理中的应用等进行系统的阐述。

第一节 态度理论与保险心理

一、态度的基本含义

态度是指个体对待任何人、观念或事物的一种心理倾向，包括认知、情感和行为3个因素。其中，认知是指人或物被个体知觉到的方式，即在个体大脑中形成的心理映象，包括个体对于知觉对象的所有思想、信念及知识；情感是指个体对某一特定对象持有的好恶情感，即个体对于态度对象的一种内心体验；行为是指个体对于态度对象的反应倾向，即个体处于行为准备状态，准备对态度对象作出某种反应。一般而言，上述3个态度因素是相互协调一致的。例如，某投保人经研究发现了一款具有吸引力的保险产品后，他的好感便会随之产生。但有时3个因素之间也会产生矛盾，这时，感情因素往往起主导作用。

二、态度理论在保险心理学中的应用

个体态度与个体需要是密切相关的。积极的态度源于需要的满足，而消极的态度则源于需要未被满足。因此，我们认为态度对于个体的保险行为具有以下3项功能。

(1) 实用功能。这是态度对于保险行为最重要的功能。态度是个体为了达到某一目的所采用的手段，具有争取获得外界最大利益的工具性作用。例如，良好的投保态度有助于进行正确的投保决策。

(2) 防御功能。每个个体都力求使自己的认知态度与现实环境保持一致。当个体的认知态度受到外界威胁时，他便会采取某种行动维护自身的态度，因而就会产生所谓的"甜柠檬"效应。例如，投保人购买的分红保险产品虽然收益不理想，但他坚信收益还有上涨的可能。

(3) 表现功能。态度是个体价值观念的表现。例如，富豪会一掷千金投资巨额人寿保险，以显示其地位和身份。

由于态度的复杂性和多样性，心理学家对其有许多不同的解释。

(1) 勒温(Lewin，1938年)提出场动力论以解释态度的形成。他认为个体的行为是由其内驱力引起的，而个体的内驱力是由个体与诱惑力之间的心理距离共同决定的。所谓诱惑力是指某一客体所具有的吸引力或拒绝力。勒温认为在个人生活空间中，存在着无数的诱惑力，这些诱惑力的大小及人们的认识，决定了形成结果驱力的态度的方向和强度。例如，在保险市场上，每一款保险产品对于投保人都具有一定的诱惑力，这样，可选的目标就构成了心理距离，尽管有些保险产品不在投保人的考虑范围之内，但仍在投保人的心理距离之内。不同的保险产品会对投保人产生不同的内驱力，投保人经比较后，最终会形成决定其保险行为的结果驱力。

(2) 托曼(Tolman，1959年)提出了态度的信念——价值模式。他认为行为决定于个体态度的信念，即价值的心理构建，个体是根据客体能否满足自身需要来决定其价值的。与场动力模式不同，该理论认为个体关心的不是整个客体，而是客体的某些与个体需要相关的特殊方面。例如，个体在投保问题上，不是考虑整个保险市场的状况，而是考虑目标险种的价格、收益等，这些才是影响投保决策的关键因素。

(3) 兰卡斯特(Lancaster，1966年)提出特征模式之后，人们才把偏好从整个客体中分离出来进行考察。兰卡斯特认为效用主要取决于产品的特征，因为是产品的特征而非产品的数量满足了人们的特殊需要。因而，我们比较容易理解为什么投保人偏爱具有某种特征的保险产品，如分红寿险产品等。在兰卡斯特的特征模式中，保险产品的特征权数是通过对投保人的行为评估来测定的，如通过对投保态度的测定，就可以了解投保人更倾向于哪种保险产品特征。保险心理学可以运用投保人的信息材料来解释"偏好"问题，对不能直接了解的用途特征也可以进行评定，当然，要达到这一目的就需要大量的有关投保人的信息。

第二节　预期理论与保险心理

一、预期的基本含义

预期作为一种社会心理现象，影响着人类行为的各个方面。经济学中的所谓预期是指经济行为人对于经济变量(如价格、利率、利润、收入等)在未来的变动方向和变动幅度的一种事前估计。在某种意义上，预期作为经济行为人的特征与前提，无疑支配着个体的现实经济行为。例如，个体依据自己的预期作出各类投保决策。

在1936年出版的《就业、利息与货币通货》一书中，著名经济学家凯恩斯(J. M. Keynes)首次明确提出了预期概念，并把它作为宏观经济理论的主导思想，他认为预期是影响总供给与总需求的重要因素，甚至是导致经济波动的决定性因素。凯恩斯对于就业水平、货币供求、投资水平及经济周期的分析与探讨，都是建立于预期概念之上的。换言之，作为心理因素的预期概念正是凯恩斯宏观经济理论体系的基石。

二、预期的理论背景

传统微观经济学认为，人是有理性地追求最优化行为的个体，个体的理性行为可以导致集体理性行为的发生，即整体的社会福利目标会在个体的最优化追求中产生，这时帕累托最优也能够实现。这里包含着以下3个极为重要的潜在含义。

(1) 经济主体在追求最优化目标过程中的预期是完全理性的。

(2) 个体预期与集体预期的潜在一致性。

(3) 个体的预期行为是一种纯粹的主观行为。

然而，现代经济学研究则显示了事物的另一面，个体在进行预期时并非总是理性的，现实生活中存在着种种非理性的预期行为，甚至个体的预期有时会与集体的预期发生冲突，因为它们的目标函数并不一致。此外，尽管在形式上个体的预期行为都是纯粹主观的，但是个体的预期会受到制度结构的制约，而且预期据以进行的信息是客观的，纯粹心理上的主观预期并不存在。因此，传统微观经济学受到了极大的挑战。

三、预期的构成要素

预期由以下几个基本要素构成，即预期主体、预期变量、用于预期的各种信息、预测方法及预期值。

(1) 预期主体。预期主体是指进行预期的行为人。一般而言，预期主体主要可分为个人、组织及国家。个人是从事预期活动所占比例最大的一个群体，在经济活动中则指一般的消费者群体。

(2) 预期变量。预期变量是指预期所指的某个特定的对象，如保险产品的价格和收益等。

(3) 信息。在现代社会经济活动中，信息尤其重要，它是预期得以进行，以及预期结果准确与否的基础。

(4) 预测方法。预测方法是预期过程中技术性极强的一项工作，在现代经济活动中，预测方法已发展成为一门独立的学科。

(5) 预期值。预期值是指预期主体通过一定的预测技术，对影响预期变量的信息进行分析后得出的一定时期之后预期变量的数值，预期值的获取是预期活动的主要目的。

四、预期的分类

凯恩斯把预期分为短期预期和长期预期两类。凯恩斯认为短期预期是一种短期的价格预期，即保险公司一般是根据保险产品销售的实际结果，而不是根据主观判断来调整其短期预期。这样，当前保险产品的预期价格大致就是最近保险产品的实际价格。因此，保险公司调整其短期预期的过程是一个逐渐和连续的过程。

所谓长期预期是指保险公司对于未来收益的预期，它涉及未来保险产品的类型和数量、消费者偏好、有效需求的强度，以及在保险产品寿命期内可能发生的变化。由于长期预期不能每隔一段时间就依据实际结果加以调整，所以长期预期充满着不确定性。凯恩斯认为，在发达的货币经济系统中，未来的消费者偏好等因素是高度不确定的，故而到底是何种因素决定未来的收益，实在难以预测。因此，长期预期缺乏一种理性基础。既然投保人对未来的收益预期缺乏可靠的理性基础，而投保决策又必须事先作出，那么投保人进行投保就必须具备一种勇于冒险的精神。

五、预期理论的发展

事实上，保险心理学的研究对象应当是"合乎理性的人"的保险行为，投保人为了避免损失或谋取最大收益，总要设法利用一切可以获得的信息(包括过去的和现在的)对其所关心的经济变量(如分红收益率、利率等)在未来的变动状况作出尽可能准确的合乎理性的预期。正是基于这样的考虑，1961年卡内基·梅隆大学的穆斯(J. F. Muth)发表了《理性预期与价格变动理论》的著名论文，率先提出了"理性预期"的概念。

穆斯认为，理性预期事实上描述的是个体对于经济前景的主观估计与客观经济变动之间的联系，而实现这一联系的机制就是形成预期所依据的信息。对此，穆斯得出3点结论：第一，理性形成的经济变量的预期值就个别而言会有误差，但其平均值必将趋近或等于客观实际值。因此，就平均值而言，理性预期是最准确的预期。第二，理性预期的形成并不要求个体具有完全的信息，但要充分利用可以得到的一切信息。因此，理性预期是信息有效利用的预期。第三，可以利用的信息包括有关的经济理论和模型，理性形成的预期值应该等于使用相关理论和模型计算所得到的同一变量的数值。因此，理性预期是与相应的经济理论和模型相一致的预期。

此后，管理学者西蒙提出了著名的"有限理性"假说，即指出个体是有限理性的个体。西蒙认为，个体的理性是有限度的，因为在现实的市场交易中，人们难以对每一个可能的结果具有完全的了解和正确的预测，人们往往会根据主观判断进行决策，而决策时也难以考虑到所有可能的措施。此外，决策人的技能、价值观、对目标的了解程度、应具备的有关知识的深度和所需信息的完备程度，都会影响他能否进行正确决策。据此，他认为，"寻求满意的人"比"追求最优的人"更能得到经验研究的支持，其看法现已被管理学界普遍接受。但从认知心理学的角度看，西蒙的批评也有其局限性，因为西蒙的寻求满意的行为假定正是个体在信息约束下的一种最优化行为，即个体认识到其所掌握的信息及知识的不完备性，才"理性"地选择"满意"而非"最优"。

六、预期理论在保险心理学中的应用

在一个现实充满不确定性的市场经济体系中，投保人进行投保决策，只能依据预期作出判断。而随着社会分工的迅速发展和市场经济的空前壮大，保险业务活动向社会经济生活的各个领域不断渗透与扩展，人们的投保决策对于预期的依赖程度也就不会增大，以避免各种可能的损失和获得可能的最大收益。这样，预期就不能不闯入每个人的心灵，成为形成保险决策的决定性心理因素。

第三节　风险理论与保险心理

一、风险的基本含义

风险通常与不确定性联系在一起。弗兰克·奈特(F. H. Knight)认为，所谓风险状态，是指那些每种可能发生的结果均有一个可知的发生概率的事件；所谓不确定状态，是指那些每个结果的发生概率尚不知晓的事件，如明年是否要发生核事故则处于不确定状态。现代西方学者通常把不确定性定义为"发生结果尚为人不知的所有情形，它是由于人们缺乏有关信息，或者缺乏处理信息的能力而产生的"。不确定性的定义从侧面规范了风险的含义。因此，风险是指发生某种不利事件或损失的各种可能性的总和。具体而言，我们确认了构成风险的两个基本要素，一是负面性，即发生的不利事件或损失；二是负面性发生的概率。

二、风险的分类

风险根据不同的标准、不同的内容进行划分，一般可分为以下几种类型。

1. 主观风险和客观风险

主观风险和客观风险是以人们对风险的不同认识为标准划分的。主观风险为个人心理上的一种观念，是个人对客观事物的主观估计，无法用客观尺度予以衡量，因而将风险看成是主观风险。如果把风险看成是损失的不确定性，那么这种不确定性实际上是个人主观的估计，具体包括损失发生与否不确定、损失发生时间不确定、损失发生状况不确定、损失发生结果不确定等，主观风险虽然与风险本身有很大不同，但其对认识、评价风险的作用是不可忽视的。客观风险为客观存在的风险，可以用客观的尺度加以衡量，因而将风险看成是客观风险。从本质上说，风险是一种客观存在。

2. 纯粹风险和投机风险

纯粹风险和投机风险是以损失的性质为标准划分的。纯粹风险是指只有损失机会而无获利机会的风险；投机风险是指既有损失机会也有获利机会的风险。由纯粹风险导致的结果有两种：一为没有损失；二为损失。例如，火灾、车祸、死亡、疾病等都是纯粹风险，这些属于现代保险业务的经营范畴。而投机风险导致的结果则有 3 种：一为损失；二为没有损失；三为获利。例如，当股价下跌，则投资损失；股份不变，则没有损失；股价上涨，则投资获利。个人如果因纯粹风险而蒙受损失，社会也会随之遭受损失，但投机风险则不一定，某人受损失，他人可能会因此而获利，而整个社会则可能没有损失。就企业而言，可能同时面临着两种风险，如火灾一般认为会导致纯粹风险，但当一场大火烧毁了废弃不用、准备拆除的建筑物时，实际上为企业带来了益处，因此从这个意义上看，纯粹风险和投机风险并不相互排斥，而是具有共存性。

3. 静态风险和动态风险

静态风险和动态风险是以损失环境为标准划分的。静态风险是指一般环境下所发生的风险，是由自然力的不规则变动，或者人为行为失误所引起的。前者如地震、雷电、洪水、台风、疾病等；后者如失火、盗窃、呆账、事故等。动态风险是指与社会经济环境变动相关的风险，是由消费者需求变化、企业组织结构、技术结构和生产方式变动所引起的，如投资环境恶化、市场疲软、经营不当等。静态风险和动态风险也经常交织在一起。

4. 特殊风险和基本风险

特殊风险和基本风险是以风险的来源为标准划分的。特殊风险来源于特定的个人，损失也只涉及个人，如非正常死亡、伤残、火灾等。基本风险来源于组织系统，损失也会影响整个组织系统，与特定个人无关。基本风险包括：①经济系统的不确定性，如劳动力、资本、能源、交通、适宜建筑的土地等都存在一定风险；②社会政治因素的不确定性，如税率、汇率、利率等；③意外的自然破坏力等。随着时代的发展和观念的转变，特殊风险和基本风险的某些界定也会有所不同。例如，失业在过去被认为是特殊风险，只与特定的个人相关，现在则被视作基本风险。

此外，风险还有其他分类，如可分为自然风险、社会风险、经济风险和技术风险，也可分为市场风险、生产风险和财务风险等。

三、风险与冒险的关系

风险与冒险是人们容易混淆的两个概念，其实两者既相互区别又相互联系。风险是指发生不利事件或损失的概率或可能性。任何时候，当我们无法预料某种结果，无法确定某种负面结果时，我们就可能面临着风险。冒险是指个人决定对自己的行动作出的选择，而这种选择会产生或增加某种不幸结果发生的可能性，致使一些不希望发生的事件更有可能发生。冒险的基本行为模式可以简单地表示为"X(某人)采取行动 A，主动去冒风险 R(可能具有负面结果的事件)"。当然，冒险行为也可能会产生正面后果。

总之，风险是一种客观存在，而冒险则是个人的主观选择和决定，由于个人行为的介入会加剧风险发生的可能性，从而可以促使这种客观存在的可能性转化为现实性。例如，对于某种股票，我们无法确定其价格是否上涨或股份公司是否会倒闭，即无法确定价格下跌或血本无归的风险，但当我们决定购买这种股票时，则公司倒闭或价格下跌的问题完全可能发生，也就是说，我们在冒投资无法盈利的风险。

当然，正是由于风险的存在促使人们必须认真考虑选择最合理的行为方式，以争取最好的结果。因此，风险是人们保险行为的起因。

四、风险的心理认知

人们感觉到的风险即主观风险与风险本身有很大的不同，主观风险是个人的一种心理体验，是人们对于客观风险的主观认识和知觉。这种主观认知难免会与实际存在的风险产生一定的偏差，即投保人对于可能发生的损失或出于过分恐惧而过高估计风险发生的概率；或者出于对这种损失特征的某些偏见，而使人处于一种虚假的主观风险体验之中。因此，理性投保人对于风险应具有以下两个正确观念：一是个人应只考虑那些能够认识的风险；二是个人应努力去了解和掌握其周围的风险，做到主观认知的风险与客观现实的风险相符合。

虽然风险完全是客观存在的风险,但是在风险评估和风险管理中,人们对于风险的主观认知是不可避免的,因为要处理现实的风险问题,只有在对风险进行认知之后才有可能。在我国建立社会主义市场经济体制的过程中,一个显著的特征便是市场风险的增加,人们正面临着更多的不确定性因素,诸如下岗失业、医疗与住房改革、收费教育等,这就更需要加强人们的风险意识及其心理承受能力。

五、风险的态度类型

个人对待风险的态度不仅与其所处的社会经济环境有关,而且还与其社会地位、个性素质及心理状态相关。我们可将人们对待风险的不同态度分为以下 3 种类型。

1. 风险厌恶型

这类人在进行决策时总是力图追求稳定的收益,不愿冒较大的风险。在选择各种机会时,他们对于预期收益大且风险也大的项目一般采取规避的态度,而倾向于预期收益小且风险小的项目。这样,虽然项目成功,但是收益不大;即使项目失败,也不会受到致命的打击,还有回旋的余地。

2. 风险喜好型

与风险厌恶型相反,这类人具有比较强烈的进取心和开拓精神,为了追求较大的收益而宁愿承担较大的风险。这类投资者在风险程度不同而收益也不同的项目之间进行选择时,总是倾向于预期收益大而风险也大的项目,有时即使项目的成功概率极小,但是由于预期收益极大,他们也乐于尝试,甚至不惜孤注一掷。因此,这类人既可能取得巨大成功,也有可能一败涂地。

3. 风险折中型

上述两种对待风险的态度是两个极端,而介于两者之间的则属于中间状态。这类投资者在选择项目时,既比风险喜好型更冷静,又比风险厌恶型更有进取心。

在当前建立和完善社会主义市场经济体制的过程中,进一步强化企业和个人的风险意识是十分必要的,当然,同时也应提高人们的风险防范能力,引导人们在对风险进行科学分析的基础上作出保险决策。

六、关于感觉寻求与风险态度的研究

美国心理学家苏格曼(M. Zuckerman)编制的感觉寻求量表(Sensation Seeking Scale,简称SSS)是测定感觉寻求特质的一种有效工具,我们将它运用于保险心理学的研究中,现已取得了一些有益的成果。

感觉寻求是指个人在现实生活中有寻求刺激、厌恶单调的需要。它具体包括4个方面的内容:①寻求激动和冒险;②寻求心理体验;③放纵欲望;④厌恶单调。人类的感觉寻求特质已在感知觉剥夺试验中得到证实。当一个人因视听及其他感官受到阻隔而与环境隔绝,无法得到任何感知觉信息时,首先会变产生厌倦心理,继而焦躁不安,最后会产生幻觉和错觉,甚至无法忍受感知觉被剥夺。另有研究表明,优秀的决策者一般具有较高的感觉寻求特质,倾向于寻求刺激和冒险,永不满足现状,以寻求更多的发展机会。

华东师范大学俞文钊等修订了苏格曼的感觉寻求量表,在上海市进行调查研究的结果表明,感觉寻求特质和风险倾向性具有一致性。而我国被试的感觉寻求特质由6个因素构成,即F1——寻求激动和惊险;F2——不良宣泄方式;F3——厌恶单调;F4——理智性;F5——现实性;F6——激情。其中,F1——寻求激动和惊险在6个因素中的影响最大。个人感觉寻求量表分数与其风险态度具有一致性,例如,感觉寻求量表分数值高的人,更敢于承担风险,因而他在经济活动中就越能当机立断,并获得好的业绩;相反,感觉寻求量表分数值低的人,则不愿意为取得好的业绩而去冒不确定性的风险,这就是在同样的社会经济环境条件下,不同的人会产生不同结果的原因。正是由于感觉寻求特质直接与投资、创业等经济行为相关,而这些行为都具有一定的风险性,同时市场经济大潮的涨落也会给人们带来更多的不确定性,致使企业与个体的决策更具有风险性,所以必将对决策者的心理素质提出更高的要求。

七、风险理论在保险心理学中的应用

在现实生活中,不确定性(uncertainty)及其引发的风险是一个基本事实。当人们作出决策时,无时无处不受到不确定性因素的影响,从而导致在现实经济生活中必须构建分散和降低风险的机构和体制,如保险公司、社会保障体系等。

可见,由于风险的普遍性和重要性,它正日益受到经济学界的重视,并成为现代保险领域中的一个研究热点。同时,风险问题也受到心理学界的高度重视,不少学者对不确定情境下微观主体的决策心理研究等方面进行了可贵的尝试。就目前而言,保险心理学这一新兴学科尚处于构建阶段，但风险理论与保险心理研究已成为该学科理论体系中不可或缺的重要内容之一。

第四节　福利理论与保险心理

一、福利的基本含义

福利的含义可作多种解释。从广义的福利来说，它与社会经济生活的各个方面都有联系，如收入、就业、失业等，这也就是客观意义上的经济福利。客观经济福利是可以计量的，如不同国家人均产值(GNP)不同，个人的年平均收入也会不同，为此，不同国家的客观经济福利水平也具有很大差异。

狭义的福利则是指个体福利，这是个体对生活中的经历、活动、状态和事件的评估结果，因而个体福利具有主观福利性质，在这种情况下福利是指对生活的一种普遍的幸福感。有时，福利与幸福、效用是同义词。显然主观福利的概念是受人的价值观、信仰及其他心理因素影响的，因为具有不同价值观、信仰的人对于幸福、福利的理解标准是不一样的。

二、福利理论的发展

(一)边沁的功利主义福利观

边沁(J. Bentham)提出了功利主义的福利观，即最大多数人的最大福利原则，进而将福利定义为个人获得的效用或满足，把一个人的福利规定为个人获得的满足的总和，而社会福利则规定为个人福利的总和。个人福利与社会福利的相互关系表现为当社会上较多的人获得了较大程度的满足时，社会福利才会增加，社会福利的最大化就是使社会上最大多数的人获得最大的满足。边沁将福利与效用概念结合在一起，又指出了社会福利与个人福利的相互关系，应该说是具有一定进步意义的。

(二)庇古的经济福利观

庇古(A. C. Pigou，1920 年)的经济福利观是以边沁的功利主义福利观为基础，进一步提出了广义福利和狭义福利两种类型。广义福利是指社会福利，狭义福利则是指经济福利。社会福利和经济福利是相互联系的，经济福利对社会福利具有决定性的影响。经济福利是由效用构成的，效用意味着满足，人们追求最大限度的满足，也就是追求最大限度的效用。

由于效用可以用货币单位来计量,所以,经济福利可以通过对效用的计量而被计算出来。庇古就经济福利提出了以下两个观点。

(1) 一国的经济福利可以用国民收入的多少来表示。国民收入是一国经济福利的同义词,一国的国民收入越大,其经济福利就越大。经济福利的增加表现为国民收入的增加。

(2) 一国的经济福利是国民中每个人的经济福利的总和,而每个人的经济福利是由他所得到的物品的效用构成的。

根据边际效用递减规律,货币对于不同收入的人具有不同的效用,如穷人手上的货币增量要比富人的货币增量其效用来得大。如果把富人的一部分货币转移给穷人,就会增加一国的经济福利,因为少数人的福利得到满足,而多数人无福利,则社会就不会安定。

(三)帕累托的福利理论

帕累托(D. Pareto)为意大利经济与社会学家,其福利理论仍以边际效用理论为基础,但他认为效用是不可测量的,因而主张以无差异曲线来分析,他在一篇论文中写道:"我曾为快乐和痛苦必须加以测定而烦恼,因为实际上没有人能够测定快乐。谁能说这个快乐是另一个的两倍?我尝到了喝一杯莱茵酒的快乐,但我确信不能理解这个快乐是另一个的两倍或一半。"与此同时,帕累托提出应该使用"满足欲望的能力"和"基本满足欲望的能力"来取代效用和边际效用。所谓满足欲望的能力是指个人所占有的新增量物品为他所提供的享乐。所谓基本满足欲望的能力是指微小增量物品所提供的享乐。实际上,帕累托改变名词,是为了更明确地强调效用或边际效用概念的个人主观心理特性,其与以往的效用理论并无本质的差异。

(四)现代福利理论

戴纳(E. Diener,1984 年)将现代福利理论归纳为以下 6 类(见表 2-1)。

表 2-1 现代福利理论的分类

客观论	福利由客观环境(如收入)决定
目的论	福利依赖于个人最终价值的实现
适应论	福利依赖于个人对生活状态的心理适应
判断标准论	福利依赖于以个人偏好为标准(如基于他人的福利状态、自身过去的福利状态及抱负水平所作的生活状态的比较)
自下而上论	福利来源于个人积极的经历
自上而下论	在个人特定的生活领域福利导致积极的评价

现就上述理论分述如下。

1. 客观论

福利客观论认为，福利是由客观环境(如收入)所决定的，具体以个人收入和GNP(国民生产总值)为指标来说明经济福利水平。福利与收入水平之间存在着正相关关系，即收入水平高的人比收入水平低的人更加幸福，福利水平亦然。

1946—1970年，经济心理学家依斯托林(R. A. Easterlin)进行了一项研究，在对英国、西德、泰国、菲律宾、马来西亚、法国、意大利等国的调查结果中发现，幸福的人群中收入高者的比例要比收入低者高，而不幸福的人群中收入低者的比例要比收入高者高。同样，堪垂尔(H. Cantril)在1960年前后对13个国家进行福利测量的结果表明，较高的社会经济阶层拥有相对高水平的福利。但是，在一国内存在的福利与收入之间的正相关关系，在国与国之间的比较中就不显著了。

此外，研究者还发现，幸福水平与GNP之间的相关也是呈边际递减的。例如，1964—1970年，美国人的生活水平得到大幅度的提高，而国民的幸福水平基本上没有变化。为什么随着时间的推移，国民收入增加而福利没有同步显著地增加，这可以用社会比较理论和判断标准理论来解释。因为在一个国家之内，人们很容易将自己的状况与其他人进行比较，如果别人比较富有，你就会感到不幸；相反，如果你比别人收入高，你就会感到幸福。在评估福利时，周围人提供了一个判断标准。同时，随着时间的推移，判断标准也会改变，福利与抱负水平相关，旧的欲求满足了，新的欲求又会产生，这也在一定程度上阻碍了幸福水平的增长。

2. 目的论

福利目的论认为，生活的满意度来源于个人终极价值的获得。这些价值包括幸福、爱、安全、自由、内部和谐、成就和归属，福利正是和这些目标的获得联系在一起的。目的论受到两方面的影响：一是享乐主义，二是禁欲主义。前者推崇需要满足至上，并且在需要满足之后不可能获得更大的幸福，但禁欲主义强调为了最终的需要应抑制需求的满足。此外，幸福不仅来源于目标的实现，而且来源于追求目标的过程。

3. 适应论

福利适应论认为积极的(或消极的)事件所带来的幸福(或不幸)在事件刚发生时强度最大，随着时间的推移，事件的影响力将会逐渐减弱，这是因为个体对情境有了适应能力。例如，一个幸运的中奖者过了一段时间并不会特别快乐，而失业者在失业之后不久便会适应新的社会角色,尽管在失业的头几周里福利水平大为下降,而且这一较低水平会保持半年左右。

4. 判断标准论

判断标准论又称相对福利学说,该理论认为福利不是一个绝对值,它与个体的判断标准紧密相连,人们会根据其他人的福利水平或自己过去的福利水平来判断眼前的福利水平。此外,抱负水平也是一个重要的福利判断标准。例如,个体与福利水平较低的他人进行比较,或者相信许多人生活在贫困中,便会显著提高自己的满意度。事实上,个体对于收入的满意度几乎完全是由社会上其他人的收入所决定的。福利判断标准论的观点归纳起来有以下4点。

(1) 福利和快乐是同义词,快乐的客观标准是不存在的,它并不取决于个人收入的多少,它是个人的心理感受,是主观的东西,没有尺度可以衡量,只有个人才能感受到自己是否快乐。因此可以说,福利和快乐同样都是相对的,它只存在于和别人比较的感觉中。

(2) 既然福利是相对的,随着个人收入的增长,自己并不一定就会感到比过去快乐,也可能感到更不快乐,关键在于别人的收入是否也在增长。

(3) 既然福利是相对的,福利与个人收入水平之间并无直接的关系,由此而得出的结论之一,就是旨在普遍提高国民收入水平的政策措施并不能有效地增加国民福利。同样,缩小国民之间收入差距的政策措施也不能有效地增加国民福利,除非全体国民的生活水平完全一样。

(4) 即使个人收入增长,个人的欲望也会随之增大。一种欲望刚被满足,另一种新的欲望又会产生,任何已被满足的欲望都会激发新的、未被满足的欲望,后者将会带来新的烦恼。因此,个人收入增长也不会给自己带来快乐。

5. 自下而上论

自下而上的福利理论认为,福利和情绪有很大的关系。积极的情绪和好的心境往往会使个体对自己的生活作出积极的评价,而消极的情绪、心境、应激和焦虑则会对福利水平产生负面影响。总之,快乐经验会增加总体的福利水平及个体的经济福利水平。

6. 自上而下论

自上而下的福利理论认为,在特定的生活领域,福利会导致积极的评价。当然,这种反应会因个体气质、心境、人格的不同而不同。同时,对生活的整体福利感又会导致个体对自身生活的某一部分作出积极的评价。

三、福利理论在保险心理学中的应用

在市场经济竞争激烈的环境中,由于个体差异的客观存在,如生理差异(体力、生理残疾、疾病等)、心理差异、素质差异、能力差异等,所以在收入分配上也会出现差别,致使社会上形成一个相对贫困的阶层。如果不及时建立与完善对社会贫困阶层的社会保障体系,就会影响社会的安定和发展,而福利理论就是建立社会保障体系的理论依据。西方国家从自身的社会、经济、文化、价值观、信仰背景出发,主要选择客观经济福利论作为构建其社会保障体系的理论依据。

我国是社会主义国家,有自己的世界观、信仰和价值标准,对幸福、满意度、福利的观点与国外相比有着很大的区别。因此,我们既要借鉴国外理论,又要立足中国国情和文化背景构建具有中国特色的主客观福利理论及其模式,以指导建立中国特色的社会保障体系。

同时,由于保险是社会保障体系的重要组成部分,所以福利理论对于保险心理学的影响和作用是不言而喻的,充分借鉴福利理论的观点和方法,从社会保障的全新视角研究保险心理,对于建立具有中国特色的社会保障体系具有重要而迫切的现实意义。具体而言,我们要从中国的实际出发,确立中国城镇居民贫困线的标准,深入研究具有可操作性的社会保障体系的具体内容(如住房、医疗、失业、退休保险等),并从保险心理学的角度出发,深入探索城镇居民对各项社会保险的心理预期及在执行过程中的心理承受能力。

本 章 小 结

态度理论、预期理论、风险理论和福利理论共同构成了保险心理学的理论基础。所谓态度是指个体对待任何人、观念或事物的一种心理倾向,包括认知、情感和行为3个因素。个体态度与个体需要是密切相关的,积极的态度源于需要的满足,而消极的态度则源于需要未被满足。因此,态度对于个体的保险行为具有以下3个功能,即实用功能、防御功能、表现功能。由于态度的复杂性和多样性,心理学家对其有许多不同的解释:①勒温提出了场动力论以解释态度的形成;②托曼提出了态度的信念——价值模式;③兰卡斯特认为效用主要取决于产品的特征,因为是产品的特征而非产品的数量满足了人们的特殊需要。

所谓预期是指经济行为人对于经济变量(如价格、利率、利润、收入等)在未来的变动方向和变动幅度的一种事前估计。在某种意义上,预期作为经济行为人的特征与前提,无疑

支配着个体的现实经济行为。预期由以下几个基本要素构成，即预期主体、预期变量、用于预期的各种信息、预测方法及预期值。凯恩斯把预期分为短期预期和长期预期两类。保险心理学的研究对象是合乎理性的人的保险行为，投保人为了避免损失或谋取最大收益，总要设法利用一切可以获得的信息(包括过去的和现在的)对其所关心的经济变量(如分红收益率、利率等)在未来变动状况作出尽可能准确的合乎理性的预期。在一个现实的充满不确定性的市场经济体系中，投保人进行投保决策，只能依据预期作出判断。

所谓风险是指发生某种不利事件或损失的各种可能性的总和。具体而言，我们确认了构成风险的两个基本要素：一是负面性，即发生了不利事件或损失；二是负面性发生的概率。风险根据不同的标准、不同的风险内容可以划分为以下几种类型，即主观风险和客观风险；纯粹风险和投机风险；静态风险和动态风险；特殊风险和基本风险。此外，风险还有其他分类，如可分为自然风险、社会风险、经济风险和技术风险，也可分为市场风险、生产风险和财务风险等。当然，正是由于风险的存在促使人们必须认真考虑并选择最合理的行为方式，以争取最好的结果，因此，风险是人们保险行为的起因。而人们对待风险的不同态度可分为以下3种类型，即风险厌恶型、风险喜好型、风险折中型。

福利的含义可作多种解释。广义的福利是指客观意义上的经济福利；狭义的福利则是指个体福利。福利理论包括边沁的功利主义福利观、庇古的经济福利观、帕累托的福利理论及戴纳的现代福利理论。由于保险是社会保障体系的重要组成部分，所以福利理论对于保险心理学的影响和作用是不言而喻的，充分借鉴福利理论的观点和方法，从社会保障的全新视角研究保险心理，对于建立具有中国特色的社会保障体系具有重要而迫切的现实意义。

思 考 题

1. 态度的基本含义是什么？
2. 举例试述态度理论在保险心理学中的应用。
3. 预期的基本含义是什么？
4. 试述预期的理论背景、构成要素及其分类。
5. 试述预期理论的发展过程。
6. 举例试述预期理论在保险心理学中的应用。
7. 风险的基本含义是什么？

8. 举例试述风险是如何分类的。
9. 风险与冒险应如何区别?
10. 举例试述风险的心理认知。
11. 人们对待风险的不同态度可以分为哪几种类型?
12. 举例试述风险理论在保险心理学中的应用。
13. 福利的基本含义是什么?
14. 举例试述福利理论的发展历程。
15. 举例试述福利理论在保险心理学中的应用。

第 2 章参考答案

第三章 保险需求与保险心理学

【本章精粹】

◆ 投保心理与保险需要
◆ 保险决策中的锚定效应和交叉感知
◆ 理论延伸：交叉锚定效应的若干应用

【关键词】

需求 自我认知 锚定效应 交叉感知匹配 交叉锚定效应

【章前导读】

保险企业应站在客户的立场，从设计保险产品开始就抓住消费者的心理诉求。据此，本章首先揭示了消费者对于保险产品的需要和需求来源，以及与一般消费品消费的不同之处，并对保险产品的需求进行了探讨；然后在此基础上提出了保险产品设计规律及相应的促销策略；最后评述了认知心理学中的"交叉感知匹配""锚定效应"，并分析了上述心理机制如何有效应用于保险产品设计之中。

第一节 投保心理与保险需要

消费者的消费需要与消费动机是市场营销活动的出发点，因为消费者的需要与动机是其消费决策的原始驱动力，保险产品的消费者亦然。

所谓需要是指个体因生理因素(如饥饿、疲劳)或社会因素(如责任、压力)所导致的某种未满足的主观感觉状态，它会促使人们采取一定的措施去加以缓解这种状态。例如，由于长时间未进食而感到饥饿，人们只有通过进食才能缓解肠胃的不适感。而欲望是指个体希望得到能够满足其某种基本需要的产品的愿望。同一需要既可以引发不同的消费欲望，也可以通过不同的产品来满足。例如，人们既可以用土豆充饥，也可以用汉堡来填饱肚子，即基本需要可以产生多种多样的欲望。

所谓动机是指个体推动实际活动以满足其欲望和需求的内驱力。这种内驱力是由未满足的需要所造成的紧张状态产生的，是个体所有消费行为产生的根本动力和深层原因。消费者所有的消费行为都是为了满足或缓解自己某种特定的需要和欲望。

消费者对于保险产品的需要则源于其心理因素的影响。例如，如果一个消费者长时间没有进食而感到饥饿，那么饥饿是促使其形成对食物消费的欲望的驱动力，这也导致了其产生了满足这种欲望和需要的动机。换言之，消费者是在饥饿感已经现实发生的情况下才产生了相应的需要、欲望及动机。然而，就保险产品而言，消费者的需要并不源于现实生活中已经发生的灾祸。例如，投保人不能够在自己的汽车已经遭遇车损的情况下再投保车辆险(尽管在这种情况下他已产生了强烈的投保动机)；同样，投保人也不能在自己的身体因意外而遭受伤害、伤残的情况下再投保意外伤害保险。因此，投保人投保保险产品(即其消费保险产品)的需要事实上源于其对未来可能会遭遇到的风险的主观臆想。我们现运用美国心理学家马斯洛(Maslow)需要层次论来分析一下消费者购买保险产品的内在动机。

一、"需要金字塔"与保险心理

美国心理学者马斯洛于 1943 年提出了需要层次论(hierarchy of needs)。该理论把人的基本需要按金字塔状分为 5 个层次，按其重要性从金字塔底层至塔顶依次分为以下内容。

(1) 生理需要：包括对食物、水、空气、住所、性等最基本的生理需要。

(2) 安全需要：包括对保护自己免受伤害、伤痛、失业，以及免受年老无保障等危害的需要。

(3) 社交需要：包括获得家庭、朋友、社会团体的接纳及友谊和爱情等的需要。

(4) 尊重需要：包括获得尊敬、名誉、地位、权力等的需要。

(5) 自我实现需要：包括充分发展自我能力、实现自我能力及实现理想的需要。

马斯洛认为，这 5 个层次的需要由低到高依次递升，只有当低层次的需要得到基本满足之后，才能产生较高层次的需要，并激励个体不断追求更高层次需要的满足。

马斯洛的需要层次论对于产品开发具有指导意义。在消费市场上，对于尚未解决温饱问题的低收入人群而言，他们不可能经常去购买那些显示身份地位的奢侈品，也不会过分考虑产品的外观包装，购买时以求廉、求实动机为导向；而对于衣食无忧的高收入人群而言，他们则会去购买与自己身份相称的名贵产品，购买时以求美、求新、求名动机为导向。

我们现将保险产品纳入需要金字塔，就会发现根据产品类别的差异及购买者动机的不同，各类保险产品分别分布在需要金字塔的不同需要层次中。例如，人们购买失能保险产品是出于其对安全(或者说是安全感)的需要，因为当人们健康的时候难免也会居安思危，害怕自己现有的健康状况一旦消失会带来诸多不便和痛苦，若能够及时购买一份失能保险产品，那么即便自己因伤不能正常工作，依然可以得到一份工资保障，从而满足了人们对于安全的需要。又如，人们购买投资连接保险或保险定投产品，既是为了得到该保险产品的保障功能，也是为了获得增值功能。其中，保障功能满足了人们对安全的需要，增值功能则满足了人们的自我实现需要，因为人们通过购买一种保险产品从而让自己获得投资收益，这正是自我实现的体现。

此外，人们并不总是为自己购买保险的，例如，父母会为孩子购买保险产品，或者为长辈投保寿险或健康险产品，这种保险行为就体现了投保人更加深层次的情感需要：为孩子购买保险既是"疼爱"下一代的一种途径，也是"责任"的一种体现，而为老人购买保险产品也是"尽孝心"的一种有效方式。这样，投保人在利他的同时也满足了自己"关爱家人"的社会情感归属需要。

二、购买动机与影响因素

消费者购买动机的影响因素主要包括九种，即产品的品质、产品的功能、产品的造型、产品的规格、产品的包装、产品的商标、产品的广告、产品的保修和产品的价格。然而，保险产品并不是传统意义上的有形产品，它们既看不见也摸不着，因此保险产品的实质是一种服务。例如，当人们购买基金产品时，便是将自己的资金托管给资产管理公司，让其代为作出投资决策，而这种委托投资事实上就是基金公司提供的一种理财服务。保险产品的性质也与此类似，保险公司所提供的服务便是当你一旦遭遇不幸的事件后给予你事先约定的经济补偿。

此外，就保险服务产品而言，消费者的购买动机及其影响因素更为微妙和复杂。例如，在人们购买某一品牌电冰箱的消费决策中，可以从诸多途径获取相关信息，一旦我们自己有亲朋好友是使用该品牌的电冰箱，那么他就可以为我们提供使用该品牌电冰箱的具体感受信息，因为我们知道其所提供的冰箱信息具有较强的借鉴性。然而，当我们购买保险产品时，这种关于产品质量的信息就不是那么容易获得。例如，我们购买分红险产品时要知道它的质量无非是观察它以往的业绩表现，但是过去并不能完全代表未来，这样一来，我们对于保险产品就没有那么自信了。又如，一位好友向你推荐了一款寿险产品，感觉它比较划算，你是不是就会选择它呢？或许不会，因为你认为好友的身体明显比你更加健壮，所以适合好友的寿险产品未必适合你。

三、保险产品的感官认知

认知是指人们获得知识或应用知识的信息加工过程。换言之，人脑接受外界输入的信息，经过加工处理后，转换成内在的心理活动，进而支配人的行为，这个过程就是认知。消费者对外界信息的认知主要是通过视觉(87%)、听觉(7%)、嗅觉(3.5%)、味觉(1%)、触觉(1.5%)等感官进行的，其中以视觉、听觉、嗅觉最为重要。

消费者为满足自身需求而产生购买动机后，在作出是否购买及具体购买什么产品的决策时，还会受到其对于产品的感官认知的影响。产品的感官认知是指消费者通过自己的感官对产品及其相关刺激物所形成的感觉或印象。产品的感官认知主要包括个体对于产品的质量、功能、效用、价格、外观等诸多方面的具体感觉。个体一般通过以下 5 种感官功能形成其对于产品及相关刺激物的具体认知：一是视觉，如看到产品实物或产品广告；二是听觉，如听到对产品的介绍或评价；三是嗅觉，即闻到产品的气味；四是味觉，即品尝到产品的滋味；五是触觉，如触摸产品的质地。

此外，不同的消费者对于同一刺激物可能会形成不同的感官认知。换言之，人们对同一产品的感官认知存在差异性。因为人们对刺激物的感官认知，除了受到诸如产品实物、广告宣传等刺激因素的影响以外，还取决于人们的需求、动机、知识、经验等诸多个人因素的影响。事实上，影响消费者认知差异的因素有以下3个。

(1) 选择性注意。消费者每天会受到数以千计的产品信息的刺激，他们不可能注意所有信息，而只能注意那些与自己需求有关、自己感兴趣或特别引人注目的信息。

(2) 选择性曲解。消费者对于注意到的产品信息，会以自己的思维方式进行理解，其主观认知有可能会偏离刺激信息的本来意义。

(3) 选择性记忆。消费者不可能记住所有注意到的信息，而是根据自己的需要或兴趣，记住某些产品信息或某些产品的部分信息。

总之，厂商在进行产品设计、促销、宣传的时候，应该力求使产品信息引起更多消费者的注意，避免消费者对产品信息形成曲解，并设法使产品信息印入消费者的记忆中。

然而，就一种没有实体、仅以凭证作为存在形式的保险产品而言，由于无法从嗅觉、味觉和触觉上促使广大消费者形成有效认知，所以保险产品的成功设计和营销必须从影响消费者的视觉认知和听觉认知入手，通过图像、声音和言语刺激受众的心理，激发受众联想。例如，分红保险的产品宣传单页往往使用大红、金黄等颜色搭配，背景图片往往采用元宝、坚挺的绿色植物、中国龙等，其目的并不是纯粹出于美观考虑，而是旨在传递产品保值增值，具有理财产品特点的信息，而这些带有积极刺激性的颜色和图像也意在激发受众的正面情绪和对产品"效果"的积极认知。又如，在增长型共同基金的广告中，声音往往采用语气声调始终高亢或逐渐高亢的男女声；而在黄金和保险定投产品的广告中，则采用稳重的男声以凸显产品的"保值"特点。此外，在保险产品广告中人们时常能够听到清脆的金币落地声，轻微的爆竹和爆炸声，这些声音都意在激起人们的兴奋感，从而起到促使人们对保险产品产生正面认知的作用。

上述方式之所以有效是因为人类的头脑中具有交叉感知匹配(cross-modality)的心智功能。交叉感知匹配是指人们倾向于将事物的两种属于不同领域、在逻辑上并无相关的特征联系在一起，并认为它们相互关联。例如，人们认为尖锐刺耳的声音总是和犯罪、危险联系在一起；沉重的特性往往让人觉得安全、牢固。在保险产品广告宣传中，这种巧妙利用人类交叉感知匹配这一心智功能的传播手法显得尤为有效。

四、自我认知与保险决策

自我认知(又称自我观念或自我印象)是指个体对自我的知觉与评价。一般而言,自我认知由以下3个部分构成。

(1) 镜中自我,即自认为他人对自己的评价。个体会部分地承认别人对其评价的正确性。

(2) 理想自我,即自己希望成为怎样的人。个体通常并不认为完全实现了理想的自我。

(3) 真实自我,即自己实际上是什么样的人。个体对自己的评价总会包含真实的部分。

自我认知包含多方面的自我评价,如认为自己胖或瘦的体形自我认知,认为自己内向或外向的性格自我认知,认为自己是喜爱冒险或风险规避的行为自我认知。在社会生活中,人们总是以积极的态度对待自我认知,希望在他人心目中留下好印象,力求不断地完善自己,追求良好的自我感觉,并在生活方式、衣着打扮、言行举止等方面,表现出自己所欣赏的自我形态。

消费者的自我认知会影响其对风险决策及保险产品的需求。自我认知一般包括以下5种类型。

(1) 现实自我,即个体是如何认知自己的。例如,有的人会将自己视为风险喜好者,有的人则将自己视为风险厌恶者,这种不同的行为自我认知自然就会影响其对于风险决策及保险产品的需求。

(2) 理想自我,即个体希望自己是什么样的人。事实上,在风险决策的过程中,个体并不能完全理性地对自己的风险偏好、行为决策等作出有效判断,而往往依赖于自身即刻的主观臆想。因此,人们会以理想中的自我作为消费决策的参照坐标,认为自己在不久的将来就能达到理想自我的状态。

(3) 社会自我,即个体觉得他人是如何看待自己的。个体不仅需要关注自己是如何认知自己的,还需要关注别人对自己的认知。个体不仅具有防止自身认知不协调的倾向,同时也有规避他人对自己认知不协调的倾向。

(4) 理想的社会自我,即个体希望他人如何看待自己。

(5) 期望自我,即个体期望在未来的某个时间段内自己应该是什么样的,其介于现实自我和理想自我之间,是现实自我和理想自我之间的一种妥协与均衡。

个体的消费行为与其自我认知密切相关。消费者通常会购买与自我认知相一致,或者有助于维护和完善自我认知的产品,而排斥与自我认知不一致或有损于自我认知的产品,这也正是认知不协调(cognitive dissonance)的一种表现形式。为了避免消费行为与自我认知出现不一致，个体倾向于作出与自我认知相符合的消费决策，即购买符合自我认知的产品。因此，企业在产品开发、设计、销售等环节中，应努力使由质量、品牌、包装、外形、价格等诸多要素所构成的产品形象与目标顾客的自我认知相吻合，以使产品为目标顾客所欣然接受。

然而在现实生活中，个体的消费决策并非都遵循消费行为与自我认知相一致的规律。例如，假设有 A、B 两个青年个体，两人的年龄和健康状况相仿，A 为一个户外运动型青年，平日里经常接触各种球类、滑板等运动；而 B 则为一个宅男书虫型的青年，生活中的大多数时，他会选择在咖啡厅里阅读各类书籍。那么请问 A 和 B 谁更倾向于去购买保险产品(诸如意外伤害保险产品)呢？很明显，户外运动型的 A 更倾向于投保意外伤害保险，因为他知道自己在日常运动中发生意外伤害的可能性非常大，而且投保保险产品对他而言无疑是有益的。而宅男书虫型的 B 就不那么乐意去投保意外伤害这样的保险，因为他生活中的绝大多数时间都是与书本为伴，发生意外的可能性显然要低许多，对他来说，花费一年人身保险的保费还不如购买一本新书来得实在，这就是保险理论中的逆向选择(adverse selection)现象。事实上，逆向选择的首次提出正是在保险领域，之后才被引入到了风险管理领域。逆向选择是指尽管个体对于保险的需求与其所遭受损失的可能性之间呈现正相关的关系，但是在现实生活中由于信息不对称，保险人无法准确区分谁是低风险者、谁是高风险者，因而保险人在保险产品的定价过程中无法将这种保险需求和损失风险的正相关性考虑在内。

当我们试图用认知不协调理论去分析解释上述案例中 A 和 B 的投保倾向时，很可能得到下述结果：如果一个个体是风险追求者，那么他就会更倾向于不购置保险产品。在此，我们可以将保费视作期望损失成本，也就是损失的期望值。例如，假设在未来 1 年内，个体有 1%的可能性在运动中发生人身意外伤害，从而产生 5 000 元的医疗费用，那么这个风险体的期望损失成本就是 5 000×1% = 50 (元)。换言之，决策者将面临如下博弈。

(1) 损失确定的数额，即 50 元。

(2) 有 1%的可能性损失 5 000 元，还有 99%的可能性不遭受任何损失。

当其面对这样一种零和博弈时，作为一个严格的风险厌恶者，个体将会选择前者，而作为一个风险追求者，个体就会选择后者。

现在就让我们从认知不协调理论的视角出发，分析一下 A 和 B 的自我认知及其所作出的最终决策。作为一个高风险运动(如滑板)爱好者，由于 A 对自我的认知是一个风险喜好的个体，因而倾向于作出那些与其风险喜好相一致的消费决策，如在游乐园 A 会花钱去尝试危险刺激的过山车，而不会选择较为安全的旋转木马。据此推断，对于购买保险产品这种属于风险厌恶的消费行为，因与 A 的自我认知产生了认知不协调而会被主动规避。同样，就 B 而言，由于其对自我的认知是一个风险厌恶的个体，因而倾向于作出那些与其风险厌恶相一致的消费决策，如出门在外宁愿多花些钱去比较高档的场所用餐，也不愿在无证摊贩那里吃便宜可口的小食。据此推断，对于不购买保险产品这种属于风险喜好的消费行为，因与 B 的自我认知产生了认知不协调而会被主动规避。综上所述，A 应倾向于不投保意外伤害保险，而 B 则倾向于为自己购买意外伤害保险。然而，事实却恰恰相反，逆向选择的现象恰恰违背了理论推演的结果。

第二节　保险决策中的锚定效应和交叉感知

一、锚定与锚定效应

请问密西西比河有多长呢？为了回答这类答案并不广为人知的问题，人们试图尽可能多地去搜寻各种线索。有些线索是和问题直接相关的，如人们知道密西西比河是北美最长的河流，以及它从明尼苏达州一直蔓延到墨西哥湾。这类线索可以有效地帮助人们估计密西西比河的长度。然而，有些线索显然是和问题完全不相干的，如"马克·吐温出生于 19 世纪"就显然不能为人们提供关于推断密西西比河长度的有效证据(即便他曾经是密西西比河上一艘内河船的舵手)。不过，当人们在回答问题时，头脑中总是有各种各样的线索，有些是有效的，有些是无效的，往往混杂交织在一起。在理想的状态下，人们在解决问题时应能从这些线索中挑选出有效证据，排除无效证据，从而尽可能地作出准确无误的判断。

但是，研究结果却表明，那些与问题毫无关系，甚至是完全随机的信息，都会被主观臆断为一种线索，从而影响人们的有效判断。例如，斯查克和穆斯威勒(Strack & Mussweiler, 1990)[1]的研究表明，个体对数值的主观估计都会受到与问题毫不相干的信息的干扰；查普曼和强生(Chapman & Johnson, 1994)[2]的研究表明，这种利用无关信息进行主观判断的现象普遍存在于人们的日常决策过程中。

---

[1] Mussweiler, T., & Strack, F. (1990). Hypothesis-consistent testing and semantic priming in the anchoring paradigm: A selective accessibility model. *Journal of Experimental Social Psychology*. 35, pp. 136-164.

[2] Chapman, G.B., & Johnson, E.J. (1994). The limits of anchoring. *Journal of Behavioral Decision Making*. 7, pp.223-242.

第三章 保险需求与保险心理学

在一个经典的实验中,特沃斯基和卡尼曼(Tversky & Kahneman,1974)[①]在被实验者面前转动一个能够生成数字的"幸运轮",当出现数字结果后,实验者询问被试这个所出现的数字(如35)是否超过"非洲国家数量在联合国中所占的比例",换言之,被试需要判断非洲国家数量在联合国中所占比例应该大于35%还是小于35%。当被试回答了这一问题之后,实验者要求被试在接下来的问题中估计一下"非洲国家数量在联合国中所占比例",结果发现,被试所给出的估计值和之前幸运轮所给出的数字息息相关:如果之前幸运轮摇得的数字较大,被试也倾向于在之后的估计中给出一个较大的数字;如果之前幸运轮摇得的数字较小,被试则倾向于在之后的估计中也给出一个偏小的数字。这种现象被特沃斯基和卡尼曼形象地命名为锚定(anchoring),也就是说,在判断问题的过程中,某些(甚至是无关的)信息会形成一只"锚",而决策者会以这只锚为参照点,最后所给出问题的解往往只是在锚的附近做一些调整。由于锚定的存在使决策者会作出带有偏差的判断,这一现象就被称为锚定效应(anchoring effect)。

请注意,锚定效应与人们日常生活中所说的思维定势(thinking set)并不是同一个概念。所谓思维定式是指在环境没有发生大的变化下,人们通常喜欢以既有的固定的心智模式来观察和思考问题。事实上,人们在日常生活中深受思维定式的影响。例如,当你看到一道微积分的习题,一眼就知道应该如何解答,那么你就是获益于思维定式,因为只要操练得十分熟练,你一看见形如 xe^x 的式子就本能地联想到运用分部积分法或夹带的换元方法。试想,如果没有这样的思维定式,每次接触新的微积分习题时,你都要重新开始思考运用什么样的方法进行解答,这样所花费的时间和精力成本就会给个体带来巨大的心智负担,使之难以为继。总之,在日常生活中人们会遇到许多本质上十分类似的问题,由于人们存在着思维定式,因而就能很快地分辨出哪类问题用哪一类方法去加以解决,而不用每次一遇到老问题都需要重新开始思考解决的方法。

当然,思维定式的弊端在于它会束缚人们的思维,因为当个体将本质类似的问题分门别类进行处理,并以既有的方式按部就班地加以解决时,就不容易突破思维定式,寻找到更优化的解决方法;或者当问题的表面现象类似,但其实质已经发生变化时,我们就不能清晰地加以识别,从而导致偏差的产生。总之,思维定式是一种习惯,它是思维的习惯。在大多数情况下习惯给人们带来的是便利,但偶尔习惯也会给人们带来麻烦,因为人们要

[①] Tversky, A., & Kahneman, D. (1974). Judgment under uncertainty: Heuristics and biases. *Science*. 185, pp. 1124-1131.

改掉习惯很困难。

相比之下，锚定效应则是受制于某一具体数值的心智效应，也就是说，它会使人们对于数字答案的判断产生偏差，如尼罗河有多长？林肯被刺杀时是多少岁？一张纸折叠10次后有多厚？总之，锚定效应中的"锚"往往是一些与所提问题毫不相干的数值，一旦你向一个知识并不渊博的人询问关于尼罗河究竟有多长的问题，然后在他回答问题之前，你在他面前转动一个幸运轮，假如幸运轮最后出现的数字是36，那么这个人之后的回答就会更倾向于接近36的数值。事实上，幸运轮上出现的数字和尼罗河的长度是没有关联的。因此，决策者不应该根据幸运轮给出的结果作为依据来判断尼罗河的长度，可是他的实际思维却被悄悄地锚定在了幸运轮的结果上。

事实上，要解释上述现象并不难，由于被试对问题的答案一无所知，因而他就会尽力去寻找相关的线索，而在这一信息搜寻的过程中，个体的行为选择会表现出盲目性，即人们会将与问题无关的信息作为认知线索和判断依据。然而，人们却丝毫没有意识到自己正受到锚定效应的影响。

尽管人们知道所寻找的线索与问题本身并不相干，甚至当被提醒有可能正受到锚定效应的影响时，有人也会矢口否认。例如，当人们被反问为何会利用这样一个没有关联的证据时，人们往往会坚决地否认自己正在被锚定："不，我并不认为幸运轮上的数字36和尼罗河的长度有着任何的关系，我只是真的觉得尼罗河长度大概就是40km！"

二、锚定效应的影响因素

锚定效应作为一种人类心智的认知现象，其提出至今已经历了学术界数十年的讨论，最终达成了锚定效应普遍存在于行为决策之中(特别是风险下的决策)的共识。尽管特沃斯基和卡尼曼的幸运轮实验为人们所熟知，其结果不论是从直觉上还是从实验上都广泛被人们所接受，但是人们对于锚定效应的探索研究并不会局限于此。因为一个直观的感受告诉我们，即便幸运轮摇出了极大的数字，我们也不会对联合国中非洲国家比例作出过大的估计，换言之，"锚"的作用事实上是有限的。

因而人们自然会联想到这样一个问题："锚"的信息何时不再影响人们的决断？换言之，"锚"的极限影响是在何时出现的？

(一)"锚"的告知性

莫勒和布朗(Moore & Brown, 2008)[1]的研究发现,如果"锚"的告知性更强,即它具备越多看似或听似可能相关的信息,那么它就越有可能会对决策产生影响。因为当人们面对丰富的信息时,会从中筛选出与其所面临问题相关的线索;而不相关线索影响人的决策则是发生在信息不可得或信息严重不充分之时。

上述看法已被查普曼和强生的研究结果所证实。研究发现,当"锚"和待估计量根本不属于同一个领域时,如本章开始所提及的待估计量为密西西比河的长度,而"锚"是马克·吐温的年龄时,那么在这种情况下,锚定效应会被大大削弱,甚至消失。斯查克和穆斯

图 3-1 勃兰登堡门

威勒(Strack & Mussweiler, 1997)[2]研究发现,表示高度的"锚"会对人们估计勃兰登堡门(Brandenburger Tor,柏林的新古典主义风格建筑,见图 3-1)的高度产生影响,但该"锚"对人们估计勃兰登堡门的宽度产生的影响却大大减弱。上述实验结果表明,"锚"的影响力取决于它的告知性,即它与待估计量的相关程度及其对待估计量进行有效推断的信息丰富程度。

(二)基本锚定效应

然而,上述"锚"的告知性观点仍然受到了相关实验结果的质疑。威尔森、豪斯顿、布雷克和艾特林(Wilson, Houston, Brekke & Etling, 1996)[3]研究证实,当决策者仅仅是被一个单纯意义上的数字(即这个数字没有量纲)所锚定时,那么无论这一数字与待估计量是否具有直接的相关性,它都会影响决策者的最终估计值。换言之,决策者或多或少会受到这个数字"锚"的影响,而这种纯粹数字意义上的"锚"被称作基本锚(basic anchoring),由

---

[1] Moore, S. E., & Brown, N. R. (2008). Examining the influence of disclaimers on adoption of numerical anchors: Evidence supporting a Gricean interpretation of anchoring effects, unpublished paper.

[2] Strack, F., & Mussweiler, T. (1997). Explaining the enigmatic anchoring effect: Mechanisms of selective accessibility. *Journal of Personality and Social Psychology*, 73, pp. 437-446.

[3] Wilson, T. D., Houston, C. E., Brekke, N., & Etling, K. M. (1996). A new look at anchoring effects: Basic anchoring and its antecedents. *Journal of Experimental Psychology: General*, 125, pp.387-402.

基本锚所引发的锚定效应则被称作基本锚定效应(basic anchoring effect)。可见,由于基本锚仅仅是一个数字,不仅与待估计量毫不相关,而且也不包含任何与待估计量有关的信息。因此,如果用"锚"的告知性观点进行推断,它就不应该对行为决策产生锚定影响,然而实验结果却违背了这一推断,从而导致两者之间产生了内生性的矛盾。

布朗恩和查普曼(Brewer & Chapman, 2002)[①]的研究表明,就实验结果而言,基本锚对行为决策(即决策者所作出的对待估量的判断)的影响程度相比带量纲的"锚" 表现出更低的鲁棒性(robustness,即这一现象更可能是由随机性所造成的,而且一旦实验对象被告知锚定效应的存在后,这一现象就会趋于减弱甚至消失)。总之,基本锚的影响要比一般锚更加微弱一些。

(三)其他因素对锚定极限的影响

锚定效应除了数字形式外,还可以通过其他形式表现出来。勒波夫和沙菲(LeBoeuf & Shafir, 2006)[②]进行了如下实验:实验者让被试先观察一条线段,然后,这条线段消失,被试得到实验者所提供的另一条不同长度的线段,并要求被试调整该线段的长度,直到被试认为调整后的线段与其之前所观察到的那条线段等长为止。被试被分为两组,他们先是观察同一长度的线段,之后,第一组被试被提供了一条很短的调整线段,被试需要将其拉长,从而达到其认为的与之前所观察线段等长;第二组被试则得到了一条很长的调整线段,被试需要将其缩短,从而达到其认为的与之前所观察线段等长。

实验结果发现,第二组试验对象经调整后所获得的线段长度相比第一组试验对象的明显要长,尽管这两组被试先前所看到的是长度一致的同一条观察线段。在上述实验中,第一组与第二组被试分别得到的那条很短及很长的调整线段就是"锚",而实验结果表明:

(1) "锚"在人们的认知判断中起到了影响作用;

(2) 这一实验中的"锚"与数值无关,尽管锚是以物理形态(即线段的形式)被表现出来,但却依然起到了锚定影响的作用。勒波夫和沙菲的研究发现拓宽了锚定效应的有效范围,使人们对锚定效应的研究不再局限于"锚"的数值属性。

总之,上述研究是从"锚"本身出发,以分析"锚"本身属性的差异性是否会影响锚

---

① Brewer, N. T., & Chapman, G. B. (2002). The fragile basic anchoring effect. *Journal of Behavioral Decision Making*. 15, pp.67-77.

② LeBoeuf, R. A., & Shafir, E. (2006). The long and short of it: Physical anchoring effects. *Journal of Behavioral Decision Making*. 19, pp.393-406.

定效应的影响力。那么试问，决策者主观意愿的强弱是否也会影响到锚定效应的效果？

特沃斯基和卡尼曼的实验研究结果表明，锚定效应不会因为被试被激励作出更精准的估计而有所减弱或消失。例如，即便被试知道如果其估计答案更接近于正确答案，就会收到更多金钱的奖励，然而被试在决策过程中所体现出的锚定现象依然不会因此而消失。这一实验结果充分表明：被试被锚定而使其行为决策发生偏差，并不是源于其在决策过程中思维的随意性，否则，这一随意性会因为利益诱使(如金钱、学分)而迅速减弱。事实上，锚定效应是个体难以规避的心智弱点。

此外，昆奇等(Quattrone et al., 1984)[①]及之后的威尔森(Wilson，1996)的研究表明，即使在实验中明确地向被试指出并解释锚定效应的存在及作用机理，最后得到的实验结果依然不能够消除锚定效应的影响，从而充分体现出锚定效应这一心智模式的本能性。

众所周知，在人文社会领域中，一种效应、一种社会现象及一种理论假说，都会因其被公之于世而变得不如原来那样显著。例如，骆泽夫和凯尼(Rozeff & Kinney，1976)[②]研究发现，在美国股票市场中存在着"一月份股市的回报远远高于其他月份"的现象，这就是著名的"元月效应"(January Effect)。行为金融学的理论解释是，人们倾向于在年末抛售手中的股票，从而实现股票收益或股票损失的税收待遇(这与美国股市对遭遇损失的证券出售后的税收政策有关)，从而使第二年一月的股市通常呈现出相比平时更高的回报率。

当时，骆泽夫和凯尼在这一研究中所使用的是1904—1974年的数据，然而这一效应被发现并公之于世后，"元月效应"就开始逐渐减弱了。事实上，当今美国股市中的"元月效应"已经非常不明显，甚至不复存在了。这是因为当人们一旦知道了"元月效应"后，它就自然而然成了人们以后投资决策中的一个常识，既然人们知道年末大多数人要抛售股票从而导致股票价格下跌，那么就会提前或分批抛售手中的证券资产。久而久之，人们在年末扎堆出售股票的现象便逐渐淡化，一月份的股价也就不再像原来那样上涨，所以"元月效应"就不复存在了。

然而，锚定效应同样作为一种人文社会现象，却能够在已被公之于众的情况下仍然影响着人们的行为决策，可见它确实是一种十分稳定的心智模式。我们有理由推测，锚定效

---

① Quattrone, G. A., Lawrence, C. P., Warren, D. L., Souza-Silva, K., Finkel, S. E., & Andrus, D. E. (1984). Explorations in anchoring: The effects of prior range, anchor extremity, and suggestive hints. Unpublished manuscript, Stanford University, Stanford, CA.

② Rozeff, M. S., & Kinney R. K. (1976). Capital market seasonality: The case of stock returens. *Journal of Financial Economics*, 3 (4), pp.379-402.

应的稳定性是源于人类生命的自然属性,换言之,锚定效应的稳定性是由人类大脑的神经机能所自然决定而无法改变的。可见,锚定效应既是一种人文社会现象,又是一种自然科学现象。因为在自然界中,尽管解释某一自然现象的科学理论早已被公之于世而众所周知,但并不会影响该现象的继续存在。例如,尽管牛顿的万有引力定律早已众所周知,但却丝毫不影响世间万物继续受到引力场的作用。

三、锚定效应与交叉感知匹配

上述的实验结果显示,锚不仅可以以数的形式表现出来,还可以由质的形式加以呈现。勒波夫和沙菲(LeBoeuf & Shafir,2006)的线段实验中并没有介入任何与数字相关的概念,所有的实验内容都是采取了线段的形式,但是线段的长度毕竟是和数字密切相关的。例如,当我们在描述一条线段时,通常的习惯就是对该线段的长度进行大致的界定,我们会说:"那条线段大约 5 公分长。"(即便我们不涉及具体数字,而是采用类比的方法加以描述,诸如"那条直线大约有一支铅笔那么长",但这其中仍然包含生活中一则既有的常识,即一支铅笔的长度大约是 10cm 至 15cm)

据此,我们有理由推断,在勒波夫和沙菲的实验过程中,被试并非纯粹地被"形"所锚定,而是在心智认知被锚定的过程中,其头脑中同样引入了"数"的概念。换言之,他们判断之后给出的线段需要再拉长或缩短多少,其实是建立在被试对于"原来的线段大概有多长"这一具有浓厚数字意味的思考基础之上的。

那么,被试究竟在实验中是被"形锚"(physical anchor)所锚定,还是被"数锚"(numerical anchor)所锚定呢?仔细想一想,似乎不论选择哪一个答案都不能准确地诠释该线段实验过程中锚定效应的内在机制,因为被试既不是先将"形"完全编译成"数",之后只关注"数"而忽略"形";也不是从一开始就仅仅只是对"形"做考虑而无视"数"。因此,我们便推测是否有这样一种可能,即"形锚"与"数锚"在人类心智中是相通的,人们通过"形"便会本能地联想到"数",而通过"数"也会自然地联想到"形"。

(一)交叉感知匹配及其含义

为了解决上述关于"形"和"数"这两种处于不同领域的感知是否会在人类心智中产生联系的问题,我们不妨先来回忆一下,哪些不同领域的感知会在人类心智中产生联系(或发生混淆)呢?

在日常生活中,我们会发现有这样一种现象:空间宽敞、灯光明亮的饭店往往人声鼎沸、热闹非凡,许多人一走进这样的饭店时,就会觉得心情变得较平时更加舒畅,也觉得似乎有更多的话要与同行的朋友交流;而在空间狭小、灯光微弱甚至有些昏暗的饭店里往往就不会有这种热闹和嘈杂,当我们一走进这样的环境中,我们就会不自觉地放慢、放轻脚步,我们的说话声也变得较平时更加缓和,音量明显降低,而所谓的"烛光晚餐"通常也会在这种氛围中进行。事实上,"烛光晚餐"之所以给人浪漫的感觉,其原因并不在烛光本身,而是在于比较昏暗的环境会给人以幽静的认知。可见,这一现象的发生正是源于不同感官的感知相互作用的结果。例如,我们觉得一个地方明亮,这种认知来自视觉感官;而我们觉得一个地方热闹,这种认知则来自听觉感官。

在上述案例中,人们本能地认为"明亮的场所更应该热闹"就是一种视觉认知与听觉认知相互影响的结果。这种来自不同领域的感知之间发生相互联系、彼此影响的心智现象就被称作交叉感知匹配(cross modality),它广泛地出现在人们日常对于各种事物的认知之中。这里需要指出的是,交叉感知匹配所能影响的范围并不仅仅局限于感官认知,即视觉、听觉、触觉、味觉、嗅觉等,它还会作用于其他人类的感知领域,如关于物体质量、价值、危险度的认知等,所以交叉感知匹配也是艺术渲染的一种有效方式。例如,人们通常会觉得刺耳的声音暗示暴力、犯罪,颜色淡的东西看起来更轻盈,分量重的东西更可靠,黑色的背景看起来更加压抑等。

(二)锚定和激发

1. 激发及其内涵

勒波夫和沙菲(2006)的实验结果表明,"形锚"也可以产生锚定效应,从而使被试的决策受到锚定效应的影响。如果交叉感知匹配的理论假设成立,那么据此可以推断"形锚"的存在也会影响被试对于数的判断,即可以推断形态上比较"大"(即"large",如在勒波夫和沙菲的实验中表现为线段长度较长)的"形锚"会以交叉感知匹配的方式与数值上的"大"(即"largeness")相联系;反之,形态上比较"小"(即"small",如在勒波夫和沙菲的实验中表现为线段长度较短)的"形锚"会以交叉感知匹配的方式与数值上的"小"(即"smallness")相联系。

事实上,上述实验中所给出的"锚"(如一个图形、一个数字)是一种刺激,之后被试需要作出判断的对象是另一种刺激,也就是对前一种刺激作出反应。在心理学上,由于个体暴露在一种刺激下从而影响其对于第二种刺激的反应,这种内在关联的记忆效应就被称为激发(priming)。因此,锚定也可以被视作激发的一种表现形式。

激发是一个普遍存在于日常生活中的现象。例如，格拉夫和曼德勒(Graf & Mandler, 1984)[1]在实验研究中发现，如果被试对于一项任务在其潜意识中有所准备(或者说有了心理预期)，那么他们在之后的实验过程中(相对于毫无准备的被试而言)会表现得更为出色。值得注意的是，激发现象属于一种内在记忆效应，在线段实验中，被试所谓的"有所准备"其实只是事先知道了自己要执行某项任务，但他并没有因此而去收集更多的关于如何去更好地去执行该项任务的额外信息。换言之，这一"有所准备"事实上是在潜意识中进行的。因为不论获得第一种刺激和获得第二种刺激之间的时间有多短，当个体知道自己将要面对第二种刺激以作出反应时，他会本能地搜寻记忆中可以被利用的信息。例如，当个体事先被告知自己将在1分钟后进行一次拼图任务，将100块打碎的图块拼接成一幅完整的图画，那么在接受这一刺激后的1分钟内，个体往往就会有意识或无意识地回忆以往的拼图经历，并试图找到一些自己曾经掌握的关于拼图游戏的技巧，如首先找到边缘为直线、应该处于图画外边框的图块等。这个短暂的过程虽然没有从外界获得新的信息，但是我们可以认为个体是从其大脑记忆库中调出了平时不会使用的关于处理当前任务的有用信息。而其他临场才被告知要进行拼图任务的个体则需要一边完成任务一边调用记忆中关于解决问题的方法和技巧，从而缺乏事先有所心理准备的优势。

2. 激发理论中关于交叉锚定的观点分歧

锚定作为激发的一种表现形式，也产生于刺激和刺激之间的相互影响。而锚定中的交叉感知匹配理论则进一步认为属于不同认知领域的刺激也可以交互作用、互相影响。换言之，数值激发(numerical priming)可以通过形态刺激来完成，形态激发(physical priming)也可以通过数值刺激来得到。

然而，其他一些研究结果却呈现出与交叉锚定并不一致的矛盾现象。例如，威尔森等人研究发现，数值激发需要通过给出相关"数锚"才能得以实现，即人们首先需要看到排列在数轴上的一个或一列数字，然而通过"锚定在一个可得性最高的数上"的方法，才能够对之后的仍是关于数值的决策产生有效影响。

此外，特沃斯基和卡尼曼提出了非充分调整(insufficient adjustment)的概念，即人们对一个目标作出数值上的估计时，总是通过锚定一个潜在的可能值(如幸运轮上出现的一个随机性的数字)，然后从这个数字开始，在这个数字的周围作主观上的调整，这也是"锚定"概

---

[1] Graf, P., & Mandler, G. (1984). Activation makes words more accessible, but not necessarily more retrievable. *Journal of Verbal Learning and Verbal Behavior*. 23, pp. 553-568.

念的由来。这一概念已被学术界普遍接受,之后也有学者安帕尔和季洛维奇(Epley & Gilovich, 2001)[①]对于非充分调整现象展开了进一步的理论研究。在此需要强调的是,特沃斯基和卡尼曼所提出的非充分调整概念事实上也是一个由数锚完成数值激发的过程,即非充分调整的理论前提也是建立在数值讨论的基础之上的。

(三)交叉锚定的相关实验

如果"锚"可以成功激发出人们对于"大"、"小"的感受,那么我们就完全有理由推断个体之后的判断决策会被这些感受所摆布,从而产生行为偏差。我们甚至可以大胆假设"锚"未必需要采取数值的形式,即它可以通过交叉感知匹配的路径模式形成"交叉锚定"。

1. 交叉锚定效应

交叉锚定效应(cross modal anchoring effect)是指位于不同感受领域的刺激形成"锚"并相互影响,进而使个体的判断产生偏差的心智现象。如果被试被暴露在比较大的"形锚"刺激环境中,那么其对于数值的判断和估计相比暴露在比较小的"形锚"环境中的被试会显得更大,据此可认为被试的判断存在着交叉锚定效应。

奥本海默、勒波夫和布勒尔(Oppenheimer, LeBoeuf & Brewer, 2006)[②]在实验中要求被试首先观察一组弯曲的线段(这些线段没有以任何方式被标明具体的长度),然后要求其在纸上重新画出这些线段,并力争所画出的线段与其之前所看见的线段长度相当。实验者事先已将实验对象分成了两组,第一组被试所看见的是一些长线段,平均长约 3.5 英寸,而第二组被试所看见的则是一些短线段,平均长约 1 英寸。当被试已经画出其头脑印象中的线段后,实验进入第二阶段,即他们被要求估计一些变量的大小,如密西西比河的长度等。

实验结果表明,之前看见长线段,并之后画出长线段的被试,其平均估计的密西西比河长度为 1 224km;而之前看见短线段,并之后画出短线段的被试,平均估计的密西西比河长度约为 720km。即事先观察较长线段的被试相比事先观察较短线段的被试,对于同样不熟知的事物作出了迥异的判断。据此可以认为,被试之所以作出上述差异悬殊的判断是因

---

① Epley, N., & Gilovich, T. (2001). Putting adjustment back in the anchoring and adjustment heuristic: Divergent processing of self-generated and experimenter provided anchors. *Psychological Science*. 12, pp. 391-396.

② Oppenheimer, D. M., LeBoeuf, R.A., & Brewer, N. T. (2006). Anchors aweigh: A demonstration of cross-modality anchoring and magnitude priming. *Cognition*, 10.

其受到了锚定效应的影响所致。即观察长线段的被试其认知为长线段所锚定,因而对于密西西比河的长度判断值就比较大;相反,观察短线段的被试其认知则为短线段所锚定,因而对于密西西比河的长度判断值就比较小。据此可见,交叉感知匹配的心智机制起到了引发交叉锚定效应的作用:被试首先受到了一个以纯粹几何意义的线段所表示出来的"形锚"的影响,进而影响到之后的数值判断。显然,被试对于"形"值长短的认知会影响其对于"数"值大小的判断,从而引发了交叉感知匹配现象。可见,只要激活个体心智中一个和"形状大小"有关的认知,那么其之后对于"数值大小"的认知也会因此而发生偏差。这种关于"形状大小"的认知并不需要附带任何"数"的意味,它可以仅仅是某一种物理形态,如没有标注长度的线段,没有说明面积的圆等。因此,锚定中的交叉匹配感知效应是指"锚"的形状大小会对之后的数值判断产生影响,反之亦然。总之,上述实验结果对于威尔森等人提出的"锚定必须发生在锚和目标估计属于同一认知领域"的理论假设进行了有效的补充、修正和完善。

2. 不同方面的交叉锚定

上述实验结果证实了交叉感知匹配的心智机制存在于锚定现象之中。然而,这一结论有其局限性,因为上述实验中的"形锚"仅是一个长度概念,而目标估计量则是一个长度的具体数值。换言之,尽管两者处于不同的认知领域(前者为物理大小的度量,后者为数值大小的度量),但是它们关注的依然是事物的同一个方面——长度,即实验中被试首先观察线段的长度,之后再就另一种事物的长度作出判断。那么,交叉锚定效应在完全不相干的处于不同方面的事物之间是否会出现呢?

一些实验结果表明,不同方面的刺激所引发的交叉锚定效应相比同类型事物之间要微弱得多,甚至不存在交叉锚定效应,即不具有统计学意义上的显著性。例如,查普曼和强生通过实验研究发现,以金钱所表示的"锚"无法对被试之后对于寿命的估计产生影响;同样,卡尼曼和卡内基(Kahneman & Knetsch, 1993)[①]在实验中发现,以金钱所表示的"锚"也不会对被试之后对于百分比的估计产生影响。

然而,另一些实验则发现不同方面的刺激可以引发交叉锚定效应。在一项实验中,被试被暴露在"形锚"环境中(即在有关长度的信息刺激之下),实验者据此研究该刺激是否会对被试之后对于温度的判断产生影响。实验者预期,如果交叉锚定效应存在,即当被试为

[①] Kahneman, D., & Knetsch, J. (1993). Strong influences and shallow influences: An analysis of some anchoring effects. Unpublished manuscript, University of California, Berkeley.

第三章 保险需求与保险心理学

更长的线段所锚定时,那么就应对某个地区的气温作出偏高的判断;而当被试为更短的线段所锚定时,那么就应对某个地区的气温作出偏低的判断。此外,为了确保实验结果的客观科学性,实验者特意让被试猜测一个不为人所熟知的地方的气温,以避免先验知识对于被试内心的预期、估计和判断产生影响,致使实验结果产生系统性偏差。

实验者提供给被试一组线段,让被试观察线段后,要求其根据头脑记忆中的印象重新描绘出线段的长度。在实验中,被试们被分为两组,其中一组观察比较长的线段,另一组则观察比较短的线段。之后,实验者要求所有被试估计一下 7 月夏威夷群岛上檀香山(Honolulu)附近的华氏气温。

实验结果显示,之前看见长线段,并之后画出长线段的被试,平均估计檀香山的气温为华氏 87.5°;而之前看见短线段,并之后画出短线段的被试,平均估计檀香山的气温为华氏 84.0°。尽管这两者看似只有 3.5° 的差距,但是这样的差异仍然具有统计学意义上的显著性(表现为显著性水平小于 0.05)。由于被长线段锚定的被试所给出的气温估计要高于被短线段锚定的被试所给出的气温估计,进而表明锚定效应受到了交叉感知匹配这一心智机制的影响,因而产生了由不同方面的刺激所引发的交叉锚定效应。

另外,在上述实验中,当"锚"与目标估计从同一方面变为不同方面的事物时,"锚"对于目标估计的影响作用明显减弱。在前一实验中,当被不同长度的线段锚定之后,被试对于密西西比河所作出的长度估计在长线段组和短线段组中分别是 1 224km 和 720km,两者相差 504 千米。而在后一个实验中,当被试同样被不同长度的线段锚定之后,长线段组与短线段组所给出的气温估计两者仅相差华氏 3.5°,前者的差值相比后者要显著许多。

当然,我们还可以换一个视角来看待上述问题。在前一个实验中,实验者有意让被试估计檀香山的气温状况,因为檀香山是一个相对于大众而言不太熟悉的地方,被试对于目标估计并没有太多的先验知识,因而目标估计中所产生的偏差就可以近似地认为是受到锚定效应的影响所致。同样,密西西比河的长度也并不为大众所普遍了解。然而,如果想当然地认为选择密西西比河和檀香山就可以完全消除个体头脑中先验知识的影响显然是不够严谨的。例如,被试至少知道以下常识:诸如由于密西西比河是一条比较著名的河流,因而它的长度一般不会太短(另外,世界上几乎不存在长度达数千千米的河流);再如,檀香山地处夏威夷群岛,在七月份的气温应该比较炎热,但不管再怎么炎热,毕竟气温也不会超过华氏 105°(约合 41℃);同样,群岛上七月的气温也不可能低于华氏 80°(约合 27℃)。因此,当被试在对目标估计进行判断时,或多或少会按照常理对目标估计的置信区间做一个主观上的判断,至于在这个置信区间内被试到底会选择哪个数值作为最终的答案,那便是受锚定效应影响的结果。换言之，后一个实验中被试对于气温高低估计的交叉锚定效应没有前一个实验中被试对于河流长度估计的交叉锚定效应显著，这不仅是由"锚"本身所引发，也可能与问题自身的设计相关。

第三节　理论延伸：交叉锚定效应的若干应用

上述实验结果表明，交叉锚定效应的确存在，但并不具有普适性。有时，交叉锚定效应存在于不同方面的事物之中(如长度和气温)；但有时，交叉锚定效应又从不同方面的事物中消失(如金钱和寿命)。据此，我们认为交叉锚定效应(尤其是不同方面事物的交叉锚定效应)易受实验设计方案的影响，即实验者所选择的刺激物会直接影响实验结果，因为人们对于不同的事物拥有相应的先验知识，人们会本能地根据先验知识对目标估计量作出主观的置信区间预判，然后在置信区间利用其他信息寻找答案。事实上，当一种心智效应的强弱受制于实验设计方案时，那么它的普适性就会受到质疑。

一、黄金与交叉感知匹配

当人们谈及避险资产时，自然联想到的就是贵金属，为首的便是黄金。对于黄金的正面评价是不言而喻的，如我国素有"真金不怕火炼"等表示黄金种种至高无上特点的谚语。黄金总是以一种正面的形象，展现出昂贵、奢华等特征。此外，黄金拥有很高的历史地位，它曾经是在全世界流通的货币。而在当今的金融市场，黄金最重要的特点当属被大家所津津乐道的"保值"功能，因为在过去5年中，黄金从每盎司约400美元一路飙涨至2011年中下旬1 700美元一盎司。黄金作为一种避险资产，在金融危机、债务危机的背景下被投资者所追捧，专家学者讨论这种贵金属的热情也随着其价格的飙升而日益高涨。那么，为什么黄金可以避险呢？货币银行学可以就这个问题(不管是从供给方面还是从需求方面)给出诸多答案，然而问题是这些答案足以支撑金价在短短几年内连翻数倍吗？或者说，对于黄金来说，多高的价格才是太高的价格呢？

时至今日，学术界还没有形成公认的黄金定价理论，其中一个主要原因是黄金的价格受到人们心理预期的影响非常严重，而这些内在、多变的心理因素是难以用计量模型来表现的(如很难想象如何精确量化人类决策判断时的情绪)。换言之，黄金究竟有多强的避险功能，在很大程度上取决于人们认为它有多强的避险功能。在这其中，交叉感知匹配也起到了影响人们判断黄金安全系数的作用。黄金的物理形态十分特别，尤其是金块形态的黄金色泽辉煌，梯形的造型显示出如水坝一般稳定难以动摇的感觉，我们甚至不用去搬起它就仿佛能够感觉到它的沉重、厚实。而人类认知的一种普遍感觉是沉重的事物更加具有安全感，金色光亮的事物更加有价值，这种质量与心理感受、颜色和价值之间的交叉感知匹配影响了人们对黄金价值的判断，而纸币往往受到信任危机的影响，多多少少可以归咎于其轻飘的物理性质，同样我们也很难想象，焦黑的煤炭也可以作为避险资产而被炒到很高的价格。

二、风险决策与认知警戒

如果每个人都是理性思考的个体，那么大家都会对外界刺激作出理性反应(并且这种理性反应是唯一的)，因而不会存在任何差异性。但事实上，不同的个体在面对相同的刺激时会作出不同的反应，即使是同一个人在不同时间、不同地点，甚至不同情绪状态下，其对于同一刺激也可能会作出不同的反应。

假如我们是理性的思考者，我们自然知道，幸运轮上摇出的数字和联合国中非洲国家的比例并不存在任何关系，所以当要对该比例作出估计的时候，我们就应该完完全全地忘记关于幸运轮的事情。我们也知道实验者所给出的几条线段与密西西比河及檀香山的温度之间并没有任何关系，当我们要判断长度、温度的时候，最好是把那几条线段抛诸脑后。然而，认知是一种内隐记忆的过程，当我们看见幸运轮上的数字及线段的长度时，它们就即时进入了我们的头脑之中，之后，我们便会不自觉地从这些记忆中搜寻相关信息，而不管这些信息是否有效。

然而，为什么在有些实验中，交叉锚定效应并不存在呢？例如，为什么给出气温值，就不能锚定被试，使其对于资产价值的判断产生偏差呢？事实上，由于人类在本质上是"有限理性"的生物体，因而其理性思考具有局限性，结果在交叉锚定实验中，这一有限理性的生物特性便表露无遗：因为个体清醒地意识到气温与资产价值之间没有丝毫的关系，这种无关性是如此明显，以至于即使个体受到了关于气温信息的刺激，之后在对资产价值进行评估时，其思维也会呈现出"无记忆性"，对于气温信息则全然置之不理。因而可以想象，个体的头脑中会萦绕着这样的想法："价格与气温之间有什么关系呢？这太明显了。"而这一判断就像是一道认知的警戒线，将资产价值与气温这两者阻挡在交叉锚定效应的门外。但是，有些刺激之间的不相关性，对人类的大脑而言就不那么清晰了，如线段的长度和密西西比河的长度，或许是因为弯曲的线段让我们联想到了河流的样子，更长的线段被记忆成了更长的河流，虽然这和之后判断一条河流的长度之间并没有直接的逻辑关系，但两者之间模糊的不相关性却跳过了认知的警戒线,并对被试之后的判断产生了影响,进而引发了交叉锚定效应。

此外,一些实验研究结果还表明,"锚"通常不能影响人们对于简单的数学计算作出回应,或者对某一已知的信息产生影响,例如,威尔森等人的研究发现,"锚"不能影响被试对于"今年年份"的判断,这一为被试所已知的简单信息不会受到"锚"的干扰;而勒波夫和沙菲通过实验发现,"锚"也不会影响被试计算"当前距离某个节日还有多少天",换言之,非常简单的数学计算并不会受到交叉锚定效应的影响。显然,由于计算和估计是两种截然不同的心智思维过程,计算结果是指一个或若干个确定的答案,而估计则是在不同置信水平、不同的优度情况下可以有不同的答案。因此,当我们作出估计时更容易被锚定所影响,而在数学计算的过程中,这一影响就不那么显著了。

三、风险管理与锚定效应

如果锚定能够使决策者的判断发生偏差,那么它一定在风险管理中具有某种重要作用,因为在实际操作中,锚定会使我们对事物的识别产生偏差,进而之后对新的刺激的反应也会受到影响。

由于风险管理就是风险的认知与识别及据此采取风险管控决策的过程,因此,风险识别是风险管理的第一步。风险识别中重要的一步是判断风险的大小,而损失风险的大小由两个部分组成:一是损失发生概率,二是一旦损失事件发生会造成实际损失的大小。事实上,无论是发生概率还是损失大小,都是数值型的变量,它们通常都不是以数学计算结果而是以统计估计的形式加以表现,因为我们并不能精确地知道损失发生的概率。例如,在寿险定价的过程中,我们要知道处于某个年龄点上个体在此后一年中的死亡概率,也就是保险公司要想知道损失发生的概率,然而个体在未来一年中死亡的概率是不可能精确获得的,因而为了使风险管理可以实际操作,精算人员就必须估计出一个在大样本条件下成立的个体的平均死亡概率,这个估计值在很大程度上依赖于历史数据的记载和统计,这些数据的汇总归纳的结果也就是产生了所谓"生命表"(life table)。

事实上,生命表中估计的个体死亡概率是在大样本基础上成立的,并且它的背后有丰富的历史数据作为支撑,但在其他大多数情况下,人们对于损失概率的判断还达不到如此理想化的状态,因为其所面临的风险项目往往都是以个别的形式展现出来的。例如,在金融活动的风险决策中,虽然项目和项目之间会有一定的相似性,但是每个决策都发生在不同的经济背景下,不但宏观经济的基本面信息(如所处的经济周期、利率等)不同,人们的预期也不同,这就导致历史数据在判断损失概率时并不那么可靠。

此外,人们对于数值的估计也会受到"形锚"的影响,即处于不同方面的事物作为刺激物出现后,人们会对其产生"两者有所关联"的认知。另外,交叉锚定效应存在与否还和实验的具体设计相关,即取决于人们头脑中对于该事物先验知识的影响。因此,某一金融标的物的物理形态事实上也会影响人们对于该项目风险大小的判断。

那么,我们应该以何种标准来推广一款分红寿险产品呢?传统保险理论认为,这取决于投保人自身的健康状况、当前的利率水平、对未来利率水平的预期及产品历史分红水平等诸多收益风险因素。然而,假设我们坐在理财柜台前,听着保险营销人员的产品介绍,阅读着产品说明书的时候,我们是否会将上述因素一一仔细考虑后,再作出投保决策呢?事实上,就投保人而言,是否选择投保一项保险产品,更多是受到诸多与收益风险根本不相关因素的影响,这些因素包括以下内容。

(1) 说明书的颜色搭配。投保人会关注说明书的色调色样,如它看起来是否"红火"。因为尽管金融保险产品是看不见摸不着的无形商品,但它是和"金钱"紧密联系在一起的,所以我们只要能够不断地强化投保人关于"获得利益"这一感受的认知刺激物,就可以起到推动投保人进行投保决策的作用,而产品说明书则是金融产品的实体形象代言。例如,虽然我们无法触摸到基金本身,但是我们却可以触摸到基金的产品说明书。因此,金融保险产品说明书的设计就显得十分重要。由于设计元素中给人以最直观的感官印象、最具冲击力的刺激信息就是颜色,如在中国,红色、金色等暖色系颜色总是和"红火""进取""攀升"等词语联系在一起,因而如果产品说明书采用暖色系颜色作为设计的主色调就能够正向强化人们对于获益的认知。当然,上述基于客户交叉感知匹配心智机制的交叉锚定效应并非一成不变,它还要受到社会文化差异、个人教育背景、性别、年龄等诸多因素的影响,如在西方国家,采用鲜红色的金融保险产品广告就十分少见,其中一个主要原因是红色在西方股市中象征着"下挫",具有"警戒"的意味。此外,即便是在中国,大红色系的金融保险产品广告在具体使用中也要注意所针对的客户对象,如年轻时尚的"80 后""90 后"投保人会认为大红色调很"土",缺乏新意。因此,针对这一群新新人类,时尚前卫、别出心裁的设计才有可能赢得他们的青睐。

(2) 排版是否简洁易懂。如果投保人阅读一份金融保险产品说明书的时间超过 5 分钟却还是不明就里,那么他往往就会失去耐心,并引发相应的沮丧情绪,产生戒备心理。通常,人们总是不喜欢太过复杂、难以一目了然的事物(尤其是一份产品说明书过于罗列数字),因为它会使人缺乏安全感。事实上,如果一份产品说明书无法凸显投保人想要寻找的信息,那么它就会被投保人认为是复杂难懂的，投保人自然会产生一种因担心自己不懂个中奥妙而最终上当受骗的想法。

(3) 说明文字是否给人以夸大其词的感觉。产品说明书上适当夸张的宣传语固然可以增强吸引力，给阅读者以轻松享受的感觉，然而在市场经济中久经磨砺的投保人知道，天上不会无缘无故地掉馅饼，如果一种保险产品的条件听上去实在太过诱惑了，那么就难免会让人产生不真实的感觉，并在其内心萌生一丝怀疑。事实上，一旦投保人认为自己有被欺骗的可能，不论产品实际情况如何，他们都会选择规避这种风险，以免自己上当受骗。

(4) 保险营销人员的状况。在保险产品营销的过程中，投保人对于产品的疑惑都是由营销人员来解答，因此，营销人员就是保险产品的代表。例如，投保人会不自觉地关注营销人员在外表上看是否像一个成功人士，因为缘于交叉锚定效应，投保人会本能地认为，假如这个营销人员形象得体、穿着大方、佩戴整齐，那么他在事业上也一定非常成功(进而萌生好感，尽管事实可能并非如此)，他的产品一定卖得很火。再如，营销人员的说话声音听起来是否充满自信？假如营销人员在介绍产品时支支吾吾、语焉不详，投保人自然会认为这些话只是骗其购买产品的说辞而已。

总之，上述因素不应该对投保人的购买决策产生影响，因为这些因素不会对保险产品产生任何实质性的影响。然而，投保人总是会不经意地被这些不同方面的刺激物所交叉锚定，致使其最终的决策发生偏差。可见，在投保决策过程中，保险营销人员所起的作用远非"只要拥有雄辩的说辞就能打动消费者"这么简单。

本 章 小 结

保险企业应站在客户的立场，从设计保险产品开始就抓住消费者对于保险产品的需要。所谓需要是指个体因生理因素(如饥饿、疲劳)或社会因素(如责任、压力)所导致的某种未满足的主观感觉状态，它会促使人们采取一定的措施去加以缓解某种状态。所谓动机是指个体推动实际活动以满足其欲望和需求的内驱力，这种内驱力是由未满足的需要所造成的紧张状态产生的。消费者对于保险产品的需要则源于其心理因素的影响。就保险产品而言，消费者的需要并不源于现实生活中已经发生的灾祸。因此，投保人投保保险产品(即其消费保险产品)的需要事实上源自于其对未来可能会遭遇到的风险的主观臆想。

此外，就保险消费者的购买动机而言，其影响因素则更为微妙和复杂。因为保险作为一种没有实体、仅以凭证作为存在形式的金融服务产品，由于广大消费者无法从嗅觉、味觉和触觉上形成有效认知,所以保险产品的成功设计和营销必须从影响消费者的视觉认知和听觉认知入手,通过图像、声音和言语刺激受众的心理,激发受众联想。而上述方式之所以行之有效是因为人类的头脑中有着交叉感知匹配的心智功能。交叉感知匹配是指人们倾向于将事物的两种属于不同领域、在逻辑上并无相关的特征联系在一起,并认为它们相互关联;同样,锚定效应也是一种十分稳定的心智模式,并且上述两者之间存在着交互作用,进而影响人们的保险决策。

思 考 题

1. 试述"需要金字塔"的内涵及其对保险产品开发设计的影响。

2. 消费者往往以什么方式来感受保险产品的好与坏?这与他们感知普通商品有什么不同?

3. 回忆自我认知的概念。消费者的自我认知分别以怎样的形式影响他们的保险决策?它们之间会发生矛盾吗?

4. 在你的主观感受中,什么颜色和"辣"这种味觉有着很高的相关度?你觉得数字 7 和什么颜色或气味可以联系在一起?这些处于不同感知领域的事物联系在一起的现象如何被心理学解释?对于保险产品的设计又有怎样的借鉴意义?

5. 从经济理论角度看,有哪些因素影响人们的保险决策?在现实的投保选择情境下,人们会对这些因素系统地进行考虑吗?你认为有没有其他看似无关的因素在影响着人们的保险决策?

第 3 章参考答案

第四章 风险评价偏差与保险心理学

【本章精粹】

- 对事故发生概率的认识
- 评价风险中的认知偏差
- 认知偏差与投保心理

【关键词】

保险风险认知　认知偏差　信息不充分　过分自信　可得性法则

【章前导读】

识别风险是风险管理与控制的第一步,而风险认知则是识别风险的重要组成部分。本章着重分析了消费者在保险决策中容易产生的认知偏差,即概率认知偏差与保险风险认知偏差。斯洛维克(Slovic,1984)曾明确指出:"对人类而言,思考不确定性、概率和风险是一件极度困难的事。"卡尼曼和特沃斯基研究发现,大多数人对于风险和概率的概念缺乏最基本的正确认识。事实上,当人们在思考风险和不确定性时通常必须基于一定的法则。

第一节 对事故发生概率的认识

1990 年,美国气候学家伊本·布朗宁(Iben Browning)作出了一项地震预测,他声称:在 1990 年 12 月 2 日至 12 月 3 日期间,美国新马德里断层(the New Madrid fault)将有 50%的概率发生重大地震(新马德里地震带是美国的主要地震带,一直被认为具有潜在的地震风险,曾经于 1811 年发生有记录以来北美最强烈的大地震)。然而,地震学家们并不认可布朗宁的预测,他们认为在 1990 年 12 月 2 日至 12 月 3 日期间,美国新马德里断层发生重大地震的可能性大约为六万分之一,没有理由会像布朗宁所预测的那样,在这两天内会变得非常高,他们认为地震的概率不会每天变化,甚至不会逐年改变。事实上,在 1990 年 12 月 2 日至 12 月 3 日期间并没有任何异常事件发生,人们甚至觉得那一段时间过得异常安宁,从媒体中也看不到任何关于地震的报道。

不过有趣的是,就在布朗宁放出预言之后,处在新马德里地震带附近的地震保险销售量突然飙升。美国 State Farm(1990)[①]保险机构的数据显示,就在当年 12 月 3 日之前两个月,在新马德里断层附近的 8 个州内,有超过 65 万原本拥有 State Farm 公司签发的财产保险保单的保单持有人将地震加入了他们的屋主保险保单的责任范围内。这样激增的保险需求使 State Farm 保险公司不得不紧急加印并分发新的保单,这样的需求量几乎超过了 1989 年年末统计的保险需求量的 3 倍。事实上,这种现象并不是仅仅发生在 State Farm 这一家保险公司,根据当时美国媒体 United Press International(1990)[②]的报道称,这样的地震保险需求激增的现象几乎同时发生在许多其他的保险公司。

---

① State Farm (1990). *1990 State Farm Year*. Bloomington, IL: State Farm.
② United Press International (1990). "The New Madrid Fault and the Prophecy of Iben Browning." September 13, 1990.

毫无疑问，伊本·布朗宁的预测是这次保险需求飙升的重要导火索。人们出于对大地震来临的恐惧而急于投保地震保险，不论他们认为12月2日至12月3日期间地震发生的真实概率是多少，至少布朗宁的预测及之后专家和媒体的评论客观上改变了人们对于未来地震发生的可能性大小的预期，促使人们对于地震发生的概率不得不进行重新的评估和判断。据此可见，个体对于事故发生概率的认知会因为受到外界突发事件的影响而产生大幅偏差。具体分析如下。

一、决策权重函数：在0与100%之间

显然，只有当人们感知到一种风险，才会对该风险作出反应。但如果人们对于风险的感知出现了偏差或判断错误，那么人们在风险面前所表现出的行为就会随之而产生偏差。换言之，个体的风险决策行为偏差是由其风险认知偏差所引发的。安德森(Anderson，1974)[①]提出，一个典型的风险认知偏差是人们无法对小概率事件作出具有逻辑性的回应。舒梅克(Schoemaker，1980)[②]进而指出，对于小概率风险事件，人们不是直接忽略它们，就是对它们作出非理性的反应。事实上，这种对于小概率事件的风险认知偏差缘于个体处理风险信息能力的局限性。西蒙(Simon，1957)[③]基于"有限理性"(bounded rationality)假设指出，个体的能力局限性迫使其对周边事物的运行方式建立起简化的认知模型，并通过这些简化模型来认知事物。基于这一模型可知，尽管人们的行为是追求理性的，但是由于模型是简化的(有时甚至是过度简化的)，因而与实际事物的运作方式相差甚远，所以人们的实际行为在现实世界里就会表现为非理性。可见，正是人们的认知局限性导致了人们给予小概率事件的注意不足。前景理论则从概率的视角出发深入分析了个体对于风险概率的认知状况。现请回答以下两个问题。

【问题一】请你在以下两个机会中作出选择。

A. 立即获得5元；

B. 进行一次赌博，0.1%的机会赢得5 000元，另99.9%的机会可能空手而归。

---

① Anderson, D. R. (1974). The national flood insurance program —— Problems and potentials. *Journal of Risk and Insurance*, 41, pp. 579-599.

② Schoemaker, P. J. H. (1980). *Experiments on decision under risk: The expected utility hypothesis*. Boston: Martinus Nijhoff Publishing.

③ Simon, H. (1957). *Models of man: Social and rational*. NY: Wiley.

【问题二】请你在以下两个机会中作出选择。

C. 立即失去 5 元；

D. 进行一次赌博，0.1%的机会可能失去 5 000 元，另 99.9%的机会不失分文。

在上述这一实验中，大多数人在问题一中选择了 B 选项，即"进行一次赌博，0.1%的机会赢得 5 000 元，另 99.9%的机会可能空手而归"，而在问题二中则选择了 C 选项，即"立即失去 5 元"。卡尼曼和特沃斯基对此的解释是在面临可能的巨大收益或损失时，人们会主观放大可能性，也就是说，从主观上人们会过分乐观或悲观地将获得 5 000 元的奖励和损失 5 000 元的概率放大。为了说明个体主观上对于实际概率的扭曲，前景理论提出权重函数（weighting function）的概念作为概率函数的对应。该理论认为，当个体在度量获利或损失的可能性时，其并不能够准确地考虑获利或损失的实际发生概率，而是以其主观认为的可能性加以权重进行度量。

当面临不确定性决策时，人们通常需要通过概率来估算不同结果发生的可能性。传统的期望效用理论认为，一个不确定性期望的价值可以通过决策主体对各种可能出现的结果按照出现概率的加权求和后获得。换言之，一个不确定期望的效用是关于其结果发生概率 p 的主观线性函数，即

$$E(U) = p \cdot U(x) + (1-p) \cdot U(y)$$

式中，$E(U)$ 为不确定期望；$U(x)$ 为出现 x 结果的决策；$U(y)$ 为出现 y 结果的决策。

众所周知，概率可以分为客观概率和主观概率。客观概率是指在大量的实验和统计观察中，在一定条件下某一随机事件出现的一种客观存在的频率。它是基于对事件物理特性的分析，如一枚质量分布均匀的硬币有正反两面，向上抛掷后，任何一面朝上的概率为 0.5。主观概率则是指人们对某一随机事件可能出现的频率所作的主观估计。当主观概率为 1 时，意味着人们相信某个事件必然会出现；当主观概率为 0 时，则意味着个人相信某个事件不会出现，中间值反映了不同的信心水平。可以说，客观概率不依赖人的主观认识，人们可以借助概率统计的方法，基于客观情景的分析，计算出客观概率分布；主观概率则是基于个体主观上对于客观事物的认识及其经验和偏好。由于人们在加工不确定性信息时，通常存在着一定的认知偏差，因而主观概率和客观概率往往是不相符的。

人们对于不同的效用值所对应事件发生的主观概率是不一致的，而根据实际概率值可以划分为"极可能"、"很可能"、"可能"、"很不可能"及"极不可能"等多种类型。在不同类型下，人们对于概率的评价有着明显的差异性。由于从"不可能事件"到另一个

"可能事件",或者从"可能事件"到"确定性事件"的变化所产生的作用大于从一个"可能性事件"到另一个"可能性事件"的同等变化而产生的作用,即决策权重存在着类别边际效应(category-boundary effect)。

在前景理论中,所有可能的结果都会乘以一个决策权重,这实际上和计算期望效用的方法是相同的,只是为了表现出人们主观概率的不准确性,而所有的实际概率都用决策权重来替代,决策权重(或者说主观概率)则是实际概率的函数,即 $\pi(p)$。决策权重函数具有以下特点。

(1) 决策权重并不是概率,但它与客观概率 p 相联系,因此,决策权重可以被理解为是客观概率的函数。但需要注意的是,从以往的研究结果来看,决策权重并不是客观概率的线性函数,它不符合概率公理,也不能解释为主观概率。除了个人主观认定的事件发生的可能性之外,通常决策权重还会受到与事件相关的其他因素的影响,如个人喜好。人们在作出决策的过程中,对于自己比较偏好的结果通常会赋予较大的权重。例如,在购买彩票时,尽管人们明确知道中奖的可能性比较小,但情感的支配(非常希望中奖,或者认为自己会撞大运等)使购买者认为自己中奖的可能性比较大。

(2) 小概率事件的高估和次可加性(subadditives)。当概率 p 很小时,即 $\pi(p)>p$,表示个人对于概率很小的事件会过度重视,并且在低概率区域,权重函数是次可加性函数,换言之,对于任意 $0<r<1$ 时,有 $\pi(rp)>r\cdot\pi(p)$。但是当一般概率或概率 p 较大时,$\pi(p)<p$,则可以说明个人在过分注意概率很低的事件的同时,通常会低估日常事件所发生的概率。

现在我们利用价值方程式来分析问题一。从选择结果来看,我们可以得到 $\pi(0.001)\cdot v(5\,000)\succ v(5)$,因此有,$\pi(0.001)\succ v(5)/v(5\,000)$。由价值函数在收益一直是凹函数的性质可知,$0.001\cdot v(5\,000)<v(5)$,所以可以得到 $\pi(0.001)>0.001$。

对小概率事件的高估放大了对偶然性获利的希望,结果,人们常常在面对不可能盈利时表现出风险偏好,这也解释了彩民为何在几乎不可能盈利的情况下仍然会购买彩票。

接下来,我们将进一步说明权重函数在低概率区域的次可加性,即对于较小的概率 p,对于任意 $0<r<1$ 时,有 $\pi(rp)>r\cdot\pi(p)$。

【问题三】请你在以下两个机会中作出选择。

A. 进行一次赌博,0.1%的机会赢得 6 000 元,另 99.9%的机会可能空手而归;

B. 进行一次赌博,0.2%的机会赢得 3 000 元,另 99.8%的机会可能空手而归。

实验结果显示,约有 73%的实验对象选择了 A。按照这样的偏好,根据价值方程式,我们有 $\pi(0.001)\cdot v(6\,000)\succ \pi(0.002)\cdot v(3\,000)$。据此可以得出

$$\frac{\pi(0.001)}{\pi(0.002)} \succ \frac{v(3\,000)}{v(6\,000)}$$

由于已知价值函数在收益一直是凹函数,那么就可以推出 $\frac{v(3\,000)}{v(6\,000)} > \frac{1}{2}$,因而得到 $\frac{\pi(0.001)}{\pi(0.002)} > \frac{1}{2}$。

次可加性说明了小概率事件的作用较大,即 p 值在一个特定的小值范围内,权重放大的倍数会大于概率放大的倍数。当然,如果 p 值超过这个范围后,这种性质就不存在了。

(3) 次确定性(subcertainty)。即各个互补概率事件决策权重之和小于确定性事件的决策权重。也就是说,对于 $0 < p < 1$,有 $\pi(p) + \pi(1-p) < 1$。卡尼曼和特沃斯基将这一属性命名为次确定性,具体如下所述。

【问题四】请你在以下两个机会中作出选择。

A. 进行一次赌博,33%的机会赢得 2 500 元,66%的机会赢得 2 400 元,1%的机会可能空手而归;

B. 稳获 2 400 元。

实验结果显示,在 100 个实验对象中,82 人选择了 B。

根据价值方程式和问题偏好关系,可以得到
$$v(2\,400) \succ \pi(0.66) \cdot v(2\,400) + \pi(0.33) \cdot v(2\,500)$$

即
$$[1-\pi(0.66)]v(2\,400) \succ \pi(0.33) \cdot v(2\,500) \tag{*}$$

【问题五】请你在以下两个机会中作出选择。

A. 进行一次赌博,33%的机会赢得 2 500 元,67%的机会空手而归;

B. 进行一次赌博,34%的机会赢得 2 400 元,66%的机会空手而归。

实验结果显示,在 100 个实验对象中,83 人选择了 B。

同样,我们根据上面的过程可以得到
$$\pi(0.33) \cdot v(2\,500) \succ \pi(0.34) \cdot v(2\,400)$$

综合上式及(*)式,我们可以得到 $[1-\pi(0.66)]v(2\,400) \succ \pi(0.34) \cdot v(2\,400)$,最终得出 $1-\pi(0.66) > \pi(0.34)$。

次确定性表明,$\pi(p)$ 是对 p 的回归,即偏好对概率变化的敏感性通常比期望效用理论要求更低。因此,次确定性描述了人们对于不确定性事件态度的一个重要因素。也就是说,所有互补性事件的权重之和小于确定性事件的权重。由于假定小概率事件的权重大于其确定的概率,次确定性就意味着中、高概率事件的权重小于其确定的概率。

(4) 次比例性(subproportionality)。当概率比一定时,大概率对应的决策权重比例小于小概率对应的权重比例,即对于任意的 $0 < p, q, r < 1$,有

$$\frac{\pi(pq)}{\pi(p)} < \frac{\pi(pqr)}{\pi(pr)}$$

(5) 当逼近确定性事件的边界时,即当概率 p 非常接近于 0(极低概率)或 1(极高概率)时,个人对概率的评价处于非常不稳定的突变状态,此时的权重常常被无端忽视或突然放大。而且,到底多少可以算作极低的概率或极高的概率,则是由决策者的主观判断所决定的。

在有些情况下,人们对极低概率事件有高估倾向,这使人们对可能性很小的盈利表现出风险偏好,同时对可能性很小的损失表现出极度的厌恶。这就解释了彩票和保险为什么具有如此大的吸引力,因为它们都是以较小的固定成本换取可能性小但是十分巨大的潜在收益。

综合以上所述决策权重函数的 5 个特征,我们可以大致描绘出权重函数的近似图像,即权重函数是客观概率的非线性非减函数,在低概率段有 $\pi(p) > p$;而在相对高概率段有 $\pi(p) < p$,如图 4-1 所示。

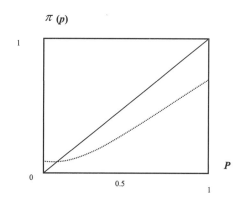

图 4-1 前景理论权重函数

在图 4-1 中,权重函数以实际概率 p 为横坐标,决策权重 $\pi(p)$ 作为纵坐标。可见,权重函数认为参与到决策中的概率值与客观实际概率值并不吻合,这种认知偏差表现为在小概率处,决策权重放大了客观概率,这也就对为何大多数人在回答问题三、问题四时表现出追求小概率大额获利、规避小概率大额损失的行为进行了合理解释;而在概率值接近 1 处,人们认为那样的事件几乎必然发生。

前景理论权重函数的形态是对弗里德曼-萨维奇谜题(Friedman-Savage Puzzle)的一种理论解释,即人们在既购买保险又参与赌博活动中所体现出的风险偏好是不一致的。同样是小概率事件,人们购买保险是因为在主观上放大了保险事故发生的可能性,参与赌博活动

则是在主观上放大了中彩的可能性。

二、侧重于损失的概率

实验结果表明,当人们关注损失时,更加注重损失发生的概率,而不是实际可能造成多少损失。换言之,人们对于损失1美元的厌恶程度和损失100美元的厌恶程度并不会差太多。

在一项对个体投保行为的研究中,克鲁瑟(Kunreuther,1979)[①]指出,决定个体是否会主动投保一种保险的因素并不是可能发生的损失实际会有多大,而是这种损失对个体而言有多少可能性会发生。一个直观的例子,如果某人将要开始一次长途旅行,根据过去经验,他认为自己的手表十有八九会遭到磨损,而自己驾驶的汽车发生损失的可能性较小,那么他会倾向于为自己的手表购置一份保险(即便汽车一旦发生损失所造成的经济损害远比手表遭到磨损要大得多)。而这种注重消极事件发生概率而非发生后果的例子也同样体现在犯罪行为中,研究发现,事实上,阻止个体实施犯罪行为的一个重要因素并不是其被抓获后所受到的惩罚会有多重,而是其一旦犯罪后被抓到的概率会有多大。

注重损失概率也会使决策者的风险决策行为发生偏差。例如,赫舍和舒梅克(Hershey & Schoemaker,1980)[②]在研究中发现,被试在确定的收益和赌博之间会选择确定的收益,然而当相同的问题是以"损失"的形式加以描述时,许多被试的风险偏好却发生了反转,改为选择赌博而不是接受确定的损失。可见,损失的概率极容易引起人们的关注从而影响人们的行为决策。

第二节 评价风险中的认知偏差

一、过度自信:你的汽车驾驶技术高于他人吗

费雪夫等人(Fischhoff,1977)[③]研究指出,当对事物加以判断时,人们经常会陷入"确定幻觉"(certainty illusion)之中,自信地以为自己的判断不会出现错误。斯洛维克(Slovic,

---

① Kunreuther, H. (1979). Why aren't they insured? *The Journal of Insurance*, XL, No. 5.

② Hershey, J. C, & Schoemaker, P. J. H. (1980). Risk taking and problem context in the domain of losses: An expected-utility analysis. *Journal of Risk and Insurance*. 47, pp. 111-132.

③ Fischhoff, B., Slovic, P. & Lichtenstein, S. (1977). Knowing with certainty: The appropriateness of extreme confidence. *Journal of Experimental Psychology: Human Perception and Performance*. 3, pp. 552-564.

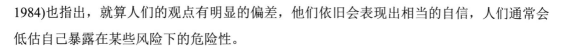

1984)也指出，就算人们的观点有明显的偏差，他们依旧会表现出相当的自信，人们通常会低估自己暴露在某些风险下的危险性。

大量的研究结果表明，当人们说他们"肯定"地知道某个问题的正确答案时，事实上，他们所提供的那个答案其实经常是有偏差的，甚至是错误的。换言之，人们经常会夸大自己对于事物的真实了解程度。例如，当人们说他们在 70%的置信水平下对某件事情作出了判断，其实他们正确的概率甚至可能还不到 30%。这种过高估计自己对事物判断的准确性的现象被称作"过度自信"(overconfidence)。

司机是否购买责任保险与其对自己的驾驶技术自信度有关。欧拉·斯文森(Ola Svenson，1993)就人们对自己的汽车驾驶技术的评估进行的研究就很具有代表性。他向被试司机提出了这样一个问题："相对于道路上的其他司机，你的驾驶技术是在平均水平之上、处于平均水平，还是在平均水平之下？"在对于该问题所作出的回答中，有约 80%的司机认为自己的驾驶技术高于平均水平。然而在理论上，只有一半人能真正高出平均水平。据此可见，过度自信的心理现象普遍存在。

研究表明，过度自信会受到信息控制量和决策难度因素的影响，信息的增加会强化人们的过度自信倾向。奥斯卡普(Stuart Oskamp，2000)就信息量与过度自信之间的关系进行的研究结果表明，随着个体所获得的信息量的增加，人们对于自己判断准确性的自信度也会急剧增加；但事实上，他们判断的实际准确性却没有因为信息拥有量的增多而明显提高，他们判断的实际准确性之低与他们的自信度之高形成了鲜明的反差。

此外，斯洛维克、费雪夫和黎赫顿斯坦(Slovic，Fischhoff & Lichetenstein，1982)的实验研究还发现，人们对于越难回答的问题，表现得越自信，而对于较易回答的问题，人们则表现出缺乏自信的心理倾向。在该实验中，要求被试从一个罐子中取出红色的球。问题的难度分为 3 个等级：在"容易"等级中，抽中红球的概率为 50%；在"困难"等级中，抽中红球的概率为 45%；而在"不可能"等级中，抽中红球的概率为 40%。实验结果表明：在"容易"等级中，被试的准确率平均为 85%，在大多数置信区间，他们缺乏自信。换言之，他们对自己解决问题的准确度的估计低于在解决问题过程中所表现出来的实际准确度；在"困难"等级中，他们的平均准确率是 61%，在所有的置信区间，他们都表现出过度自信；而在"不可能"等级中，他们则在所有的置信区间表现出极端的过分自信。实验结果如图 4-2 所示。

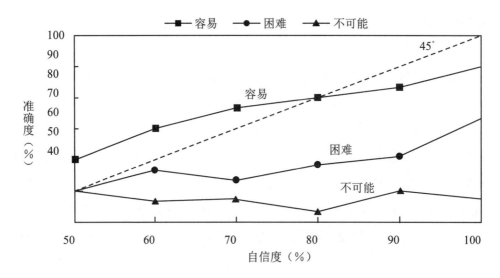

图 4-2 过度自信实验

注：图 4-2 中，如果人们对自己解决问题的准确性的估计与他们实际表现出来的准确性完全一致的话，即既不自信也不缺乏自信的话，他们的准确度与自信度应该重合在这一对角线上。

由图 4-2 可见，对于容易完成的任务，人们的实际判断准确度在大部分情况下都在 45°对角线以上，这说明了人们低估了自己正确解决问题的能力；在少部分情况下，在 45°对角线以下，说明他们高估了自己的能力。对于完成困难的任务，他们的准确性在所有情况下都处于 45°对角线之下，这说明人们高估了自己的能力；而对于不可能完成的任务，他们的准确度远远低于 45°对角线，这说明人们表现出极端的过度自信。

二、后视偏差

当你考完试后知道了某道选择题的答案时再回头来看这道题目，是否觉得它的答案其实"还是很容易的"呢？事实上，许多事情一旦我们知道了结果，就会立刻觉得这个结果显然是可以被预知的。这一现象仿佛汽车中的后视镜，我们往往不知道前面的路是什么样的，但是从后视镜中看到已经走过的路却是那么清晰和熟悉。

过度自信是导致"事后聪明偏差"或"后视偏差"(hindsight bias)的心理因素。事后聪明偏差是指把已经发生的事情视作必然和明显的，而没有意识到人们对于结果的回顾是会影响其判断的，该效应使人们认为世间事物实际上是很容易预测的，但又无法说清楚具体是什么样的信息导致了结果的产生。例如，如果人们知道了心理测试的结果，便倾向于认为这些结果已被其完全预测得到(至少要比直到这些结果被公布之前更具有可预测性)。再如，1987 年 10 月 19 日美国股市出现"黑色星期一"之后，耶鲁大学经济学教授希勒(Shiller)

进行了一次问卷调查,问卷的第一个问题是:"你当天就知道股市会在什么时候发生反弹吗?"在没有参与交易的人中,有29.2%的个人和约28%的机构回答"是";在参加交易的个人和机构中也有近一半的人认为知道何时反弹。令人吃惊的是,这样的回答与当天出现的极度恐慌的事实是截然不同的。而股指能在剧烈跳水后迅速反弹,至少对于大多数人而言简直就是奇迹。值得注意的是,希勒接下来所提的一个问题是:"如果你回答'是'的话,那么你是怎么知道什么时候会发生反弹的呢?"对此,大多数人的回答是"直觉"、"内心想法"、"历史证据和常识"或是"股市心理学",即使机构投资者也不例外,而很少有人提到具体的事实或明确的理论依据,如美联储的可能干预等。

其实,过度自信现象常见于人们的投保行为中,克鲁瑟和斯洛维克(Kunreuther & Slovic,1978)[1]指出,人们倾向于认为自己不容易进入危险的境地或认为危险不会伤及自己。斯洛维克等人(Slovic, et al., 1982)[2]的研究表明,大多数人认为自己比他人更可能活过80岁,并且相比他人更不容易受到商品质量问题所导致的伤害。可见,过度自信导致了人们不愿意采取诸如购买保险等有效的风险防范措施。

三、"涌上心头":熟识性偏差和可得性启发法

1. 熟识性偏差和风险认知

人们对于风险事件(尤其是小概率灾害事件)的认知偏差部分源于其对于尚未发生的灾害(自然灾害、意外伤害、死亡等)的想象能力的局限性。事实上,想象对于人们行为所带来的影响是不能和回忆相比的,虽然想象是人脑对于未来事件的成像,而回忆则是人脑对于历史事件的再次成像,尽管这两者与客观现实之间都存在着偏差,但是后者对于人们行为决策的影响力往往要大于前者。凯斯(Kates, 1962)[3]指出,洪灾保险之所以难以诞生的一大原因在于从未切实遭受过洪灾的人们很难想象当他们面临这种灾害时的悲惨感受与切肤之痛。

---

[1] Kunreuther, H., & Slovic, P. (1978). Economics, psychology and protective behavior. *American Economic Review*. 68, pp. 64-69.

[2] Slovic, P., Fischhoff, B., & Lichtenstein, S. (1982). Facts versus fears: Understanding perceived risks. In D. Kahneman, P. Slovic, and A. Tversky (Eds.). *Judgment under uncertainty: Heuristics and biases*. Cambridge: Cambridge University Press.

[3] Kates, R. W. (1962). *Hazard and choice perception in flood plain management*. Chicago: University of Chicago, Department of Geography.

其实，这种现象也常见于人们对于人寿保险产品的投保行为中。如果说许多人还曾经遭遇过洪灾侵袭，那么相信在这世界上绝大多数人是没有"死亡"经历的，即便有过类似死亡的经历，但毕竟无法看见自己的死亡对于家庭、家人等的长久影响。因此，当人们面临是否购买人寿保险的决策时，其对于死亡的概念只能是一种主观的臆想，是对于灾害的一种内心想象，但这种头脑中的想象力通常是不足的，这也是影响人寿保险销售的一个重要原因。

桑提和哈里森(Shanteau & Harrison，1991)[①]提出，个体以往是否曾经历过一件风险事件会导致其之后对于该事件的风险认知发生很大变化，并且这一认知过程是相当复杂的。例如，如果一件小概率事件一旦发生了，那么人们普遍认为之后它在短时期内再次发生的可能性将会变小，然而和没有遭遇过该事件的人相比，他们却认为该小概率事件发生的可能性会更大。关于这一心理现象的内在机制还有待于进一步研究。

特沃斯基和卡尼曼(Tversky & Kahneman，1974)指出，熟识性思维也是一种经验法则，决策者评判事情发生的概率或事件发生的可能性是依据相关情形或事件"涌上心头"的容易程度，越熟悉的事情越容易被人想起。即当其他条件不变时，通常性事件要比偶然性事件更容易从人们的脑海记忆中显现出来。

普鲁士(Plous，1993)提出了下面的问题：请你想象一下，在美国，人们死于以下两种情况哪一种的可能性更大？

(1) 被飞机掉下来的零件砸中致死。

(2) 被鲨鱼咬死。

绝大多数人都认为被鲨鱼咬死的可能性更大。因为被鲨鱼咬死的案例要比被掉下来的飞机零件砸死的案例更容易得到社会公众的关注，所以这样的例子也就更容易被人们想象出来(另外，《大白鲨》这样的知名电影对于公众的恐惧记忆所造成的影响也是不可忽略的)。然而事实上，在美国，死于掉下来的飞机零件的个案数量大约是被鲨鱼咬死的个案数量的30倍。在这一例子中，熟识性思维正是误导人们进行错误概率判断的一个重要因素。

人们对不同信息的关注程度并不相同，虽然人们每天都接触大量信息，但在一定时间内，人们往往只会注意到少数信息，并据此进行判断，作出决策。即人们在决策过程中往往过于看重自己所知道的或更容易获得的信息，进而把较高的概率赋予更熟悉的事件，而忽视对其他信息的关注和深度发掘，并据此进行判断，作出决策。

[①] Shanteau, J., & Harrison, P. (1991). The perceived strength of an implied contract: Can it withstand financial temptation. *Organizational Behavior and Human Decision Processes*. 49, pp. 1-21.

此外，人们喜欢熟悉的事物。例如，球迷们往往支持本地的球队，而雇员们也往往喜欢持有本公司的股票。这是因为本地球队及本公司都是他们所熟悉的。这种熟识性思维是人脑利用捷径以简化信息分析处理过程的一种思维模式。当人们面临两项都具有风险的选择时，如果他们对其中一项选择的了解更多一些，那么他们就会倾向于选择其所熟悉的那一项，尽管该选项成功的可能性要低一些。例如，特沃斯基和卡尼曼在《科学》杂志上提出，人们往往倾向于对热门股票给予较多的关注，从而在与媒体的接触中，股民容易得出该类股票上涨概率大的错误判断。事实上，很多较少受到关注的股票其涨幅往往大于热门股票的平均涨幅。熟识性思维偏差使投资者对于其所熟悉的股票的风险收益水平表现得过于乐观，而对于其所不熟悉的股票则表现得过于悲观。例如，美国的股民认为，美国股票市场的表现要好于德国股票市场的表现，而德国的股民则认为德国股票市场的表现会更好一些。同样，企业员工认为投资于本公司的股票相比投资于分散的股票组合风险要低。

总之，如果你的工作和养老金资产都严重依赖于某个公司，你就很有可能会突然陷入困境。事实上，大多数企业员工都喜欢投资于本公司的股票，因为他们熟悉自己的公司，其实这是非常危险的事情。由于人们对自己所熟悉的事物会有错误的感受，因而一旦将投资组合过度集中在某一只股票上是非常危险的举动，美国的安然公司事件就足以说明这一点。

2. 可得性启发法和风险认知

可得性启发法(availability heuristic)是指人们倾向于根据一个客体或事件在知觉或记忆中的可得性程度来评估其相对频率，而容易知觉到的或回想起的就会被判定为更常出现。事实上，可得性在人们评估频率和概率时是有用的线索，因为大集合(更容易得到的事件)相比小集合(不容易得到的事件)而言通常能够更好更快地获得。因此，当事件的可得性与其客观频率高度相关的时候，可得性启发法是非常有用的，然而如果人们仅仅依靠可得性进行预测判断，那么也有可能会导致决策偏差的出现。

(1) 以记忆力为基础的可得性。它是依靠个体记忆能够被回想起来的容易程度，与一些常见的记忆因素相联系，如注意力的集中程度，印象的突出性，印象的鲜活性，对物品或时间的熟悉程度，空间和时间上的邻近程度等。这些因素的取值越高，记忆的痕迹就越清晰，可得性也就越强。

例如，在一个实验中，受试者听到一个由男女名人组成的名单，随后要求对名单中是否男性名字多于女性名字进行判断。在一些名单中男性相对比女性更出名一些，而在另一些名单中，女性则更出名。实验结果表明，在每一张名单中，受试者都错误地认为更有名的人的性别占多数。

(2) 以想象力为基础的可得性。如果某一个场景相比其他场景更容易被人们想象出来，那么前一场景就会控制人们的思想，这样就产生了以想象力为基础的可得性。在卡尼曼和特沃斯基进行的一系列实验中，要求被测试者估计一下从 1—10 中选择若干个数字的组合是多少。主试的问题如下："假定你要从 10 只股票中选择两支作为你的投资组合，这两只股票不能重复选择。请问会有多少种包含两只股票的投资组合可供你选择？假如从中选择 8 支作为投资组合，则会有多少种选择？"结果，第一个问题的答案平均为 70 种，而第二个问题的答案平均仅有 20 种。尽管事实上这两个问题的答案应该是一样的(都等于 45)，因为选定两只股票的投资组合就等于限定了剩余 8 只股票所形成的投资组合。卡尼曼和特沃斯基据此提出，之所以会出现上述差别是因为人们更容易想象到两只股票的组合。

(3) 搜索效率。另一种和人的思维相关的可得性偏差是与人的记忆搜索效率相关。不妨做以下实验：假设将一个单词从一篇文章中随机抽出，该单词是以 r 字母开头更有可能，还是该单词的第三个字母是 r 更有可能呢？

对此，人们通常会通过回忆以 r 字母开头的单词及第三个字母是 r 的单词来思考这一问题，并通过这两种类型的单词在其脑海中出现的容易程度来评估概率大小。由于通过第一个字母搜寻单词相比通过第三个字母搜寻单词更为容易，因而人们便认为以 r 字母开头的单词数量要比 r 处于第三个字母位置的单词数量更多，而这是源于人们容易回忆出以该字母开头的单词，而不容易回忆出以其为第三个字母的单词所致。据此可见，个体的推理过程深受其记忆模式的制约。

(4) 规律性。由于规律性事件的可记忆性更强，因而人们会倾向于将事件的发生归结于某种规律。当人们面对一系列随机挑选的数字时，他们总是想从中找出一定的规律来。而当要求他们写出一些随机数列时，他们写出连续数字的个数肯定会少于普通随机数列中存在的连续数字。而实际上，随机性是指没有特殊的规律，随机性事件是没有原因，不需要解释的。人们在理论上通常可以接受这种观点，但是实践中他们却总是设法要找出规律来。人们可能将随机序列中出现的连续性当作即将出现的变化的指示器。例如，在一场俄罗斯轮盘的赌博(Russian Roulette)中，赌徒们看到轮盘中已经出现了一长串的红色，他们就会猜测下一次肯定会出现黑色。这种偏差将导致人们在没有规律的地方寻找出错误的规律。

黎赫顿斯坦等人(Lichtenstein，et al.，1978)[①]通过一系列的实验研究发现，当被试被问及

---

① Lichtenstein, S., Slovic, P., Fischhhoff, B., Layman, M., & Combs, B. (1978). Judged Frequency of Lethal Events. *Journal of Experimental Psychology: Human Learning and Memory*. 4, pp. 551-578.

估计不同致死原因在美国历史上发生的可能性时，实验结果明显显示出，当致死原因更加生动，并且发生一次能够杀死许多人，那么被试会显著高估这些事件发生的可能性；而听起来相对没有那么生动的事故(如被高空掉下来的花瓶砸中致死)，并且发生一次往往最多只能导致一个人死亡的，它们的发生概率则会普遍被低估。这种实验现象从直觉上并不难解释：人们判断致死事故发生的可能性需要凭借自身对这些因素所掌握的信息量，如可能导致它们发生的原因，记忆中它们一旦发生从而导致的后果等。

显然，如果一种事故听起来更形象生动，人们可能对其记忆越深刻，更容易被想起也就让人觉得更容易发生。也就是说，我们对相关事件的过往记忆能力(即我们如何选择记忆和如何选择回忆)影响了我们对风险大小的判断。之后，康布斯和斯洛维克(Combs & Slovic，1979)[1]研究发现，媒体对这些致死事件的报道和人们对这些致死原因发生可能性的估计高度相关，即当人们越多地看到一种致死原因导致的事故的报道，人们就认为这种事故发生的频率越高。事实上，媒体是营造和改变大众对某些事物认知的重要机构(也正是这个原因，媒体似乎应该肩负高度的社会责任)。换言之，媒体对于事件的报道选择、报道频率及各种渲染的手段都会影响大众对于事件本身的认知，包括对事件风险大小的估计。

四、"天灾"与"人祸"：不同风险源下的保险决策

在本章第一节中，我们介绍了一些被认为能够影响决策者风险感知的主要因素和效应。而实验证据和经验证据都表明，上述行为法则在风险管理和保险领域都有显著体现。众所周知，识别风险是风险管理的第一步，事实上识别风险不仅是人们对于风险来源的识别，还包括对于风险本身的感知和认识。例如，桑提(Shanteau，1992)[2]通过以下一组简单实验研究了人们的风险感知及其对于保险决策的影响。

基本的实验步骤是实验者首先告诉被试，有一些灾害在过去的一年中发生了，接下来要求被试表明：他们是否认为这种灾害还会在今年发生，以及他们是否愿意为承保该类灾害风险的保险而支付更多的保费？实验者所描述的灾害一共有 4 种，分别为："干旱"、"洪水"、"人为引发的洪水"和"汽车盗窃案"，前两者为自然引发的灾害，而后两者则是人为造成的。同时，实验者告知被试：这些灾害的发生概率是"20 年一见"或"百年

---

[1] Combs, B., & Slovic, P. (1979). Newspaper coverage of causes of death. *Journalism Quarterly*. 56, pp. 837-843.

[2] Shanteau, J. (1992). Decision making under risk: Application to insurance purchasing. In J. F. Sherry & B. Sternthal (Eds.), *Advances in consumer research*. Chicago: Association for Consumer Research.

一见"。

该实验的实验结果显示出以下 4 个特征。

(1) 对于自然灾害,人们普遍认为今年再次发生这种灾害的可能性减小了。实验结果显示,约 75%的被试认为,"百年一见"的干旱在今年再次发生的可能性很小,这体现的便是"赌徒谬误"(gambler's fallacy)效应,即人们认为小概率事件再次发生是不怎么可能的。

(2) 上述所提及的人们的这种信念会随着事件发生的先验概率变大而减小。例如,当被试被告知干旱的发生概率是"20 年一见"的时候,约 55%的被试认为这种干旱发生的可能性变小了。就人数上分析,结果发现这种赌徒谬误的效应大约减弱了 20%。这也就是说,赌徒谬误效果的强弱和人们所知道的事件的先验概率有关,风险事件发生的先验概率越小,赌徒谬误的效应就越强。

(3) 关于人为灾害,人们同样会认为今年再次发生该种灾害的可能性变小了,但是这种效果不如自然灾害来得显著。实验结果显示,约 83%的被试认为,"百年一见"的洪水灾害在今年继续发生的概率变小了,相对而言,仅有约 73%的被试认为"百年一见"的人为酿成的洪水灾害在今年继续发生的可能性变小了。从人数上看,自然灾害造成的谬误效果强过人为灾害约 10%。桑提指出,这种对于自然和人为造成的灾害的不同认知其实是情景效应(context effect)在风险认知中的一种体现,因为事实上,无论是自然还是人为造成的洪水,它们都是洪水灾害,带来的破坏程度都是类似的,但是一旦洪水灾害被描述成"人为造成",人们就倾向于认为它连续发生的可能性更大。

(4) 虽然人们对于各种条件下灾害事件再次发生的概率的认知各不相同,但是人们对于保险的购买意愿却没有发生显著变化。实验结果显示,在所有被试中,约有 2/3 的人不愿意为保险支付更高的保费,不论他们是否认为灾害事件发生后,该事件再次发生的概率有否降低或升高。

上述实验结果都指向同一个结论,即一旦小概率灾害发生以后,人们倾向于认为该事件不会在短期内再次发生。这很容易让我们联想到关于与人患病的类似机制:当有人罹患某些疾病并康复后,身体内会产生相应的抗体,使其在一定时间内不容易再患上同样的疾病,也就是说,患上疾病的风险在一次疾病发生后减小了。基于自身的患病经验,人们便倾向于认为:自然灾害等概率事件也拥有这一特质,即一次灾害事件的发生就好像给之后的灾害打了一剂"预防针",使之后再发生类似灾害的可能性降低了。这种预防效应(inoculation effect)的存在使人们对于风险的认知发生了偏差,也影响人们的保险行为决策。例如,克鲁瑟和斯洛维克的研究记载,在一个洪水易发地区遭遇洪水袭击后,许多人倾向于搬到该地区居住,并且不投保任何洪水保险。

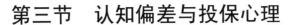

第三节　认知偏差与投保心理

一、恐怖袭击 PK 一切风险

如果人们对于风险大小的认知产生偏差,那么这是否会影响人们对于保险产品的价值判断呢?从直觉思维出发,想要回答这一问题似乎只需要进行简单的实验即可,因为你会认为,如果人们高估了一种事故的风险,同时又高估了与这种风险相应的保险的价值(即其愿意支付的对价超过了精算公平价值),那么,这不就意味着人们对于此风险认知的偏差映射在人们对该保险产品的价值判断上了吗?

笔者以为这种说法听起来似乎很合理,但事实上却行不通,因为这种方法的漏洞在于即使我们发现人们愿意支付的对价与公平保费显著不同,我们也不能直接得出导致这一偏差的原因就是源于被试对风险的认知存在着偏差这一结论。因为如果要研究被试所认知的风险,就需要被试精确地给出他们所认为的风险事故的发生概率(或者至少让被试对单个风险的发生概率作出估计,而不是对一连串危险性递增或递减的事件概率作出大致评价),然而,这一研究方法显然不具有可操作性,由于被试所给出的答案会受到诸多心理因素(如锚定效应等)的影响而致使实验结果丧失说服力。

我们可以另辟蹊径、转换研究思路,首先让被试分别对两种保单的价值进行一系列评估,保单承保的风险逐渐增大,而保单所承保的是两种互斥(mutually exclusive)的风险;然后要求被试对第三种保险定价,而第三种保险的承保风险范围其实是前两种保险所承保风险的超集(superset)。这样一来,尽管我们无法得知被试对于前两种风险的定价是否合理,但基于集合论中的容斥原理(inclusion-exclusion principle)可知,既然第三种风险是前两者风险的超集,那么个体对前两种风险的任何一种定价都不应该超过第三种风险的定价。

例如,我们假设一位钢琴演奏家想要为她的双手投保,她希望保险可以承保一切可以导致她双手受伤以至于影响其表演成绩的风险。她首先给出了愿意为自己的右手购买这种保险所支付的保险费,之后又给出了愿意为自己的左手购买这种保险所支付的保险费。尽管我们无法确切地知道在这位钢琴演奏家的心里她的左右手受伤的概率会是多少,也无法判断她给出的这两次对价是否合理,但是我们至少可以知道,假如有另外一种保险可以同时承保她双手所面临的相同风险,那么她所愿意给出的保险费便理所应当是她之前所给出的两次保费值之和,这显然是十分合理的研究逻辑。然而,如果她所愿意给出的保险费与她之前所给出的两次保费值之和并不相等,那么这便表明这位钢琴演奏家对于风险大小的认知产生了偏差,进而影响了其对于保险产品价值的理性判断。据此,笔者进行如下实验。

【实验一】航空意外保险的投保心理实验

笔者于 2014 年 3 月以华东师范大学部分本科生及研究生为实验对象(样本数为 174 人,其中男性为 76 人,女性为 98 人),要求被试给出他们愿意为不同航空意外保险所支付的保费。所有的被试都阅读到以下一则文字信息。

"正如你从新闻中所看到的那样,恐怖袭击和机械故障对于客机乘客来说都是风险的来源。假设你下周就要飞往北京,现在有一份保单可以承保以下所提到的风险,如果因为该风险事故导致你死亡,保险公司将给付 100 000 元人民币的保险金。保险合同从你踏上飞机那一刻起开始生效,直到你到达目的地并走出机舱。"

之后,所有的被试被分成独立的三组,并随机获得关于承保风险范围的三则不同的信息,其中第一组被试被告知:保单所承保的范围是恐怖袭击;第二组被试被告知:保单所承保的范围是非恐怖袭击导致的机械故障;而第三组被试则被告知:保单承保的范围是导致你死亡的一切原因。实验结果如表 4-1 和图 4-3 所示。

表 4-1　航空意外保险保费的实验结果

承保范围	保费均值及标准误差
恐怖袭击	RMB148.83　　s.e.=218.31
与恐怖袭击无关的机械故障	RMB117.00　　s.e.=138.07
一切原因	RMB198.94　　s.e.=285.85

表 4-1 和图 4-3 给出了在实验一中三组不同被试所给出的保费均值和标准误差。实验结果表明,从航空意外保险的保费均值来看,人们愿意支付给承保"恐怖袭击"风险的航空意外保险和承保"非恐怖袭击导致的机械故障"风险的航空意外保险的保费之和为 265.83 元,而"一切原因"显然是"恐怖袭击"和"非恐怖袭击导致的机械故障"两种风险的超集,但是人们愿意为这种承保一切风险的航空意外保险支付的保费却只有 198.94 元,远低于前两者保费之和。同时,笔者应用方差分析研究了组间差异(即"恐怖袭击"与"非恐怖袭击导致的机械故障"之和与"一切原因"),发现这一差异性在统计学意义上也具有显著性。

笔者认为,上述风险认知实验研究结果之所以悖离集合论法则,其原因包括由于"恐怖袭击""机械故障"等字眼相比"一切原因"这种比较笼统抽象的描述要来得更加生动具体,因而这些生动明确的具象描述激活了人们对于恐怖袭击及航空机械故障等情境的认知意识,即唤醒了人们对于过往所看到的恐怖袭击及航空机械故障等情境的消极记忆,因而使其将这些风险孤立出来作为保险责任。与此同时，人们内心所产生的恐惧感认知意识也会促使其作出过高的估价。

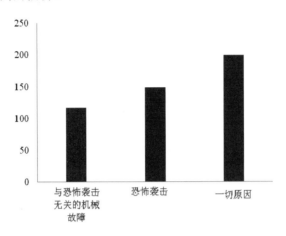

图 4-3　实验中 3 个被试组的航空意外保险保费均值

二、具体疾病 PK 所有疾病

在现实生活中，有许多健康保险产品是以某一种或几种疾病风险作为承保风险范围的。具体来说，就是当被保险人由于保险合同中所规定的一种或几种疾病而导致其住院，那么保险公司将代为承担医疗过程中产生的相应的费用款项。例如，一张健康保险保单可以规定，只要被保险人由于心脏病导致住院治疗，那么所有的医疗费用都将由保险公司来承担。通过本章第二节中对于可得性的分析，我们可以看到，其实这种细化规定了承保疾病名称的做法是带有一定欺骗性的，确切的疾病名称，如心脏病、糖尿病、肝癌等对投保人来说都显得十分生动形象，它们能快速地激活人们对于这些疾病的认知情绪，即唤醒人们对这些疾病的恐惧感，从而使人们对自己未来可能罹患这些疾病的风险的估计发生偏差，进而高估了保险的价值。那么，是否增加对风险描绘的生动性就可以切实地提升人们对于保险的估值呢？

为了回答这一问题，我们需要选用一些可以和"所有疾病"这种笼统描述产生对比效果的描绘风险的字眼。显然，"心脏病"这样十分具体和生动的描述能够起到对比的作用。不过笔者担心，这样的对比是否太过于明显，进而使实验结果显得"不言而喻"。因此，假如我们适当缩小两种风险描绘方式的对比强度，但却依然发现人们高估了描绘更生动的风险程度，那么我们据此可以推断实验假设是可靠的。

【实验二】健康保险的投保心理实验

笔者于 2014 年 5 月以华东师范大学部分本科生及研究生为实验对象(样本数为 232 人，其中男性为 108 人，女性为 124 人)，在这组实验中，被试被要求对给出的保险产品根据它们的承保风险范围作出价值估计。首先，所有的被试在实验中都阅读到以下一则文字信息。

"现在某保险公司推出了一款新的健康保险产品供你选择。它的主要功能是当你因为以下原因而需要接受住院治疗时为你提供每天 100 元人民币的经济补偿，并且保险期限为 5 年。"

接下来，被试被随机分为四组，并且分别阅读到有关该健康保险产品承保责任范围的信息。第一组被试被要求对风险责任范围为"一切疾病"的健康保险产品进行保费评价；第二组被试被要求对风险责任范围为"一切意外事故"的健康保险产品进行保费评价；第三组被试则被告知，这种健康保险承保的风险责任范围为"一切导致你需要接受住院治疗的原因"，并要求他们对保险产品的保费作出估价；第四组被试则被告知，这种健康保险承保的风险责任范围为"一切疾病或意外事故"，并要求他们对保险产品的保费作出估价。

最终，实验结果如表 4-2 和图 4-4 所示。

表 4-2 关于健康保险保费的实验结果

承保范围	保费均值及标准误差
一切疾病	RMB361.58　s.e.=395.49
一切意外事故	RMB353.22　s.e.=409.59
一切导致需要接受住院治疗的原因	RMB329.80　s.e.=479.93
一切疾病或意外事故	RMB366.84　s.e.=434.98

在表 4-2 和图 4-4 中，罗列出了四组不同被试在实验二中所给出的保费均值及数据各自的标准误差。由表 4-2 可见，当对风险的描述较为生动形象的时候，人们愿意支付的保费明显上升了。在第四组被试给出的回答中，对承保责任范围显示为"一切疾病或意外事故"的健康保险的保费估计均值为 366.84 元人民币，该值大于承保责任范围显示为"一切原因"的健康保险的保费估计均值为 329.80 元人民币，这表明当某一风险被生动、形象地描绘时，其具有强化认知情绪，增强其风险认知可得性，进而强化风险决策偏差的效果。

图 4-4　实验中 4 个被试组的健康保险保费均值

此外，研究表明，如果将风险的描述加以孤立表述也具有强化认知情绪，增强风险认知可得性，进而强化风险决策偏差的效果。因为从方差分析结果来看，发现组间(即 "一切疾病"和"一切意外事故"之和与"一切疾病或意外事故")差异性在统计学上具有显著性。

尤其值得注意的是，尽管"一切导致你需要接受住院治疗的原因"是"一切疾病"和"一切意外事故"这两种风险的超集，但事实上，人们对承保风险为"一切疾病"和"一切意外事故"给出的平均总保费为 714.80 元人民币，这已达到了承保风险为"一切导致你需要接受住院治疗的原因"的保险评估保费的两倍。并且从方差分析结果来看，发现组间(即"一切疾病"和"一切意外事故"之和与"一切导致你需要接受住院治疗的原因")差异性在统计学上也具有显著性。这进一步证实，若将风险的描述加以孤立表述则具有强化认知情绪，增强风险认知可得性，进而强化风险决策偏差的效果。

总之，根据上述两个认知实验得出的研究结果可见，人们所作出的保险决策其实是基于自身对于风险的认知偏差。即当某一风险事故被生动、形象地描绘时(尤其是被单独、孤立地描述时)，由于引发了较高的预见性认知情绪，因而导致人们会高估其发生的可能性，进而高估承保相应风险的保险的价值。

事实上，当风险事故被描述得越生动，它就越容易为人们所想象，在脑海中形成类似于图像的思维意识，这个过程可以称为脑模拟(brain simulation)。笔者认为，这种脑模拟的真实性越强烈，就越容易激发个体的预见性认知情绪。因此，在投保决策中，生动地描述风险会激发个体强烈的负面认知情绪，致使个体对于风险事故的恐惧感上升，诱使其投保行为的发生。

第四节　理论延伸：德国长期护理保险

长期护理(Long-Term Care，LTC)是一种对由于患有慢性疾病或已经残疾而长期失去生活自理能力的个体提供的各种医药或非医药类照料服务，对于这种服务的需求大多来自老年人。

一、人口格局变化、社会责任转移和长期护理需求

在当今世界，许多国家正在面临人口逐步老龄化的问题，这个问题也促使全社会必须提供更多的福利项目来照料老年人的生活。其中，对于长期护理的需求就显得尤其明显。人口统计资料显示，在当今世界上的许多国家，需要长期护理或在未来可能需要接受长期护理的人所占人口总数的比例正在逐渐增长。根据德国联邦统计局的数据记载，2005年在德国，65岁或以上的人口中有约11%的人需要长期护理；而到了2008年，这一比例在男女性中分别上升到了55%和68%。

那么长期护理服务由谁来提供？严格来说，长期护理服务在过去往往是由家庭成员来提供的：当家庭中的一员丧失了生活自理能力，那么由于亲缘关系，其生活起居就会被家庭中的其他成员所共同照顾。然而，这种格局在当今社会似乎发生了变化。由于生育率的降低，以及妇女参加工作的比例上升，长期护理服务的提供者正在逐渐从家庭成员转向社会机构(如护理院)。其实，长期护理是非常昂贵的，即使在社会保障体系发达的国家，政府给长期护理提供的补助也十分有限，对长期护理的需求者，如老年人，必须大量动用自己的财富以获得服务。

事实上，尽管社会对于长期护理的需求在逐渐增长，但是长期护理服务的市场就世界范围而言仍然相对较小，这种服务的缺失使不少家庭将面对因长期护理需要难以获得满足而带来的巨大风险。在德国、法国和奥地利等国家，因为缺乏长期护理保险而导致成年子女必须花费大量财富和精力帮助父母度过老年生活的现象十分常见(即便在有些国家，子女出资赡养父母并不是法律规定的义务，但是出于道德义务人们还是通常那样做)。

不过，大卫朵夫(Davidoff，2009)[1]指出，当这种长辈需要长期护理的风险威胁到成年子女时，他们可以选择为父母购置长期护理保险(LTC insurance)以转移这种风险。事实上，父

---

[1] Davidoff, T. (2009). Housing, Health and Annuities. *Journal of Risk and Insurance*. 76, pp. 31-52.

母有没有对长期护理的需要是一回事,子女会不会为这种风险投保又是另一回事。子女是否购置保险取决于子女如何看待长辈的长期护理需求风险这件事情,也就是他们如何感知父母与长期护理风险之间的联系,以及父母的长期护理风险和自己的金融风险(financial risk)之间的联系。长期护理不仅关乎父母,也关乎子女,因为他们正在间接承担父母需要长期护理但是没有足够资金的风险。

二、信息因素和长期护理投保决策

事实上,人们的投保行为会受到信息因素的影响。例如,在对于巨灾保险需求的研究中已经发现,许多处在巨灾风险中的人不购买巨灾保险是源于他们对于风险信息的认知是有偏差的,甚至是错误的,人们的投保行为也会受到其过去经历的影响。克鲁瑟等人(Kunreuther, ed al., 1978)[1]通过单独访问的形式发现,曾经遭受过自然灾害导致财产损失的个体相比其他人要更加倾向于投保洪水保险;与此类似,帕尔等人(Palm, et al., 1990)[2]研究发现,1989年北加州Loma Prieta地区发生大地震后,在接受调查的人群中,认为"地震保险不必要"的比例相对地震发生前已明显减少;韦斯库西(Viscusi, 1991)[3]研究发现,当人们在获得了风险信息后,对于保险本身必要性的感知发生了变化,这种现象符合贝叶斯主义的学习模型(bayesian learning)。

长期护理保险是一种对长期护理的支付筹划方式,由于社会机构所提供的长期护理服务的价格都很昂贵,因而提前筹划长期护理的支付方法是十分必要的。尽管投保长期护理保险是进行长期护理筹划,降低个人金融风险非常有效的一步,但是很多人并没有这样做。近年来,一些学术研究试图解释这一现象,韦伯(Webb, 2009)[4]认为,导致长期护理保险不受欢迎、长期护理保险市场过小的原因是逆选择(adverse selection),不过这种说法得到的证

---

[1] Kunreuther, H., Ginsberg, R., Miller, L., Sagi, P., Slovic, P., Borkan, B., & Katz, N. (1978). *Disaster Insurance Protection: Public Policy Lessons*. New York: John Wiley.

[2] Palm, R. I., Hodgson, M. E., Blanchard, R. D., & Lyons, D. I. (1990). *Earthquake Insurance in California*: Environmental Policy and Individual Decision Making. Boulder, CO: Westview Press.

[3] Viscusi, W. K. (1991). Economic Theories of Decision Making Under Uncertainty: Implications for Policy Analysis, in: D. L. Weimer (ed.), *Policy Analysis and Economics: Developments, Tensions, and Prospects*. Boston, MA: Kluwer Academic Publishers.

[4] Webb, D. C. (2009). Asymmetric Information, Long-Term Care Insurance, and Annuities: The Case for Bundled Contracts. *Journal of Risk and Insurance*. 76, pp. 53-85.

据支持有正有负。例如，布劳恩(Browne，2006)[1]提出，风险感知程度较高的个体相对于风险感知程度较低的个体更倾向于投保长期护理保险，这种投保人和保险人之间的信息不对称会使保险人的风险汇聚部分失灵，风险转移出现问题。不过费格斯坦和麦克盖伦(Finkelstein & McGarry，2006)[2]提出，事实上信息的不准确性也会导致投保和未投保个体拥有类似的风险感知特征，因为个人的风险感知程度更多时候是依据主观认知的结果而非客观事实本身，而人们的主观认知偏差往往是比较类似的。

此外，调查研究也发现，人们对于信息了解的不充分也是导致长期护理保险未能充分发展的原因之一。例如，保勒(Pauly，1990)[3]发现，在美国许多老年人对于长期护理项目的了解非常偏颇，很多人以为自己如果要接受长期护理，那么其费用将会是由政府全权负责的。保勒还指出，人们不购买长期护理保险还有一个原因就是他们根本不清楚自己潜在的对于长期护理需求的可能性。这种说法也被巴孔等人(Bacon，ed al.，1989)[4]所进行的问卷调查提供的研究证据所支持：绝大部分接受问卷调查的个人理财师表示，他们的客户对于自己所面临的长期护理风险一无所知。根据 AARP[5](2006)[6]的调查结果显示，在接受调查的 45 岁及以上人群中，大约有 50%的人认为联邦政府会全权负责他们可能要面临的长期护理费用。此外，AARP 的调查结果还指出，低估长期护理可能导致的费用也是人们不愿意投保长期护理保险的原因之一，在接受调查的 45 岁及以上人群中，大约有 63%的人所估计的长期护理费用低于全国平均水平约 20%以上[7]。

综上所述，由于人口和工作结构等变化，长期护理的提供方正慢慢地从家庭成员转向社会机构，而在这种转换的过程中也会发生信息获得的不完全现象。保勒提出，由于亲缘关系所维系的护理关系看起来是理所应当的，因而人们倾向于低估其中所要花费的时间、

---

[1] Browne, M. (2006). Adverse Selection in the Long-Term Care Insurance Market, in: P. - A. Chiappori and C. Gollier (eds.), *Competitive Failures in Insurance Markets*. Cambridge, MA: MIT Press, pp. 97-112.

[2] Finkelstein, A., & McGarry, K. (2006). Multiple Dimensions of Private Information: Evidence From the Long-Term Care Insurance Market. *American Economic Review*. 96, pp. 938-958.

[3] Pauly, M. V. (1990). The Rational Nonpurchase of Long-Term-Care Insurance, *Journal of Political Economy*. 98, pp. 153-168.

[4] Bacon, P. W., Gitman, L. J., Ahmad, K., & Ainina, M. F. (1989). Long-Term Catastrophic Care: A Financial Planning Perspective, *Journal of Risk and Insurance*. 56, pp. 146-154.

[5] 美国退休人员协会(American Association of Retired Persons)。

[6] AARP, (2006). *The Costs of Long-Term Care: Public Perceptions Versus Reality in 2006*, American Associartion of Retired Persons.

[7] 就 2006 年而言，当时的长期护理费用平均约为每月 6 266 美元。

精力、财力，所以当这种服务改由社会机构提供后，人们依然认为它们的价值不怎么高。这也是导致人们拒绝投保的重要原因之一。

学术界在过去 20 年中产生了不少研究人们为何拒绝投保长期护理保险的文献，根据布朗和费格斯坦(Brown & Finkelstein，2009)[1]的总结，当下对于长期护理保险的需求过小，主要原因可以归结为以下 4 点。

(1) 消费者对于长期护理风险及长期护理保险产品的了解不足。因为许多调查研究都显示，人们对于长期护理所需要的实际资金的主观估计与客观事实之间存在着显著偏差。

(2) 当事人主观地认为，长期护理不一定需要从社会机构处获得，可由其他家庭成员所提供。事实上，由于很多人在承担着照料其他生活不能自理的家庭成员生活起居的责任，因而人们也就想当然地认为，一旦自己面临着生活自理的困难，到时候自然会有家人来对自己进行照料，这就使人们去投保长期护理保险的意愿大大降低。

(3) 人们对于自己所拥有的经济资源的自信，尤其是在房地产行业蓬勃发展，房价连续上涨的典型阶段，人们认为自己的房屋是未来额外的经济来源，进而低估了长期护理可能会给自己带来的经济压力。

(4) 人们认为在最糟糕的情况下，还可以求助于国家和社会的救助机构(如美国医疗补助计划的 Medicaid[2])。

三、长期护理保险购买意愿的实证研究

实证研究发现，个体对保险的需求与个体在近期是否遭遇保险所承保的风险事故有密切的关系。布劳恩和霍特(Browne & Hoyt，2000)[3]发现，在美国，当一个地区刚经历了一场洪水灾害后，该地区内对于洪水保险的需求会显著上升。克鲁瑟(Kunreuther，1996)的研究发现也呈现类似的属性，即当一个地区遭遇地震袭击后，相应的保险需求也会明显增加。麦考尔等人(McCall, et al.，1998)[4]发现的实证证据表明，当个体的家族成员中有人需要或正在接受长期护理，那么个体就更加倾向于投保长期护理保险。麦考尔等人分析，这是因

---

[1] Brown, J. R., & Finkelstein, A. (2009). The Private Market for Long-Term Care Insurance in the United States: A Review of Evidence. *Journal of Risk and Insurance*. 76, pp. 5-29.

[2] Medicaid 是美国公共医疗保险制度之一，主要服务低收入的家庭和个人。

[3] Browne, M., & Hoyt, R. (2000). The Demand for Flood Insurance: Empirical Evidence. *Journal of Risk and Uncertainty*. 20. pp. 291-306.

[4] McCall, N., Mangle, S., Bauer, E., & Knickman, J. (1998). Factors Important in the Purchase of Partnership Long-Term Care Insurance. *Health Service Research*. 33, pp. 187-203.

为这些个体相对别人对长期护理风险具有更加深刻的认识。

1995年1月，德国开始构建一项公共长期护理保险系统，该系统于1996年7月已经全面运行。对于德国公民来说，参加这种公共长期护理保险是一件强制性的事，参加的办法有两种，也就是公共保险系统的两种组织形式，即社会长期护理保险(social LTC insurance)和强制个人长期护理保险(mandatory private LTC insurance)。这两种保险所给予的利益是相同的，不同的是缴纳保费的制度。具体做法是收入在某一阈值以下的个体参保社会长期护理保险，而如果个人收入高于该阈值，则可以自主选择参保社会长期护理保险或是自行购买个人长期护理保险。

事实上，就社会平均水平而言，以一个需要长期护理的个体为例：直至2003年，在其长期护理费用中只有约47%是为公共长期护理保险所支付。根据Schulze(2007)[①]的估计，以2003年为例，一个有长期护理需求的个体每个月需要支付的长期护理费用约为2 710欧元，60岁以上具有长期护理需求的个体需要接受服务的年限平均为5年。据此可见，个体平均需要负担在长期护理上的费用约为160 000欧元，其中，公共长期护理保险只能承担47%的费用(这意味着个人如果不另行购置长期护理保险，自己就需要负担很庞大的一笔护理资金)，而其余53%的费用则需要通过投保个人补充长期护理保险(complementary private LTC insurance)来加以解决。

然而，实证结果表明，德国人对于补充长期护理保险的投保意愿是非常低的：相关研究数据显示，就2006年来看，德国只有988 880人拥有补充长期护理保险，而在公共长期护理保险系统中记录的总参保人数约为79 150 000人，拥有补充长期护理保险的人仅占总人数约1.2%。因此，由于保险的不充分，致使当人们切实需要长期护理服务的时候，很多费用就需要当事人自己承担，而一旦当事人自身没有足够的经济能力，这种负担就会转嫁到其子女的身上。

理查德·周、布劳恩和格鲁德(Zhou-Richter，Browne & Grundl，2010)就信息因素在投保决策中的影响进行了实证研究。而在之前的分析中已经提到，导致人们拒绝投保长期护理保险的因素可能是其对长期护理所带来风险的信息了解不充分，这种信息不充分导致人们对风险的低估。假如这种假设正确，那么如果人们对于长期护理所带来的风险更了解后，他们对于长期护理保险的需求就应该上升。研究者据此对德国的成年子女进行了实验调查研究，通过研究来获取他们对于风险的理解及风险承受等信息，以下是实验操作的细节。

---

① Schulze, R. N. (2007). *Parents' Long-Term Care Risk: A Financial Planning Analysis From the Children's Perspective. Karlsruhe*. Verlag Versicherungswirtschaft.

实验者提供的调查问卷一共由3个部分组成。问卷的第一部分由70个问题组成，涉及许多方面的话题，如询问被试的风险偏好，对于长期护理的态度，对于长期护理费用的知晓程度，父母对于长期护理的潜在需求等。此外，问卷还询问被试，除了强制性的公共长期护理保险，他们及其家人(被试本人、配偶、父亲、母亲等)是否还拥有其他长期护理保险产品。同时，假如被试的父母亲并没有购买补充长期护理保险，问卷则会询问被试是否愿意为他们购买。问卷的第二部分给出了一些关于长期护理的数据，如长期护理需求的发生概率，发生后需要的成本等。问卷的第三部分则询问被试，当阅读到这些数据以后，他们为双亲购买长期护理保险产品的意愿是否会发生变化，被试只需回答"是"或"不是"。

约900名德国在校大学生参与了这次问卷调查。问卷第一部分的结果显示，大约11.5%的被试的母亲已经购买补充长期护理保险，11.3%的被试的父亲已经购买补充长期护理保险。在这一实验中，研究重点被放在了那些父母都没有补充长期护理保险的被试身上，这些被试在问卷第一部分的回答中显示，只有1.8%的人有为父母购买长期护理保险的意愿，而其余98.2%的人都不愿意为父母购买长期护理保险。也就是说，总体而言，父母不拥有长期护理保险的被试几乎都不愿意为父母购买。

接下来的问题是，问卷第二部分提供的关于长期护理的信息能否改变被试不愿意购买长期护理保险的态度呢？之前的分析已经指出，不了解长期护理风险是人们拒绝投保长期护理保险的一大原因，因而研究者预期，当不愿意为父母购买长期护理保险的被试通过问卷第二部分了解到更多关于长期护理风险的信息后，他们应该会转变态度，进而为自己的双亲投保。事实上，调查结果证实了这一研究假设：在所有父母没有投保长期护理保险的被试中，当其阅读了问卷第二部分中所提供的风险信息之后，愿意为父母购买长期护理保险的人数比例从1.8%跃升至30.7%，这也就说明，一旦人们了解了长期护理风险，那么其对于长期护理保险的购买意愿就会增强。

第五节 拓展阅读：启发法与理性思考

一、思维的"捷径"：启发法

人们的风险决策过程是一种重要的思维活动过程，而人在风险下的选择也是学术界重要的研究命题，在进一步分析人们的投保行为之前，我们需要首先了解已经被学者们发现的一些认知偏差。

事实上，思维在思想过程三要素(包括思维、概念形成和问题解决)中范围最广，并具有综合而非孤立的特征。其中，问题解决只能借助于思维来实现。问题解决的策略多种多样，一个问题可用不同的策略来解决，而应用哪些策略则取决于人的知识和经验。总体而言，人们所应用的问题解决策略可以分为算法(algorithm)和启发法(heuristics)两类。

算法是解决问题的一套规则，它精确地指明了解题的步骤。如果一个问题有算法，那么只要按照其规则进行操作，就能够获得问题的解，这是算法的根本特点。启发法则是拼接经验的解题方法，是一种思考上的捷径，是解决问题的直觉化策略，也称为经验法则或拇指法则(rule of thumb)。

算法与启发法是两种性质不同的问题解决策略。虽然算法能保证问题一定得到解决，但它不能取代启发法，因为首先不能肯定所有需要解决的问题都有算法；再者，许多问题的算法过于繁杂，往往需要大量的时间计算推演，实际上并没有办法在面临实际问题，特别是那种需要人快速作出反应的问题中得以应用。因此，一般认为，人类解决问题，特别是解决复杂的但不需要特别精确的问题时，通常会应用启发法。

(一)面对风险事件的双重思维模式

需要说明的是，究竟是否应用启发法解决问题，并不是我们主观上决定的。事实上，认知心理学的研究中有将人类大脑分为"双系统"的提法，其中，系统一(System Ⅰ)是运用启发法的源头，其思考方式和路径几乎不能被追踪，依靠直觉对问题作出极其快速的反应，只要"感觉上对""感觉上像""感觉以前在哪儿也同样遇见过"，有时甚至是本能的反应，那么系统一就会立即给出问题的答案。正因为系统一具有这种"求快不求精"的特点，许多时候利用它及启发法作出的反应是带有偏差的，这听上去很像我们平时常说的"做事没有经过大脑思考"。但是严格来说，这种说法其实并不准确，系统一的直觉性思考，其实也是大脑思维的重要组成部分，我们所作出的启发的反应(heuristical reaction)其实也是经过了大脑的思考，只是如果站在心理学的角度上，它们仅仅经过了系统一的快速加工。

那么我们所说的"经过了大脑的思考"又是怎么回事？这里所谓的经过思考，其实是指在解决问题前对问题的各个方面进行比较严密的分析，思考可以备选的问题解决方法，以及对最后可能产生的后果进行再三的考量，最后选择一条正确的路径，也就是问题的正解。不难看出，这种做法闪耀着"理性"的光辉，是在大多数情况下被人们所推崇的。认知心理学中相应地把这种理性、相对缓慢、能够分析比较的思维系统称为系统二(System Ⅱ)，与系统一所不同的是，系统二的思维过程是可以被追踪的，其有效性被认为与个体的智力水平相关联,这也是人类思维本领的体现。

系统一和系统二之间究竟是什么关系?两者是并列排放,而人们是随机从两个系统之间取其一进行思考的吗?为了说明这个问题,我们来做下面这个简单的实验。

【实验三】请你看一眼以下算式,并以最快的速度对之后的问题作出回答(对每个问题的回答判断不得超过 0.5 秒)。

$$1\times2\times3\times4\times5\times6\times7\times8\times9$$

① 上式的值比 500 大吗? 　　⑦ 上式的值比 500 000 小吗?
② 上式的值比 800 大吗? 　　⑧ 上式的值比 300 000 小吗?
③ 上式的值比 1 000 大吗? 　⑨ 上式的值比 150 000 小吗?
④ 上式的值比 1 500 大吗? 　⑩ 上式的值比 90 000 小吗?
⑤ 上式的值比 3 000 大吗? 　⑪ 上式的值比 50 000 小吗?
⑥ 上式的值比 5 000 大吗? 　⑫ 上式的值比 10 000 小吗?

在上述实验中,实验对象被要求以最快的速度(即不多于 0.5 秒的时间)对问题产生认知反应,而面对一个连乘算式,一般人都需要至少十几秒的时间来精确地算出答案,所以在限制条件下,人们往往使用启发法思考以便快速应答。你可以再回想一下刚才的思考过程,就不难体会系统一和系统二在面临实际问题时大致的工作步骤了。当你看过一眼这个算式后,由于需要快速认知反应,你并没有时间精准地计算出结果;不过,对于结果你并非完全没有概念,系统一会在瞬间给出一个结果——一个大致而模糊的数量概念,只是这个过程过于直觉和迅速,你没有办法也无意去追踪它,而在回答之后的问题时,你的任务就是在问自己,这个答案"感觉上是不是令自己满意"。

以上两列问题是为不同的参加者设计的,能够体现出被试从未接触和曾经接触过这类问题的两种不同的启发法。对于从未接触过这个实验(或者对数字乘法并不敏感)的被试,回答问题①至⑥就是一个感觉"这数字有没有那么大"的过程,不过往往被试都不能在系统一下准确回答这些问题,一个直觉上的考虑是拿算式中便于口算的前几项简单相乘而推断整个结果,如被试可以快速得到"$1\times2\times3\times4\times5=120$",于是对"上式值大于 5 000"的说法往往难以接受。

而对于曾经接触过这类实验(或者对数字乘法特别敏感)的被试,回答问题⑦至⑫则是一个感觉"这个数字是否比题设给出的小"的过程,由于存在对过去同样遇到这类题目的记忆,这类实验对象知道,上式的结果其实是一个非常大的数值,在比对的过程中被试会表现出犹豫不决,这是因为正如那些从来没有接触过这类题目的被试相同,其头脑中的系统一依然会抽取前几项进行迅速口算的方法以推断整个式子的最终结果,然而这会与被试的记忆不断产生矛盾。同样,其头脑中系统一的这种思维运转飞快,若不仔细回想,人们便无法追踪它的路径。

从上述的简单案例中我们看到,在时间限制性极其苛刻的前提下,人们自然而然地会使用系统一进行启发式的思维。这里值得注意的是,在看完实验要求后,实验对象并不会出现一个"是使用启发式快速思维,还是使用算式精确求解"的思考过程,而是近乎是出于本能地选择使用更捷径、更快速(但未必是最有效的)的系统一。换言之,人们会快速地通过理解限制条件,利用启发式来选择究竟是用启发式还是算式来解决问题。

(二)我们如何"三思"——两种思维模式的交互影响

在上述实验中,被试在极端苛刻的时间条件下本能地选择启发式作为解决问题的手段。这看起来似乎已回答了之前的问题,也就是似乎系统一和系统二是人类头脑中并列的两种思维模式,人们是根据具体问题所受的约束条件从两种思维方式中选择其一来解决问题。然而,答案真的就是这样吗?那么更理性但是速度慢的算式思维,或者说系统二思维会在什么时候,发挥什么样的作用呢?我们不妨通过修改约束条件,重新来看一个与实验一中相似的问题。

【实验四】请你看一眼以下算式,并在10秒内对之后的问题作出回答,如果答对,你将获得10元的奖励;若答错,则要蒙受10元的损失。

$$1\times2\times3\times4\times5\times6\times7\times8\times9$$

请问:上式的值比5 000大吗?

以上实验取消了系列问答的形式,因为有效考虑时间延长为10秒,所以一旦被试得出了答案,之后的问题就会变得没有意义。但是在解决这个问题时我们引入了奖惩机制,这是为了激励被试使其更倾向于运用更准确的算法思维,以便考察系统二在这类问题中的作用机制。

二、"认知吝啬"和认知偏差

人们在什么时候更倾向于理性思考呢?我们认为,理性思考需要以下两条作为前提。

(1) 思考者能够获得准确及有用的信息。

(2) 思考者拥有无限的、可用于加工生活数据的资源。

然而事实上,日常生活中并不具备这两个条件。首先,信息获得往往存在着不透明、不对称，甚至信息虚假等问题，而信息的有效性更容易受人们主观色彩的影响。例如，我们更加容易留意自己内心所愿意看到的信息和结果，而这些信息首先未必是有效的；其次，我们所不愿意注意(因此便没有注意)的信息往往是有用的、理性判断所必需的信息，可是我们却将其"有意地"疏漏了。此外，思考者拥有无限的认知资源更是无稽之谈。例如，除非情况特殊(如涉及个人利益和安危)，我们一般不会花费很多时间在信息筛选上，大多数时候我们对事物的判断、对信息的筛选都是瞬间的过程。因为人类的大脑是依据"思维经济性"的法则行事。

当这些前提条件不具备的时候，我们应该怎么办？有人发现，人们在认知过程中会尽力寻找捷径，不愿意花费太多的时间和精力。根据费斯基和泰勒(Fiske & Taylor, 1991)[①]的研究结果，他们把人类称作认知的吝啬鬼(cognitive miser)，也就是说，人们总是试图竭力节省能量用于对事物的认知和判断。考虑到自身有限的信息加工能力，我们总是试图采用平时常说的"把复杂问题简单化"的策略。我们常用以下3种方式达到这个目的。

(1) 通过忽略一部分信息以减少我们的认知负担。
(2) 过度使用某些信息以避免寻找更多的信息。
(3) 接受一个不尽完美的选择，认为这已经足够好了。

其实，"认知吝啬"战略并不一定是无效的，因为这样做可以很好地利用有限的认知资源来加工几乎无穷无尽的认知信息，但这些战略也会产生同样的错误和偏差。认知心理学的研究表明，人们在行为决策时简化信息过程中所产生的认知偏差存在于大脑处理信息的各个阶段。

(一)信息获取阶段的认知偏差

信息获取的来源有两个：一个是自身头脑中的记忆，另一个是当前的工作环境。个体在信息处理阶段需要从众多的信息源中识别出有用的信息，而在这两种来源的信息获取中个体都会产生认知偏差。

1. 记忆方面的偏差

记忆方面出现的偏差最具有代表性的就是可得性启发法(availability heuristics)，这在之后章节中会有详尽的论述。简单来说，可得性启发法就是人们在获取和回忆信息的过程中，往往对容易记忆的事情更加关注，进而在主观上认为其发生的可能性较大。通常，具体的

---

① Fiske, S. T., & Taylor, S. E. (1991). *Social Cognition*. 2nd *edition*. New York: McGraw-Hill.

事情相比抽象的概念更容易记忆,因而给人的印象也会更深刻。

2. 工作环境方面产生的偏差

认知心理学研究表明,在人们获取信息的过程中,常常会将信息按照一定的次序进行排列,有时人们会给予排列中优先信息以优势地位,有时则会赋予后续信息以更大的权重,这两种现象统称为次序效应(order effect)。正是这种次序效应的存在,有可能导致认知偏差的产生,进而影响人们的决策行为。

(二)信息加工阶段的认知偏差

人类的信息加工过程并不如贝叶斯法则(Bayes' Law)所描述的那样理性,而是存在着种种偏差。

1. 简化信息处理过程所导致的认知偏差

人们的风险决策是复杂的思维活动的结果。思维是认知心理学研究的一个重要课题,它是通过判断、抽象、推理、想象和问题解决这些心理属性相互作用而形成的一种新的心理表征的过程。思维的方式是多样的,总体而言,人们所应用的问题解决策略可以分为算法和启发法。启发法既可能使人们快速得出正确的推理结果,也可能导致错误的结论,这就是所谓的启发式偏差。

2. 情绪和情感的影响

(1) 心情的影响。心情的影响,是指人的情绪对人的判断所产生的影响。处于好心情中的人们会自主偏向于相对积极的判断,并乐于付诸行动;而处于糟糕心境中则易使人回忆起事物消极的一面,进而导致消极的预期。例如,研究发现,股市每日的交易量和阳光量有着明显的统计相关关系,虽然这种说法被认为是伪科学,但是天气等宏观因素对人心情的影响是不言自明的。当人们处于不同的心情中的时候,对同一事项作出的决策很可能会是不同的。众所周知,人的情绪通常是相当不稳定和易变的,在现代社会这种快节奏的生活状态下,生活和工作上的各种压力会影响我们的心情,甚至环境天气也会或多或少地对投资者当时的心境产生影响,从而导致其有限理性。而且在金融市场这种高度紧张刺激的场合下,投资者的情绪更会随着市场的冲高或回落而不断涨落。也就是说,投资者的情绪比一般人更加不稳定,更容易走向极端。

(2) 自我控制。所谓自我控制指的是控制情绪。当存在自我控制问题时,个人就无法依据理性来作出决策。自我控制描述了人的心理作用于判断的强制性过程,破坏了判断的理性过程,容易导致最终的认知偏差和行为的非理性。

3. 对信息描述方式的反应

人们对信息描述方式所表现出来的认知偏差集中体现为框定(framing),即人们的判断与决策依赖于所面临问题的形式,尽管问题的本质相同,但因形式的不同也会导致人们作出不同的决策。由于人们在对事物的认知和判断过程中存在着对背景的依赖性,因而事物的表面形式就会影响人们对事物本质的看法,这就是框定依赖的由来。由于这种偏差的存在,使人们未必能做出正确的决策,因为这些判断本身是有缺陷的。框定依赖体现了人的有限理性,同一个选择的不同表达方式可能会导致我们关注问题的不同方面,致使人们在寻找真实的或潜在的偏好时犯错误。

4. 对新信息的态度

(1) 反应过度和反应不足。对信息的反应方式是认知心理学研究的重点之一,其中对信息反应过度和反应不足是两种主要的类型。它们所描述的是决策者对信息的理解和反应会出现非理性偏差,使信息权衡偏离正常水平,进而使其对近期趋势的推演与真实情况出现不一致的现象。

(2) 隔离效应。隔离效应表现为人们愿意等待直至信息披露再作出决策的倾向,即使事实上该信息对于决策并不重要,或者不考虑所披露的信息时也能作出同样的决策。

(三)信息输出阶段的认知偏差

在信息处理阶段,人们会产生各种错觉,诸如"如意算盘"或"一厢情愿",这是指假如人们偏好某种结果,就会感到事情正按照他们自己的意愿进展,因为人们在很多场合下对于自己的能力及未来的前景预期会表现得过于乐观。

大量的实验观察和实证研究发现,人们经常过于相信自己判断的正确性,高估自己成功的机会,把成功归于自己的能力,而低估运气和机会在其中所起到的作用。可见,过度自信对于决策者处理信息具有很大的影响。

(四)信息反馈阶段的认知偏差

当个体通过认知过程中信息的获取、加工和输出阶段后,最终判断结果的信息要反馈到其大脑,而这种反馈信息会增加或减弱其对于事物原有的认知程度。具体而言,信息反馈阶段的认知偏差主要有后视偏差、后悔厌恶、损失厌恶、认知失调、确认偏差、自我归因和处置效应等。因此，人们在面对不确定情况的时候，其判断和决策往往会受到心理因素的影响而产生认知偏差。

【小资料】

罗伯特·希勒(Robert James Shiller)生于1946年，美国(新凯恩斯主义)经济学家、学者和畅销书作者，2013年度诺贝尔经济学奖获得者，现为耶鲁大学经济学教授。自1980年起，希勒在美国全国经济研究所(National Bureau of Economic Research)担任研究助理，于2005年担任美国经济学会(American Economic Association)副会长。希勒被认为是世界上最具影响力的100位经济学家之一。

本 章 小 结

识别风险是风险管理与控制的第一步，而风险认知则是识别风险的重要组成部分。个体对于事故发生概率的认知会因为受到外界突发事件的影响而产生大幅偏差，注重损失概率也会使决策者的风险决策行为发生偏差，损失的概率极容易引起人们的关注从而影响人们的行为决策。在本章中，笔者对于认知偏差与投保心理进行了实验研究，研究结果发现，生动明确的具象描述会激活人们对于恐怖袭击及航空机械故障等情境的认知情绪，进而唤醒人们对于过往所看到的恐怖袭击及航空机械故障等情境的消极记忆，因而使其将这些风险孤立出来作为保险责任。与此同时，人们内心所产生的恐惧感的认知情绪也会促使其对相关保险作出过高的估价。研究结果表明，人们所作出的保险决策其实是基于自身对于风险的认知偏差，即当某一风险事故被生动、形象地描绘时(尤其是被单独、孤立地描述时)，由于引发了较高的预见性认知情绪，导致人们高估其发生的可能性，进而高估承保相应风险的保险的价值。

事实上，当风险事故被描述得越生动时，就越容易为人们所想象，并在脑海中形成类似于图像的思维意识，这个过程可称为脑模拟。这种脑模拟的真实性越强烈，就越容易激发个体的预见性认知情绪。因此，在投保决策中，生动地描述风险会激发个体强烈的负面认知情绪，致使个体对于风险事故的恐惧感上升，诱使其投保行为的发生。最后，本章对于德国长期护理保险进行了理论分析，并对启发法与理性思考进行了专题探讨。

思 考 题

1. 经济心理学理论认为，人们对保险风险认知的偏差来源于信息缺失，也就是说，如果人们能够获取足够的信息，他们对于风险就不会产生认知偏差。你相信这种说法吗？你能以什么样的理由佐证你的立场？

2. 根据前景理论中对于权重函数部分的描述，人们对于概率的认知只有在0%与100%时才是准确的。假如你是该理论的辩护者，你会举出怎样直观的生活体验实例来支持这个理论观点？

3. 研究发现人们倾向于放大对于损失概率的估计，可是我们从全球金融危机中看到许多金融机构的执行官、政策制定者和经济学家都低估了金融系统发生损失的概率。你会如何对这种现象作出解释？或者你想提出怎样的新看法？

4. 对于过度自信的研究发现，人们倾向于认为自己相对他人处在有利地位。直觉上，这种现象会对保险行为产生影响。例如，大部分司机认为自己的驾驶技术高于其他司机，因而他就倾向于不投保商业责任保险。但是事实上，几乎所有司机的驾驶技术都没有显著差异。另外，遭遇汽车事故的可能性绝大部分不取决于司机驾驶技术，而是巧合度，所以司机几乎都有投保商业责任保险的需要。那么作为营销员，我们可以扭转司机的过度自信吗？例如，我们是否可以利用司机的可得性偏差影响他们对于行车意外风险的认知？

5. 对于长期护理保险的实证研究结果显示，对被试进行其双亲所面临长期护理风险的信息告知，可以显著提高被试对于保险的需求。这样的研究成果对保险营销事务有什么启示作用？我们该怎样利用这些结果推进保险业的发展？推进过程中又可能会遇到什么阻碍？

第4章参考答案

第五章 风险认知与保险心理学

【本章精粹】

- 认知心理学的归结主义分析框架
- 风险感假说
- 情绪的影响因素
- 情绪风险管理

【关键词】

情感心理学　神经经济学　风险感假说　占先情绪　跨期选择

【章前导读】

风险认知是保险行为的第一步，以往的风险管理与保险决策研究都是建立在个体对于风险概率——风险后果的评价框架之上，即认为人们的选择错误源于其对于这两者的认知偏差。近年来，随着更多的心理学分析介入了经济心理学领域，保险心理学的研究思路开始逐步脱离传统的研究范式，进而将情绪和情感变量引入了经济行为的分析框架之中。本章介绍一系列关于"风险感"的研究成果，其研究已将风险从数字概念转向情感概念。可见，把握消费者普遍的情感心理和情绪特征，通过营销手段激发消费者对于保险产品的内在需求，业已成为现代保险业的重要使命。

第一节 认知心理学的归结主义分析框架

一、归结主义分析框架：经济学和心理学的理论引导

在评价和选择学说中，人们在风险和不确定性条件下的决策已经逐渐成为最受学术界追捧的研究课题。本书在之前章节中已经介绍了近几十年来许多有关认知偏差和行为决策的研究结果，不难发现，这一领域的相关研究都是横跨多个学科的(尤其是经济学和心理学)。近年来，学术界越来越意识到，单纯的经济理论已不能有效解释人们复杂的行为选择，而许多心理因素才是影响人们作出行为决策背后的主要动因。

前文所述，期望效用理论(Expected Utility Theory，EUT)是经济学中较早建立的一套标准微观经济分析理论，因其存在而使经济学能够快速发展起来，许多经济模型也是在期望效用理论成立的假设前提下被建立起来的。不过，期望效用理论长期处在经济学的轴心位置也必然意味着有更多的学者，特别是经济学者和心理学者试图改进和测试它。例如，学者会检测期望效用理论中的前提假设是不是有效，或者提出许多和该理论描述相矛盾的现实例证，或者直接建立起其他的经济学理论，如前景理论。事实上，期望效用理论仍在心理学领域中产生了深远影响，如艾森和费雪贝恩(Ajzen & Fishbein，1980)[1]的理性行为理论(Theory of Reasoned Action，TRA)就是因受到期望效用理论的影响而建立起来的。

---

[1] Ajzen, I., & Fishbein, M. (1980). *Understanding Attitudes and Predicting Behavior*. Englewood Cliffs, NJ: Prentice Hall.

可见，经济学与心理学之间的交互影响并非是无端的。罗文斯坦(Loewenstein，2001)[①]等人认为，在过去几十年里，这种默契来源于经济学和心理学所共有的一种潜在的归结主义(consequentialism)理论引导。换言之，经济学和心理学都认为人们作出任何选择的依据都是衡量了作出不同选择后的结果，即估计结果的严重性和发生该结果的概率值。例如，期望效用理论基于经济人假设，认为人们作出选择时是严格按照各个选择结果的严重性和发生不同结果的概率分布作出的；而前景理论中对个体的行为分析则引入了心理因素，认为人们对结果和概率的把握都是带有主观色彩的，因而便会有偏差出现。然而，不论是期望效用理论还是前景理论，它们都没有脱离归结主义的分析框架。

此外，除了归结主义的分析框架之外还有什么？即除了结果和概率以外，还有什么会对人们的决策过程产生影响呢？为了引出将要讨论的问题，让我们来看一看下面这个例子。

小A从小被教育说，路边摊上的食物最好不要去碰，虽然味道鲜美诱人，但是这些食物的制作工艺一般都很难达到卫生标准，所以食用以后很有可能导致腹泻或更加严重的不适。由于从小受到这种教育，小A自然不会经常光顾这些路边摊，不过放学经过的时候，难免偶尔会被喷香的烤鱿鱼吸引，也发生过几次食用完后腹泻的经历。然而是什么因素决定小A作出"吃"或"不吃"的决策呢？如果按照归结主义的说法，决定小A是否购买路边摊食物的因素有两类，第一类是结果，即"吃"和"不吃"之后各自发生的结果，如选择"吃"的话，可能发生的结果有食欲被满足且身体舒适，食欲被满足但随后身体不适；而选择"不吃"的话，那么发生的结果就应该是食欲得不到满足。第二类是概率，即小A认为"吃坏肚子"这件事情发生的概率有多少。那么在标准经济理论的分析框架下，小A是理性的决策者，他会精确估计结果和概率，仔细分析这两者的利弊，最后作出理性的"吃"或"不吃"的选择；而在认知理论的分析框架下，小A是非理性的，他对结果和概率的估计都会被放大或缩小，如小A会过分自信地认为自己的抵抗力很强，因而吃坏肚子的可能性很小。

可是，我们现在来看以下两个情境：在情境一中，小A刚刚放学，心情平平，顺道路过那家路边摊；在情境二中，小A刚刚和好朋友发生争吵，心中还在气愤，恰好路过那家路边摊。那么，小A的这两种不同的心情是否会影响他作出"吃"或"不吃"的决策呢？我们可以认为，心情愤怒的小A或许更需要一个发泄情绪的窗口，或许比平时更倾向于买上一大把肉串吃个痛快，至于吃完后会不会腹泻，可能当时在小A的脑海中根本没有出现

---

① Loewenstein, G. F., Weber, E. U., Hsee, C. K., & Welch, N. (2001). Risk as Feelings. *Psychological Bulletin*. No. 2, pp. 267-286.

过这一想法。

古希腊哲人柏拉图曾说，人的行为就好比一辆由两匹马拉着的马车，一匹马代表理智，另一匹马就是情绪。可见，"心情"对于个体的行为决策是非常重要的，因为在不同的情绪状态下，人们可以在其他条件没有变化的前提下作出截然不同的决策。此外，学术界还有许多表明个体的情绪对其决策具有显著影响的研究证据。例如，卡尼曼和里特夫(Kahneman & Ritov, 1994)①通过研究发现，陪审团在作出陪审过程中的决策时往往没有规律，至少很难用标准的经济学偏好观点来解释。不过，假如站在情绪的视角来看，就会发现如果考虑到当时决策者正在经历的瞬息情绪，就不难理解为什么他们会作出如此的决策。此外，罗文斯坦(Loewenstein, 1996)②则通过研究揭示了情绪及其他生理因素(如饥饿、疼痛等)对于个体决策的影响。

二、情感心理学的兴起

基于归结主义分析框架的选择理论认为，风险决策其实是一种个体的认知行为，是个体对于结果和概率的认知。因此，风险管理立足于传统西方经济学理论，其对于风险(尤其是损失风险)的把握是建立在风险发生后的结果与风险发生可能性(即概率)的研究框架基础之上的。然而，在20世纪70年代，从风险与不确定下的选择学说中派生出了对于风险概念的新定义，自此，风险管理的研究不再局限于对于结果和概率的量化分析。

在过去大约40年中，在风险选择学说的行为主义研究中形成了两支主要流派。其中一支为认知流派，着眼于风险决策者的认知过程，着重阐述和解释决策者的实际决策与其对于风险评价的不一致性。认知流派的代表性研究结果有黎赫顿斯坦和斯洛维克(Lichtenstein & Slovic, 1971)的偏好反转及卡尼曼和特沃斯基(Kahneman & Tversky, 1979)的前景理论。另一支则是情感流派，着眼于风险决策过程中的情感因素，所谓情感是指个体对于某事物积极或消极的态度和感受。情感流派涵盖了更为宽广的学术议题，历史文献中已经出现的研究包括评价暗示(如费奴卡尼等人，1998年)、生理反应对于行为决策的内在影响(如罗文斯坦，1996年)、风险决策中的恐惧和忧虑(如罗文斯坦等人，1999年，查得和克鲁瑟，1999年)、期望喜悦和期望失落(如麦尔勒斯等人，1997年)，在作出困难决策时消极情绪的作用(如克鲁瑟等人，1999年)、偶发性评价时的态度表达(如卡尼曼、里特夫和卡德，1999年)。

---

① Kahneman, D. & Ritov, I. (1994). Determinants of stated willingness to pay for public goods: A study in the headline method. *Journal of Risk and Uncertainty*. 9, pp. 5-38.

② Loewenstein, G. F. (1996). Out of control: Visceral influences on behavior. *Organizational Behavior and Human Decision Processes*. 65, pp. 272-292.

三、风险分析与风险感受

情感学派认为，人们面对风险和处理风险时具有两种不同的路径，即风险分析及风险感受，前者处理风险的方式是依靠演算和规范法，而后者处理风险的方式则是全凭直觉。事实上，这种双重思维模式与认知学派中对于直觉、理性"双系统思维"(*System* 1，*System* 2)的表述具有相似之处(如卡尼曼和弗雷德里克，2002年)。

理性思维模式(或风险分析)在风险决策环境下能起到重要作用，其重要性体现在由数学、统计法则所能够严格证明的理性选择的优越性内涵。也就是说，按照理性的方式行动，在一定理论假设成立的前提下，人们能在科学层面上获得最优的结果。

然而，现实经验表明，当人们面对风险和不确定性时(尤其是遭遇突如其来的危险和复杂情况)，依靠情感和情绪作出决策往往是一种更快捷、更简单(甚至某些时候是更有效)的应对法则。事实上，诸多心理学理论是基于情感因素以解释人类的行为决策，其中比较突出的学者及其研究有萨森(Zajonc，1980)、克拉克(Clark)和费斯基(Fiske，1982)、巴勒特和萨勒维(Barrett 和 Salovey(2002))。其中萨森提出，情感对于刺激的反应往往是最先的、自动的，并引导着人们对信息的处理和评判过程。费雪夫(Fischhoff，1978)等人和斯洛维克(Slovic，1987)提出，在面对许多损失风险时，惧怕感是对风险感知和处理行为的主要决定因素。

此外，罗文斯坦(Loewenstein，2001)等人将面对风险时的情绪划分为预期情绪(anticipated emotion)和占先情绪(anticipatory emotion)。预期情绪是指决策者预计经过风险决策后将会遭遇的情绪，而占先情绪则是指决策者在当下决策时正在遭遇的情绪。举一个简单的例子：赶夜路回家时你经过一个巷口，巷子里漆黑一片，你隐约地感觉到某种危险，假如你知道这条巷子是回家的捷径，那么在这样的风险决策情境中，预期情绪即是你预计走过这条巷子后将会获得的感受，如你担心走过这条巷子中可能会遭到歹徒的抢劫或袭击，以及遭遇不幸后的失落情绪，抑或是你期待顺利走过巷子后，自己能更快回到家中的喜悦。而占先情绪在这一例子中，即是你当下站在巷子口所面临选择时的情绪体验——恐惧、疑虑或跃跃欲试等。

事实上，在认知学派的选择理论中关于情感的描述大多数仅限于预期情绪，而对于在当下选择过程中的占先情绪却被忽略。换言之，其隐含着"人们在作出决策的过程中是不带有情绪"的前提假设。例如，尽管卢姆斯和萨登(Loomes & Sugden，1982[①]、

[①] Loomes, G., & Sugden, R. (1982). Regret Theory: An Alternative Theory of Rational Choice Under Uncertainty. *Economic Journal*. 92, pp. 805-824.

1986[①])提及了人们在作出决策时可能产生的害怕决策后失望或后悔的情绪,但这些理论所考虑的是人们在作出决策时预期自己在决策后可能会经历的情绪感受(抑或假如自己作出另外一种决策,最终可能会经历的情绪感受)。不过这些后悔和失望的情绪感受还不是严格意义上的占先情绪,因为它们都是在结果发生后才会被决策者所真实经历的。

事实上,早期的关于情感效应对于风险决策的影响研究也带有归结主义色彩。例如,伊森和吉娃(Isen & Geva,1987)[②]曾经研究过积极情感对于决策者在风险和不确定情景下进行决策的影响,在实验中,他们首先激起被试的积极情感,然后让他们对一些事情作出选择并加以研究,如实验者会首先赠送给被试一袋糖果,从而激发被试比较愉悦的情感。伊森和帕德里克(Isen & Patrick,1983)[③]发现,拥有积极情感的被试对他们赢得赌博的可能性表现出乐观判断(然而事实上相比对照组,他们更加不愿意去参加赌博)。针对这一现象,伊森、尼格仑和艾诗贝(Isen,Nygren & Ashby,1988)[④]以保持心情假说加以解释:处在好心情中的被试虽然认为自己更加容易获胜,但是他们害怕万一输掉赌博会减弱其现在的好心情,为了保持现在的心情状态,便更倾向于不参与赌博活动。可见,这一逻辑推论的实质是研究者们认为不参与赌博的真实动机是因为预期不好的结果一旦成真,便会对被试的情绪产生负面影响,这显然是归结主义的分析逻辑。

四、情感效应与情感启发法

(一)情感信息假说

克罗尔、施瓦茨和康为(Clore,Schwarz & Conway,1994)[⑤]的情感信息假说认为人们的判断和行为会被"喜欢"或"不喜欢"的情感所左右。然而,所不同的是情感信息假说认

---

① Loomes, G., & Sugden, R. (1986). Disappointment and Dynamic Consistency in Choice under Uncertainty. *Review of Economic Studies*. 53, pp. 271-282.

② Isen, A. M., & Geva, N. (1987). The influence of positive affect on acceptable level of risk: The person with a large canoe has a large worry. *Organizational Behavior and Human Decision Processes*. 39, pp. 145-154.

③ Isen, A. M., & Patrick, R. (1983). The effect of positive feelings on risk-taking: When the chips are down. *Organizational Behavior and Human Performance*. 31, pp. 194-202.

④ Isen, A. M., Nygren, T. E., & Ashby, F. G. (1988). Influence of positive affect on the subjective utility of gains and losses: It is just not worth the risk. *Journal of Personality and Social Psychology*. 55, pp. 710-717.

⑤ Clore, G. L., Schwarz, N., & Conway, M. (1994). Affective causes and consequences of social information precessing. In R. S. Wyer & T. K. Srull (Eds.), *Handbook of social cognition*. (Vol. 1. pp. 323-417). Hillsdale. NJ: Erlbaum.

为在人们作出决策的当下，其所正在经历的感觉会影响即刻作出的决策。换言之，影响决策更多的是占先情绪，而不是预期情绪。

不过，施瓦茨和克罗尔(Schwarz & Clore，1983)[①]提出，并不是所有积极和消极的情感都会显著地影响人们的决策。研究表明，那些与决策本身无关的情感对于决策的影响效果与决策本身有关的情感相比要低(甚至并不存在)。例如，在之前的启示案例中，小A在"是否要食用路边摊食品"的决策中，油炸食品给其所带来的正向情感会对其最终的决策起到显著的影响作用，然而，诸如天气等与决策本身没有关系(但也能导致情感变化)的因素给决策所带来的影响就相对较小。

(二)情感启发法

人们对于事物的情感反应是迅速的。例如，人们只要看一眼某一事物，往往就可以立即产生对该事物的好恶情感："喜欢""中立"或"排斥"。因此，情感反应是依靠经验法则对事物进行直觉性判断，它拥有启发法的经典特征。目前，学术界已逐渐形成了关于情感启发法(affect heuristic)的共识，认为情感在风险感知和行为决策中具有重要作用。

近年来，斯洛维克、费雪夫和黎赫顿斯坦使用了许多创新性的方法来研究情感在风险评价中的作用及其机制。巴德士和斯洛维克(Peters & Slovic，1996)[②]研究发现，从心理层面上来说，风险感知主要可分为以下两类。

(1) 恐惧。它是指人们在决策中所体会到的惧怕心理，一般是由于决策者感知到自己对事物缺乏控制力。

(2) 未知事物的风险。当人们认为风险事件的随机性和不可预知性越强时，他们在决策时感受到的风险感就越强烈。

事实上，上述这两类风险感知都处在占先情绪的层面上，而非人们对风险结果和概率分布的认知评价。

情感启发法与之前所提到的情感信息假说都认为占先情绪能够影响人们当下的决策结果，不过两者都没有分析情感反应与认知评价两者之间的关系。尽管当人们在面对风险决策的时候善于"感情用事"，但是一旦其直觉体验之后，则会依旧引入风险分析的思维过

---

① Schwarz, N., & Clore, G. L. (1983). Mood, misattribution and judgments of well-being: Information and directive functions of affective states. *Journal of Personality and Social Psychology*. 45, pp. 513-523.

② Peters, E., & Slovic, P. (1996). The role of affect and worldviews as orienting dispositions in the perception and acceptance of nuclear power. *Journal of Applied Social Psychology*. 26, pp. 1427-1453.

程，即大脑进行诸如对可能产生的决策后果及其相应概率的评判。

那么人们的情感反应会与其认知评价背道而驰吗？当情感反应告诉人们应该去做某项决策，认知评价却认为不应该去作这项决策的时候，究竟会得到什么样的结果呢？

事实上，临床心理学的研究文献表明，个体情绪在很多时候都是与其认知评价南辕北辙的，进而导致决策失误乃至行为畸变的发生。例如，奈斯和克拉斯(Ness & Klaas，1994)[①]通过对焦虑症的研究指出，人们对于风险选择的情感反应与其对风险严重性的认知评价往往会大相径庭，当这种情绪与认知的矛盾状况一旦出现后，在大多数情况下，当下决策时所经历的情绪则会占据上风。换言之，决策者倾向于依照自己的情感判断来作出决策，而并不理会其对于风险的认知评价。

事实上，大家只需要回忆一下自己在日常生活中所经历的情绪与认知冲突就可以理解这一点：有时候，人们因为一些明知无所谓(或长期来看无所谓)的事情而沮丧万分，并且只有依靠时间的推移来慢慢淡化其影响，否则很难立即从自身情绪的阴影中"走出来"，迅速摆脱负面情绪对于决策的影响。换言之，在强烈的占先情绪的干扰下，认知评价能够改变个体行为的影响力是很微小的。关于这一问题，罗尔斯(Rolls，1999)[②]曾明确指出，在这中间最大的谜题不是这些情绪能达到多么强烈，而是即使人类始终拥有理性的判断能力，也仍然会发现其处于自身情绪的阴影之中而无法摆脱(即所谓"情不自禁")，因而便不能够按照自己有效的判断来作出较优的行为决策以改善自身的处境。

其实，上述现象不仅存在于实验室中，还常见于相关文献。例如，巴尔罗(Barlow，1988)[③]研究发现，患有恐惧症或焦虑症的个体就会经常面临这种情绪与认知自相矛盾的困扰，尽管他们心里都明白其所恐惧和焦虑的事情并不值得自己这样做，但是他们确实没有办法消除当下正在经历的恐惧和焦虑对于自身行为的影响。事实上，即使没有在病理上罹患恐惧症的人也经常会有类似的状况出现，只不过其状况表现得轻微一些罢了。例如，几乎所有人都经历过对于极小概率灾难事件的恐惧，尽管人们知道发生空难的概率极其微小，但是一旦进入机舱的时候却难免心头萦绕着对于死亡的恐惧。此外，人们也会对一些明知客观上并不可怕的处境表现出焦虑，如在公开演讲前，大多数人都会表现出心跳加速、颤抖等

---

① Ness, R. M., & Klaas. R. (1994). Risk perception by patients with anxiety disorders. *Journal of Nervous and Mental Disease*. 182, pp. 466-470.

② Rolls, E. T. (1999). *The brain and emotion*. New York: Oxford University Press.

③ Barlow, D. H. (1988). *Anxiety and its disorders: The nature and treatment of anxiety and panic*. New York: Guilford Press.

紧张的生理特征反应。与此相反，人们却会对一些事实上发生概率更高及危害程度更大的事件，如车祸等表现出恐惧不足。

据此，谢林(Schelling，1984)①研究指出，情绪反应与认知评价之间的不同是人们内心矛盾的普遍根源之一，人们总是首先通过一些手段以消除自己的情绪反应，然后才能根据自己的理性认知以应对其处境，而这也与人们平时所言的"战胜自我"的情绪处理模式相类似。

(三)两种信息处理模式

认知心理学认为，人脑在处理信息、作出决策的过程中具有两种不同的思维模式。本书之前介绍过认知心理学中所界定的系统一(System 1)及系统二(System 2)，该理论认为人们在作出风险决策时的偏好并不一定是一致的，即根据外界条件的不同，个体或依靠其直觉，或依靠其理性判断来达到决策目的。相对而言，系统一更加快捷，它可以利用直觉作出瞬间的判断，不过它也会产生所谓的选择偏差或认知偏差；系统二的运作则相对较为缓慢，但它却能够获得逻辑上较为严谨准确的结果。

其他领域(如社会心理学、临床心理学)的心理学者同样也提出过关于大脑的两种信息处理模式，其中比较著名的是斯罗曼(Sloman，1996)②所提出的关于人脑法则处理(rule-based processing)和联想处理(associative processing)两种不同的信息处理模式。所谓法则处理模式是一种相对来说比较收敛的处理模式，它依据逻辑法则或综合考量信息中所包含的不同证据来作出判断，利用法则处理来作出决断的决策者会首先考虑到一些与当前问题相关的决策法则，即首先认为这些法则是正确的，然后再依照它们来作出选择；而联想处理顾名思义是依据思维联想来判断事物及作出决策的一种信息处理模式，相较前者，它显得更加快捷自然，因为其仅根据当前事物与记忆中事物的相似度来作出经验判断(当然，由于记忆偏差，因而这种经验的判断也可能是无效或有偏差的)。此外，所谓的相似度并不是一个绝对的概念，它往往和环境因素相关，如事物呈现的方式等。因此，人们可能突然会在某些场合觉得两种事物极其相似，然而情境一旦发生变化，原先的感觉就变得不再那么强烈。所以，联想处理的信息处理模式直接受到环境等外在因素的影响。由于联想处理的信息处理

---

① Schelling, T. (1984). Self-command in practice, in policy, and in a theory of rational choice. *American Economic Review*. 74, pp. 1-11.

② Sloman, S. A. (1996). The empirical case for two systems of reasoning. *Psychological Bullitin*. 119, pp. 3-22.

模式在运作过程中没有任何严格的依据，因而产生认知偏差的可能性较大。同时，因为它更加快捷自然，所以对行为决策的影响更大。

斯罗曼(Sloman，1996)通过一些实验来为这种双模式信息处理理论提供证据。实验者给出一些在法则处理和联想处理下会产生矛盾理解的概念，并让被试对这些概念给予分类和评价。例如，当说到"鲸"和"鱼类"时，几乎所有的被试都明白"鲸"并不属于鱼类，他们给出的评价一般类似于"严格地说，鲸是哺乳动物的一种"。这则实验为什么能够说明两种不同的思维模式起到的作用呢？我们可以换一个题目重新看待这个问题，如这一次实验者给出的题目是"豹子"和"鱼类"。事实上，尽管被试清楚地知道"豹子"不是鱼类，但是他们对这个归类问题会作出什么评价呢？他们会不会作出"严格地说，豹子是猫科动物的一种"这样的评价呢？这样的评价听起来显得比较奇怪，或许你觉得如果被试说"豹子当然不是鱼类啊！"才显得更加自然一些。斯罗曼(1996)认为，人们对"鲸"和"鱼类"作出的评价，其实反映了根据联想处理，人们事实上比较愿意认为"鲸是一种鱼"，因为在没有接受到相关知识教育之前，大家都会依据形态等相似因素想当然地认为鲸就是一类体型较大的鱼。

第二节　风险感假说

一、风险感假说及其含义

本章之前的部分主要介绍了情感学派的两个基本理论观点：第一，情绪会影响个体决策；第二，个体的占先情绪会导致其对于风险处境的反映与其认知评价相矛盾。

基于上述两个基本的理论观点，罗文斯坦(Loewenstein，2001)[1]等人构建了风险感假说(risk-as-feeling hypothesis)的理论框架，用以解释人们何时及为何会产生占先情绪及其与认知评价相矛盾的状况，以及这些情绪又是如何切实影响人们的行为。

风险感假说认为，人们对于风险处境的行为反应(包括决策)，都会受到诸如担忧、恐惧、畏惧、焦虑等情感因素的直接影响。尽管人们会从其认知层面(如不同的风险结果和风险事件发生的概率分布)评价自身所面临的处境，但这种评价却可以和情绪因素发生交互作用。此外，人们同样也会在感觉层面上评判诸如概率等风险因素。然而这种评判所运用的法则

---

[1] Loewenstein, G. F., Weber, E. U., Hsee, C. K., & Welch, N. (2001). Risk as Feelings. *Psychological Bulletin*. No. 2, pp. 267-286.

与认知法则截然不同，这也就导致了占先情绪与认知评价之间矛盾的出现。

研究表明，人们对风险的情绪反应依赖于许多作用力很小的(甚至根本不起作用的)认知评价因素，诸如个体对于风险结果想象的生动性、个体以往对于风险结果的经历等。认知评价对于风险的反应则是依赖于相对更加客观的因素，如事件发生的概率及人们对于事件后果严重性的评价等。研究表明，轻微的概率变化无法改变人们对于风险的情绪感受，而认知评价则会把事件发生的概率这一因素考虑在内，这也就是导致人们的情绪感受与其认知评价出现偏差的原因所在。

二、情绪与认知的相互作用

研究表明，在良好情绪影响下的决策者会作出较乐观的决策或判断，而在糟糕情绪影响下的决策者则会作出较悲观的决策或判断。例如，强生和特沃斯基(Johnson & Tversky, 1983)[1]在实验中让被试阅读报纸，有些被试读到的是内容轻松快乐的文章，有些被试读到的文章内容则沉重压抑。实验结果发现，那些阅读沉重压抑文章的被试在随后的实验问卷中，对许多能够导致死亡的原因(如洪水、疾病等)的发生概率给出了相对那些阅读愉悦报纸文章的被试更高的估计，并且这种差别很显著。

勒纳和克尔特纳(Lerner & Keltner, 1999[2], 2000[3])的研究发现，身处恐惧和焦虑情绪中的个体会倾向于作出谨慎和风险规避的风险决策。当然，这样的研究结果与人们日常生活中的直觉经验感受也是吻合的，因为在能够引发恐惧和焦虑情绪的场景中，人们似乎"应该"采取谨慎的态度以利于自身生存。

关于焦虑，伊森克(Eysenck, 1992)[4]研究认为，高度焦虑的个体会倾向于注意具有威胁性的刺激；同时也倾向于将意图模糊不清的刺激解读为具有威胁性的刺激。这就好比个体一旦进入陌生的环境便会觉得十分紧张，进而变得十分"敏感"，仿佛周围所有的人都对自己不甚友好似的。拉哈纳森和法穆(Raghunathan & Pham, 1999)[5]研究发现，由实验者人

---

[1] Johnson, E. J., & Tversky, A. (1983). Affect, generalization, and the perception of risk. *Journal of Personality and Social Psychology*. 45, pp. 20-31.

[2] Lerner, J. S., & Keltner, D. (1999). *Fear, anger, and risk.* Unpublished manuscript.

[3] Lerner, J. S.,& Keltner, D. (2000). Beyond valence: Toward a model of emotion-specific influences on judgment and choice. *Cognition and Emotion*. 34, pp. 155-175.

[4] Eysenck, M. W. (1992). *Anxiety, The Cognitive Perspective.* Hove, England: Erlbaum.

[5] Raghunathan, R., & Pham, M. T. (1999). All negative moods are not equal: Motivational influences of anxiety and sadness on decision making. *Organizational Behavior and Human Decision Processes*. 79, pp. 56-77.

为激起的被试的焦虑情绪会导致其在风险决策中偏好于风险程度较小、较安全的选项；由实验者人为激起的被试的沮丧情绪则会导致其在之后的行为决策中表现为风险偏好。而勒纳和克尔特纳(Lerner & Keltner，2000)[①]经实验研究发现，处在恐惧情绪中的被试会对风险作出相对悲观的判断，也就是他们会将风险程度的估计放大，进而采取风险规避的行为决策。

三、情绪与认知调解

所谓认知调解(cognitive mediation)是指个体在受到刺激后所出现的认知过程，如记忆、感知、想象、推断等。因此，在风险决策中，认知评价就是个体认知调解的过程。换言之，如果个体当下所面临的风险决策是一种刺激，那么其对于概率、风险结果及其他风险因素的感知、联想等就是认知调解的过程。本章之前一直在探讨个体的情绪对于其行为决策的影响，然而情绪自身又是如何产生的呢？它究竟与认知调解有没有直接或间接的联系呢？

(一)感觉与认知调解

风险感假说认为，感觉的产生并不是源自于人们对概率、后果等因素的考量，而是由个体的认知评价所致，当个体通过认知调解，估计出风险事件的概率后，便会对其发生概率的"大"与"小"有所感知，进而引起相应的感觉。例如，人们会对发生概率大、后果严重的风险事件产生"恐惧"或"焦虑"的负面情绪。

此外，个体对风险的感觉(或情绪)并不一定要通过认知调解的过程才能够产生。事实上，个体的情绪也可以通过更直接的方式产生并影响人们的行为。研究证据表明，风险刺激可直接激发个体的情绪反应，而无需经过个体对于概率、结果严重性等风险因素分析的认知调解过程。例如，克罗尔、施瓦茨和康为(Clore，Schwarz & Conway，1994)的情感信息假说就着眼于分析个体瞬息产生的情绪对其行为和判断的直接影响；又如，萨森(Zajonc，1980)[②]研究指出，情感反应相对于认知反应更为快捷，它几乎是一个"自动"运作的过程，人们甚至可以在分辨出一种刺激究竟是什么刺激之前，就自然而然地产生对于这种刺激的情绪反应，如当人们听到一声巨响的时候，大多数人会表现出惊慌的情绪反应，但在那个

[①] Lerner, J. S., & Keltner, D. (2000). Beyond valence: Toward a model of emotion-specific influences on judgment and choice. *Cognition and Emotion*. 34. pp. 155-175.

[②] Zajonc, R. B. (1980). Feeling and thinking: Preferences need no inference. *American Psychologist*. 35, pp. 151-175.

时刻人们并不是首先去认知这种声音的来源后才感觉到惧怕的,事实上许多人天生惧怕雷声,即便是在安全的房屋内,并且在已经产生了"那是雷声"及"雷电不会对我造成伤害"的意识状况之下,当每次巨响降临之时还是抑制不住恐惧情绪的自动生成。此外,萨森的研究表明,人们对于某一事物的情感记忆(如喜欢或不喜欢)可以脱离其对于事物自身细节的记忆而独立存在。换言之,即便人们已经记不得某一事物了,或者对它的认知消失了,但却依旧可以保持对它的情感回忆。巴尔夫(Bargh,1984)[1]的研究表明,许多时候人们早已忘却了一样事物,如一部电影、一本书,或者一个人的具体细节,但是即便如此,人们关于自己对其"喜欢"或"不喜欢"的情感会依旧存在。例如,读者可以回想一下很久以前喝过的一种自己特别喜欢或讨厌的饮料,或许你对它口味的记忆已经有些模糊(至少已经无法准确地回想起来)。然而,你对于它的好恶感情却往往没有减弱,依然还是那么爱憎分明。

之后,里都(LeDoux,1996)[2]从神经解剖学的研究视角出发对于"情绪直接影响行为"的理论观点给予了证据支持。里都研究发现,大脑中的丘脑(负责对刺激信号的粗略处理)和杏仁核(被认为是控制人类情感反应的重要核心)之间存在直接的神经投射,而这一过程并不受大脑皮层的干预。塞尔文-施瑞伯尔和普罗尔斯坦(Servan-Schreiber & Perlstein,1998)[3]通过对人体的实验发现,静脉注射局部麻醉剂普鲁卡因会导致杏仁核兴奋,接收注射的人表现出比较强烈的诸如慌张等情绪反应,并且这些反应没有任何认知层面的原因所致(如人们找不到引起慌张的原因)。潘克瑟(Panksepp,1998)[4]通过实验研究发现,当通过电流刺激人们的杏仁核(以及其他一些临床上可以导致恐惧情绪产生的脑结构)引起兴奋时,人们至少在口头上表示他们产生了"不祥的预感",并且这种预感往往都是以旁人看起来类似"无中生有"的比喻方式表达出来的,如被试会说:"我觉得有什么东西在追赶我""我好像进入了一个狭长而昏暗的隧道"或"大浪从四面八方向我袭来"。上述研究结果或实验证据都表明,强烈的情绪反应可以直接作用于个体行为,而无需任何的认知调解。

(二)恐惧情感与决策偏差

心理学研究结果表明,情感可以调解认知评价及其行为决策之间的关系。萨森(Zajonc,

---

[1] Bargh, J. A. (1984). Automatic and conscious processing of social information. In R. S. Wyer & T. K. Srull (Eds.), *Handbook of social cognition* (Vol. 3, pp. 1-43). Hillsdale. NJ: Erlbaum.

[2] LeDoux, J. (1996). *The emotional brain*. New York: Simon & Schuster.

[3] Servan-Schreiber, D., & Perlstein, W. M. (1998). Selective limbic activation and its relevance to emotional disorders. *Cognition & Emotion*. 12, pp.331-352.

[4] Panksepp, J. (1998). *Affective neuroscience*. New York: Oxford University Press.

1998)[①]的研究发现，情绪和认知对于个体行为的影响是不同的，情绪所起的作用是让人们对于一种事物或处境究竟是要"进行"还是"规避"加以确认；而认知所起的作用则是确认"对"或"错"。事实上，人们对于事物对错的判断需要一个细致缓慢的思考分析过程，而关于确认"进行"还是"规避"某一选项则是一个相对迅速的判断决策过程。在风险决策中，人们总是会考虑"自己要不要冒这个风险"。

此外，在个体进行决策的过程中，情绪因素发挥着很大的作用。例如，焦虑被认为是"智能的阴影面"，巴尔罗(Barlow, 1988)指出，经历焦虑和执行计划就好像是"硬币的两面"，对于计划实施后的不确定性所带来的焦虑会使人们谨慎行事，这种谨慎有时候能够使人作出更优的决策，以防止因行为过激而导致严重后果的发生，但有时候则让人瞻前顾后，无法完成任务。

情绪对行为的影响还有相应的临床表现。本书之前曾经提及德马西欧(Damasio, 1994)[②]的 SMH(Somatic Makers Hypothesis)理论，它通过被试的临床表现反映了个体情绪对其行为的直接影响。在实验中，实验者要求一些前额叶脑皮层(Prefrontal Cortex, PFC, 被认为是人脑中负责决策的部分)受到损伤的病人和一些大脑没有受到损伤的被试共同参与一个抽牌游戏，该游戏的目的是通过风险决策以获得最多的金钱。实验设计如下所述。

所有的被试面对 4 堆纸牌，并从中任意抽取 1 张纸牌，纸牌牌面上写有"获得"或"失去"的金额。在 4 堆纸牌中，其中两堆纸牌中的牌面所给出的金钱奖励额较大(如 100 美元)，但是其中夹杂有少量会导致大额损失的纸牌(其损失额度之大足以让抽牌游戏的期望收益为负)，而另外两堆纸牌所给出的金钱奖励额较小(如 50 美元)，但是其不具有抽到损失牌的可能性。

实验结果表明，不论是正常人还是前额叶脑皮层受到损伤的被试刚开始都会从 4 堆纸牌中随机抽取纸牌。然而，一旦在高收益、高风险的纸牌堆中遭遇到损失牌之后，所有的被试都会立即转向其他的纸牌堆继续随机抽牌。不过，在遭遇到大额损失并转换抽牌牌堆后，那些前额叶脑皮层受损的被试相对于正常的受试者会更快地转回到高收益、高风险的纸牌堆中继续抽牌，进而导致了在大多数情况下其最终的总收益为负。因此，尽管前额叶脑皮层受损的被试了解实验目的，但是他们无法正常地经历恐惧感，这也就导致他们会更

[①] Zajonc, R. (1998). Emotions. In D. Gilbert., S. Fiske, & G. Lindzey (Eds.), *Handbook of Social Psychology* (Vol. 1, pp. 591-632). New York: Oxford University Press.

[②] Damasio, A. R. (1994). Descartes' Error: Emotion, Reason, and the Human Brain. New York: Free Press.

快地选择继续冒险。可见,缺乏情感反应会导致决策失误。不过需要强调的是,缺乏情感未必一定就会造成决策优度的下降。例如,在上述实验中,前额叶脑皮层受损的决策者最后往往失利,是缘于在实验设计中,从高收益、高风险的纸牌堆中抽牌的期望收益为负值,但如果实验设计改为期望收益为正值,那么很有可能在遭遇一次损失后敢于回到高收益、高风险纸牌堆的前额叶脑皮层受损者最终将会获得更好的实验成绩。

当然,前额叶脑皮层受损是一种极端的状况,生活中绝大多数决策者都是大脑没有受到损伤(可以正常地经历恐惧感)的普通人。不过即使如此,每个人对于恐惧的反应(或承受力)还是不同的,有的人会更加"胆小",有的则更加"无惧"。这正如本书之前所述的短视损失厌恶(myopic loss aversion)现象。例如,塞勒、特沃斯基、卡尼曼和施瓦茨(Thaler, Tversky, Kahneman & Schwartz, 1997)[1]指出,尽管就长期收益而言,权益资产(如股票)的收益相对要高,但是人们依然会将自己的退休金投资在债券和货币市场基金中。由此可见,所谓损失厌恶事实上也是个体因恐惧感而导致的行为表现。因此,只要人们可以经历更少的恐惧,那么损失厌恶的倾向就会大大减弱。

此外,德马西欧还对另一类在经历恐惧时其行为反应异常的特殊人群开展了相关研究,这类特殊人群为患有精神病的罪犯。这类罪犯与前额叶脑皮层受到损伤的病人有着相似的行为特质,那就是对于自己的行为可能所引发的严重后果表现得十分麻木(尽管这类疾病的神经学机理还不明确,但是目前普遍认为它与个体某种情绪方面的失能密切相关),最终的实验结果也表明:与前额叶脑皮层受到损伤的被试类似,患有精神病的罪犯表现出更强的风险偏好。

事实上,克莱克里(Cleckley, 1941)[2]就曾指出,这类精神病罪犯之所以不能够考虑自己行为所导致的严重后果,其根源是他们无法正常地经历恐惧情绪。之后,黑尔(Hare, 1965[3], 1966[4])研究发现,精神病人对于即将发生的疼痛刺激(如一次电击)所引发的生理反应强度相比对照组中的正常被试要微弱很多。帕德里克(Patrick, 1994)的实验结果表明,当精神病人暴露在令人嫌恶的刺激之下时表现出的消极情绪反应相比控制组(即正常的被试)要小得多。

---

[1] Thaler, R., Tversky, A., D., Kahneman, & Schwartz, A. (1997). The effect of myopia and loss aversion on risk taking: An experimental test. *Quarterly Journal of Economics*. 112, pp. 647-661.

[2] Cleckley, H. (1941). *The mask of sanity*. St. Louis, MO: C. V. Mosby.

[3] Hare, R. D. (1965). Psychopathy, fear arousal and anticipated pain. *Psychological Reports*. 16, pp. 499-502.

[4] Hare, R. D. (1966). Temporal gradient of fear arousal in psychopaths. *Journal of Abnormal and Social Psychology*. 70, pp. 442-445.

(三)焦虑情感与决策偏差

焦虑情绪也可以直接对人们的风险决策产生影响。例如,伊森伯格、巴朗和瑟里格曼(Eisenberg,Baron & Seligman,1995)[1]让两组性格特质分别为焦虑和沮丧的被试来进行一系列的风险选择[2]。这些风险选择为"默认项"和"行动项",风险选择的初始状态被设定为默认项,如果被试选择改变选项,就需要启动行动项。

在一部分实验中,一些更加危险的选项被作为默认项,如果被试选择承担更小的风险就需要采取行动以启动行动项,进而改变现状;在另一部分实验中,一些更加危险的选项则被作为行动项。实验发现,焦虑特质与风险厌恶之间存在着强烈的正相关,换言之,具有焦虑特质的个体更加愿意选择风险更小的选项;而沮丧特质的个体所表现出的是维持现状的倾向性,即个体的沮丧特质越强,其选择"不采取任何行动"的倾向性越强烈。

然而,在另一个实验中,当被试被要求在同样的状况下为别人做选择时,实验结果表明,如果风险决策后果的承受者不是决策者自身,那么焦虑特质与风险厌恶之间的正相关性就消失了。可见,具有焦虑特质的个体不会在为他人作出的决策中表现出强烈的风险厌恶偏好。

(四)风险偏好与决策形态

洛普斯(Lopes,1987)[3]认为,风险偏好是贪婪和恐惧相互制衡的结果,尽管人们对于收益总是希望多多益善,但也害怕因此而承受巨大的风险。所以,在大多数情况下人们对于风险决策的态度是风险厌恶型的。因为相比获得额外利益的喜悦,绝大多数仍然保持着清醒理智的人们则更害怕"血本无归"的失落感,这是因为消极的情感(诸如恐惧和焦虑等)相比积极情绪会来得更加强烈和迅猛。

此外,实验研究结果表明,当人们面对风险决策时,其风险偏好与问题本身相关,即

---

[1] Eisenberg, A. E., Baron, J., & Seligman, M. E. (1995). Individual differences in risk aversion and anxiety (Working paper). *University of Pennsylvania, Department of Psychology.*

[2] 一种情绪,如焦虑作为一种状态(state)和作为一种特质(trait)是不一样的。焦虑的状态可能是由一定的刺激形成的一种暂时的情绪处境,而焦虑的特质是一个相对比较顽固的性格特征,它表现为个体对于具有危险性的处境会倾向于表现出焦虑。

[3] Lopes, L. L. (1987). Between hope and fear: The psychology of risk. In L. Berkowitz (Ed.), *Advances in experimental social psychology.* (Vol. 20, pp. 255-295) San Diego, CA: Academic Press.

个体的风险偏好会受到其情绪体验的影响。奚恺元和韦伯(Hsee & Weber, 1997)[①]试图测试被试对于他人风险偏好的评估,因而进行了如下实验。

【实验一】风险认知的国外心理实验

实验者首先给出被试一个风险决策,即从直接的货币收益选项与尽管具有一定风险但却有更大的货币收益选项之间作出自己的选择。然后,被试被要求预测实验者所假定的某一对象对于上述两个选项的选择。

实验者所描述的第一类人是十分抽象的,他们只是直白地告诉被试:"请你估计一个普通的大学生在这一风险决策下的选择";而实验者所描述的第二类人则是具体的,如实验者会指着走道对面的一个不为被试所事先认识的人说:"请你估计对面那个人在这一风险决策下的选择"。实验结果发现,大部分被试的风险决策结果表明其自身的决策倾向于"风险厌恶"型,被试对于第二类人的风险偏好的估计与自己的偏好相近,而被试对于第一类人风险偏好的估计则接近于"风险中性"型。

笔者认为,这样的实验结果至少说明,人们的风险偏好与其所面临的风险决策形态本身是有关联性的。当被试被要求对一个呈现在自己眼前的具体个体的风险偏好作出估计时,其可以依据自己正在进行同样的风险决策时所经历的感觉作出判断,而这种感觉就是一种认知情绪,源于风险决策本身形态的信息刺激。而当被估计对象是"普通大学生"这样一个抽象概念时,这种认知情绪就难以被激发出来,因而被试的风险偏好估计也就表现为"风险中性"型。

【实验二】风险认知与投保心理的中国实验

笔者认为,个体在估计自己与他人的风险偏好时之所以会产生决策差异,是由于其感知到自己和他人在面临同样风险选择时的认知情绪体验不同所致,即当个体自己在进行风险决策时会伴随着强烈的认知情绪;而当个体在估计他人进行同样的风险决策时,则没有激活同样的认知情绪,因而其风险认知表现为"理性中立"(即所谓"风险中性")型。

2014年6月,笔者以华东师范大学部分本科生及研究生为实验对象(样本数为173人,其中男性为82人,女性为91人),进行了如下实验,以研究当人们面对风险决策时,个体的风险偏好是否会受到其认知情绪的影响,实验时所有的被试都阅读到以下一则文字信息,

---

① Hsee, C. K., & Weber, E.U. (1997). A fundamental prediction error: Self-other discrepancies in risk preference. *Journal of Experimental Psychology: General*. 126, pp. 45-53.

并作出选择。

"你坐在一辆正在行驶中的计程车上,这个时候你突然发现司机喝醉酒了。汽车已经行驶到的这个路段比较空旷,周围没有别的计程车经过,也没有别的交通工具可以乘坐。现在你有如下所述两种选择。

(a) 继续乘坐这辆计程车。

(b) 立即下车,然后步行 5km 到达终点。

接着,要求被试继续作出判断,即如果留在车中,自己会有多不安(评判方式为数值 0 至 4,其中 0 表示"没有丝毫不安",而 4 表示"极度不安"),以及他人(你所不认识的人)在面临同样风险选择的时候,即如果选择留在车中,其会产生怎样的担忧情绪反应;然后要求被试选择改变现状并作出判断,即选择(b)选项离开那辆计程车,其会产生怎样的担忧情绪反应(评判方式为数值0至4,其中0表示"极其不可能",而4表示"极度可能"),并让被试估计他人(你所不认识的人)选择(b)选项离开那辆计程车,其会产生怎样的担忧情绪反应。因此,被试会阅读到以下文字信息,并作出选择。

(1) 如果你留在车中,自己会有多不安?(评判方式为数值0至4,其中0表示"没有丝毫不安",而4表示"极度不安")请你选择下述选项。

A. 0 没有丝毫不安　　B. 1 没有不安　　C. 2 无所谓

D. 3 不安　　　　　　E. 4 极度不安

(2) 如果他人(你所不认识的人)在面临同样风险选择的时候,即选择留在车中,其会产生怎样的担忧情绪反应?请你选择:

A. 0 没有丝毫不安　　B. 1 没有不安　　C. 2 无所谓

D. 3 不安　　　　　　E. 4 极度不安

(3) 如果你选择改变现状,即选择(b)选项离开那辆计程车,你会产生怎样的担忧情绪反应?(评判方式为数值 0 至 4,其中 0 表示"极其不可能情绪不安",而 4 表示"极度可能情绪不安")请你选择:

A. 0 没有丝毫不安　　B. 1 没有不安　　C. 2 无所谓

D. 3 不安　　　　　　E. 4 极度不安

(4) 你认为他人(你所不认识的人)在面临同样的风险选择的时候,即选择(b)选项离开那辆计程车,其会产生怎样的担忧情绪反应?请你选择下述选项。

A. 0 没有丝毫不安　　B. 1 没有不安　　C. 2 无所谓

D. 3 不安　　　　　　E. 4 极度不安

最终，实验结果具体可分为以下两种情况。

第一，被试及他人(其所不认识的人)选择继续乘坐这辆计程车(即在"车里"的情景下)，两者担忧的认知情绪反应结果如表 5-1 和图 5-1 所示。

表 5-1 在"车里"的情景下个体风险决策的实验结果

经历情况	不安情绪程度均值及标准误差
自己在车里	mean3.31　s.e.=0.62
他人在车里	mean2.91　s.e.=0.76

(注：0 表示"没有丝毫不安"，而 4 表示"极度不安"，以此类推。)

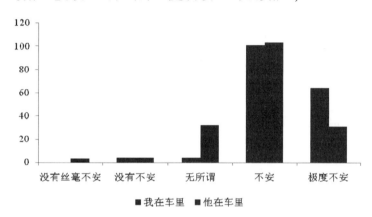

图 5-1 在"车里"的情景下选择不安情绪值的被试人数

由表 5-1 可见，如果被试及他人(其所不认识的人)选择继续乘坐这辆计程车，从两者担忧的认知情绪反应结果的均值而言，被试认为自己的不安情绪程度要高于他人(其所不认识的人)，同时，方差分析结果也表明这一差异性在统计学意义上具有显著性($p<0.05$)。

第二，被试及他人(其所不认识的人)选择立即下车，然后步行 5km 到达终点(即在"下车"的情景下)，两者担忧的认知情绪反应结果如表 5-2 和图 5-2 所示。

表 5-2 在"下车"的情景下个体风险决策的实验结果

经历情况	下车的可能性均值及标准误差
我下车	mean3.10　s.e.=0.80
他人下车	mean2.78　s.e.=0.83

(注：0 表示极其不可能，而 4 表示极度可能，以此类推。)

由表 5-2 可见，如果被试及他人(其所不认识的人)选择立即下车，然后步行 5km 到达终点，从两者担忧的认知情绪反应结果的均值而言，由于被试认为自己的不安情绪程度要高于他人(其所不认识的人)，因而被试认为自己立即下车的可能性要高于其他人，同时，方差分析结果也表明这一差异性在统计意义上具有显著性($p<0.05$)。

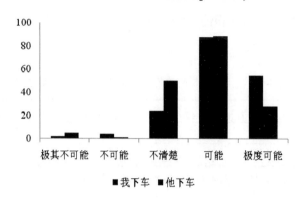

图 5-2 在"下车"的情景下选择下车可能性值的被试人数

总之，实验结果表明，当被试及他人(其所不认识的人)选择继续乘坐这辆计程车时，在评判自己和他人的担忧程度上，被试认为自己的不安情绪程度要高于他人(其所不认识的人)，被试给予自己担忧的认知情绪反应的均值为 3.31，而给予他人担忧的认知情绪反应的均值为 2.91($p<0.05$)。类似的实验结果也呈现在之后的认知评判上，被试普遍认为自己要比他人更有可能选择离开计程车：被试给予自己下车的可能性均值为 3.10，而给予他人下车的可能性均值为 2.78($p<0.05$)。

可见，个体在估计自己与他人的风险偏好中之所以会产生决策差异，是由于其感知到自己和他人正在面临同样风险决策时的认知情绪体验不同所致，即当个体自己正在进行风险决策时会伴随着强烈的情绪体验；而当个体在估计他人正在进行同样的风险决策时，则没有激活同样的情绪体验，因而其对于自身的风险偏好表现为"风险厌恶"型(即所谓"非理性排斥")，而对于他人的风险偏好表现为"风险中性"型(即所谓"理性中立")。显然，导致个体在风险认知中出现决策偏差的原因在于情绪体验的有无。

【实验三】航空及旅行风险认知与投保决策的中国实验

回顾之前笔者所提及的关于伊本·布朗宁(Iben Browning)的地震预言导致新马德里地震带附近地震保险销售在短期内迅速飙升的启示案例。这个故事似乎给我们揭示了这样一个道理，即如果我们得到的信息是新鲜、夸张、形象生动的，那么它就容易激活人们对于风险的认知情绪，进而产生保险决策偏差。

在第 4 章的两个实验中，被试都在假设情景下对设定的保险产品给出了定价，实验结果也支持"更形象生动的风险描述容易激活人们对于风险的认知情绪，从而引发人们对于风险大小的认知偏差，进而产生风险决策偏差，让人们高估风险"。

第五章　风险认知与保险心理学

同时，现实生活的经验常识也告诉我们，当风险事件还没有出现在人们面前，而要人们对于风险到来加以想象，并作出决策预判时，则个体的决策往往会出现偏差。那么，当面对现实的保险决策时，被试是否也会作出类似的风险决策呢？

事实上，当人们面对风险和不确定性时(尤其是遭遇突如其来的危险和复杂情况)，依据情绪作出决策往往是一种更快捷、更简单(甚至某些时候是更有效)的应对法则。因为情绪对于刺激的反应往往是最先的、自动的，并引导着人们对信息的处理和评判过程；当个体面对损失风险时，恐惧感等情绪因素是其风险感知和风险决策的主要决定因素。

为了证实这一假设，2014 年 7 月初，笔者以华东师范大学部分本科生及研究生为实验对象(样本数为 688 人，其中男性为 364 人，女性为 324 人)进行过实验。当时这些被试将于 2014 年 7 月中旬进行一次暑期海外游学活动，因而这些即将作为亲历者的被试在接下来的实验中阅读到了以下一段文字信息。

"假设现在你需要前往俄罗斯进行为期一周的学习，你之前并没有投保任何与恐怖袭击有关的人身保险，学校也不会为你的旅途安全做任何担保。现在有一张保单，假如你在旅途中由于遭受恐怖袭击而身亡，保险公司将给付 100 000 元人民币的保险金。"

接下来，被试被随机分为 4 组，其中，第一组被试阅读到以下信息并要求作出选择："假设这种保险是航空保险，保险期限是在你踏上飞机的那一刻起直至到达目的地离开机舱的那一刻，如果途中由于恐怖袭击导致身亡，那么保险公司将按照保险合同给付保险金。请你进行如下选择。

(1) 第一份承保由中国飞向俄罗斯途中的恐怖袭击风险，你愿意付出的保费金额是

A. 50　B. 100　C. 150　D. 200　E. 250　F. 300　G. 350　H. 400 或更多_____

(2) 第二份承保由俄罗斯飞回中国途中的恐怖袭击风险，你愿意付出的保费金额是

A. 50　B. 100　C. 150　D. 200　E. 250　F. 300　G. 350　H. 400 或更多_____"

同时，第二组被试阅读到以下信息并要求作出选择："假设该保险是航空保险，保险期限同样是在你们踏上飞机的那一刻起直至到达目的地离开机舱的那一刻，而承保的风险是从中国飞往俄罗斯及从俄罗斯飞回中国往返的空中旅途中的恐怖袭击风险。你愿意为这张保单所缴纳保费的金额是

A. 50　B. 100　C. 150　D. 200　E. 250　F. 300　G. 350　H. 400 或更多_____"

显然，在上述实验中，第一组被试被告知，这种保险是航空保险，保险期限是在他们踏上飞机的那一刻起直至到达目的地离开机舱的一刻，如果途中由于恐怖袭击导致被试身亡，那么保险公司将按照保险合同给付保险金。之后，被试被要求给出两份保单的保费价

值估计,第一份承保由中国飞向俄罗斯途中的恐怖袭击风险,第二份承保由俄罗斯飞回中国途中的恐怖袭击风险。

而第二组被试则被告知,这种保险是航空保险,保险期限同样是在他们踏上飞机的那一刻起直至到达目的地离开机舱的一刻,而承保的风险是从中国飞往俄罗斯及从俄罗斯飞回中国往返的空中旅途中的恐怖袭击风险。被试随后被要求对自己愿意为这张保单所缴纳保费的金额作出声明。

最终,航空保险与认知情绪的实验结果如表5-3和图5-3所示。

表5-3 航空保险决策的实验结果

承保范围	保费均值及标准差
飞往俄罗斯途中发生的恐怖袭击	mean123.26　s.e.=94.50
飞回中国途中发生的恐怖袭击	mean122.38　s.e.=98.27
来回途中发生的恐怖袭击	mean162.50　s.e.=126.94

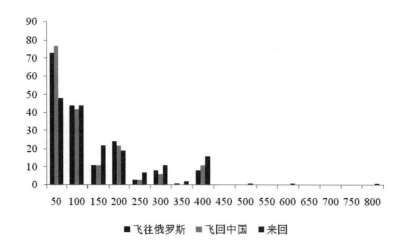

图5-3 实验中选择不同保费额的被试人数

从表5-3中给出的实验结果来看,被试的决策又一次违反了容斥原则。根据容斥原则,第三种保险的保费估计应该约为前两种保险的保费之和,但是事实上,从被试实际给出的保费估计来看,前两者的均值之和为245.64元,是第三种保险保费估计均值162.50元的1.5倍多。即从保费均值来看,人们愿意支付给承保"飞往俄罗斯途中发生的恐怖袭击"和"飞回中国途中发生的恐怖袭击"风险的保费金额之和为245.64元,而"来回途中发生的恐怖袭击"显然是前面两种风险的超集,但是人们愿意为这种承保支付的保费却只有162.50元,远远低于前两者保费之和。同时,方差分析结果也表明这一差异性在统计学意义上也具有显著性($p<0.05$)。换言之,简单地将往返旅途拆分为两个组成部分也能够增加对于风险描述

的生动形象感。

然后，第三组被试阅读到以下信息并要求作出选择："假设该保险是旅行保险，也就是承保的责任范围可以包含航空途中及到达俄罗斯后在陆地上的一切恐怖袭击风险。请你进行如下选择。

(1) 第一份保险的承保责任范围是在航空途中的恐怖袭击风险，你愿意付出的保费金额是

A. 50　B. 100　C. 150　D. 200　E. 250　F. 300　G. 350　H. 400或更多_____

(2) 第二份保险的承保责任范围是在抵达俄罗斯期间遭受恐怖袭击的风险，你愿意付出的保费金额是

A. 50　B. 100　C. 150　D. 200　E. 250　F. 300　G. 350　H. 400或更多_____"

同时，第四组被试阅读到以下信息并要求作出选择："假设该保险的承保责任范围同时涵盖了航空途中及抵达俄罗斯后在陆地上的一切恐怖袭击风险。你愿意为这张保单所缴纳保费的金额是

A. 50　B. 100　C. 150　D. 200　E. 250　F. 300　G. 350　H. 400或更多_____"

显然，在实验中，第三组和第四组被试都被告知所阅读到的信息中所描述的是旅行保险，承保的责任范围可以包含航空途中及到达俄罗斯后在陆地上的一切恐怖袭击风险。其中，第三组被试被要求给出两份保单的保费价值估计，第一份保险的承保责任范围是在航空途中的恐怖袭击风险，而第二份保险的承保责任范围是在抵达俄罗斯期间遭受恐怖袭击的风险。

同时，第四组被试则被告知该保险的承保责任范围同时涵盖了航空途中及抵达俄罗斯后在陆地上的一切恐怖袭击风险。同样，被试随后被要求自己愿意为这张保单所缴纳保费的金额作出声明。最终，旅行保险与认知情绪的实验结果如表5-4和图5-4所示。

表5-4　旅行保险决策的实验结果

承保范围	保费均值及标准差
航空途中发生的恐怖袭击	mean140.41　s.e.=108.87
抵达俄罗斯期间发生的恐怖袭击	mean175.29　s.e.=122.30
航空途中及抵达期间发生的恐怖袭击	mean145.60　s.e.=147.60

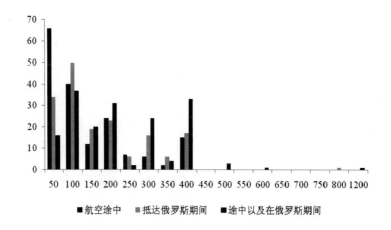

图 5-4　实验中选择不同保费额的被试人数

在表 5-4 中给出了被试对于这 3 种旅行保险的主观保费评价结果。在这组调查中，第三种保险所承保的风险是第一种和第二种保险承保风险的超集，也就是说，从容斥原则来看，对前两种保险保费的评价应该约等于对第三种保险的保费评价，至少两者的差别在统计学意义上不应是显著的。不过，就实际被试所给出的结果来看，前两者的均值之和为 315.70 元，依然是第三种保险保费估计均值 145.60 元的 2.17 倍。

换言之，从保费均值来看，人们愿意支付给承保"航空途中发生的恐怖袭击"和"抵达期间发生的恐怖袭击"风险的保费金额之和为 315.70 元，而"航空途中及抵达期间发生的恐怖袭击"显然是前面两种风险的超集，但是人们愿意为这种承保支付的保费却只有 145.60 元，远低于前两者保费之和。同时，方差分析结果表明这一差异性在统计学意义上也具有显著性($p<0.05$)。

可见，如果将加总的风险事件分割开来描述会使这种描述听起来更加细致具体，进而激活人们的认知情绪，即激发了人们"在航班上可能遇到的危险"以及"在俄罗斯的旅途中可能遭遇的恐怖袭击"的恐惧感。

上述实验研究结果表明，人们作出的保险决策其实是基于自身对于风险的认知偏差。即当某一风险事件被生动、形象地描绘时(尤其是被单独、孤立地描述时)，由于引发了个体强烈的认知情绪，所以会导致人们高估其发生的可能性，进而高估承保相应风险的保险的价值。

总之，人们的风险认知和风险决策往往不是理性的，这点自然也反映在投保人的身上。现实的实践经验表明，投保人和保险人签订保险合约的行为并不是投保人进行周密的风险分析和计算之后的结果，即人们对于保单的选择并非取决于精算意义上的"合算"，而更多的是为了求得心理上的情绪慰藉。换言之，投保行为作为典型的跨期选择过程，不仅受到人类理性认知评判的影响，而且还受到感性认知情绪的极大影响。

第三节　情绪的影响因素

如前所述，情感学派的风险感假说认为，影响情绪对风险作出评判的因素与影响认知对风险作出评价的因素是不同的，并且认为引起情感反应和认知反应差异的原因主要有两点：第一，情绪对于两大风险因素(概率和风险结果)的反应与认知所引起的反应形式具有差异性；第二，情绪反应会被一些情景因素所影响，而这些因素对于认知所起的作用是十分有限的。以时间因素为例(诸如作出决策与决策结果最后呈现之间的时间间隔)，如果你当下作出风险决策，需要一年之后才能看到最终结果，那么期间你所经历的紧张、焦虑或恐惧就会随着时间的流逝而逐渐减弱。为了进一步了解个体的情绪如何对风险选择作出不同反应，我们需要研究哪些因素会对个体情绪产生影响。

一、生动性与灾害想象能力

德马西欧认为，能够引发个体对于未来风险结果的情绪反应的一大因素是风险描绘结果的生动性，由于占先情绪的产生在很大程度上依赖于人们对于风险结果的思维意象，如当风险选择中出现"交通事故"等字眼时，其过往所看到的"车祸"的景象画面就开始浮现在人们的脑海中，因而如果对于风险的描述更加生动形象，那么就更容易激起人们对于风险事件细节的回忆或想象，也就更能激发其更加强烈的情绪反应。事实上，这也与可得性相类似。

1. 想象能力与生动性

人们在日常生活中会夸奖某个人的"想象能力真好"，其实意指相对于他人而言可以将一个眼前并不存在的景象画面想象出来，并且想象得更加生动细致。如果生动性是情绪反应的影响因素，那么想象能力好的个体就应该会产生更强的情绪反应及与该情绪相关的生理反应(诸如紧张时流汗、悲痛时落泪等)。

心理学研究表明，个体的画面想象能力(至少是个体自称具有的画面想象能力)强弱与其遭遇风险时占先情绪所引起的生理反应强弱之间具有正相关性。例如，怀特(White，1978)[①]研究发现，当想象自己最喜爱的食物时，具有生动想象力的人相比没有生动想象力的人会显著分泌出更多的唾液。斯密和欧伏尔(Smith & Over，1987)[②]研究发现，当进入性幻想实验中时，具有生动想象力的男性被试的性欲激发相比没有生动想象力的男性被试要显著强烈。而卡罗尔、贝克和普瑞斯登(Carroll，Baker & Preston，1979)[③]通过实验研究发现，想象能力强的被试可以更快地通过自我想象一些视觉画面来主动诱发自身心率的增加。此外，米勒(Miller，1987)[④]等人则研究发现，通过训练以提高个体的想象能力有助于提升个体对于一些设计刺激(诸如设计以激起个体愤怒或恐惧的刺激)的生理反应强度。可见，个体想象能力的强弱可以影响其生理反应的强弱。

2. 情景因素与生动性

总之，生动性决定着个体占先情绪的强弱，当一种风险结果想象起来更加生动形象的时候，个体所产生的占先情绪也就越强烈，而生动性取决于个体的想象能力，这显然是由个体内在的影响因素所致。此外，想象的生动性还取决于外在的情景因素，如风险结果的描述方式或呈现方式。尼斯贝特和罗斯(Nisbett & Ross，1980)[⑤]的研究发现，对于同样一件事采取详略不同的描述方式会引发人们不同的情绪反应。例如，在实验中，与被试听到"杰克在一场车祸中遭遇了致命伤害"这样的简略描述相比，"杰克遭遇了车祸，一辆拖车碾过了他的汽车，他的头颅被压碎了"这样详细的描述则更能显著地激发被试更为强烈的情绪反应。

3. 生动性与保险决策

事实上，生动性对于个体情绪反应的作用可以被用于解释一些常见的与归结主义分析

---

① White, K. D. (1978). Salivation: The significance of imagery in its voluntary control. *Psychophysiology*. 15, pp. 196-203.

② Smith, D., & Over, R. (1987). Male sexual arousal as a function of the content and the vividness of erotic fantasy. *Psychophysiology*. 24, pp. 334-339.

③ Carroll, D., Backer, J., & Preston, M. (1979). Individual differences in visual imagery and the voluntary control of heart rate. *British Journal of Psychology*. 70, pp. 39-49.

④ Miller, G. A., Levin, D., Kozak, M., Cook, E., McLean, A., & Lang, P. (1987). Individual differences in imagery and the psychophysiology of emotion. *Cognition and Emotion*. 1, pp. 367-390.

⑤ Nisbett, R., & Ross, L. (1980). *Human inference: Strategies and shortcomings of social judgment*. Englewood Cliffs. NJ: Prentice Hall.

框架不相符的个体投保行为。基于归结主义分析框架的风险选择理论(即期望效用理论)认为，影响投保人购买保险产品的因素有 4 个，分别为可能发生损失的大小、损失发生的概率(或概率分布)、保险的成本(即保险费大小)及投保人的财富水平和风险承受能力。此外，上述因素在某一个时点上都可以被固化，它们不会因风险结果的描述方式不同而发生变化，即不管怎样描述风险结果，人们的保险行为都不会发生变化。

然而，一旦考虑到个体占先情绪的影响，自然就会得出"对于风险结果的不同描述可以导致保险决策发生变化"的结论。比如，直觉告诉我们，如果对某一种风险事故的描述方式更加生动形象，那么人们购买承保这种事故风险的保险产品的意愿就会更加强烈。强生、赫舍、麦思扎罗斯和克鲁瑟(Johnson, Hershey, Meszaros & Kunreuther, 1993)[1]的实验结果显示，人们愿意为承保"恐怖袭击致死"风险的航空意外险支付的保费要显著高于愿意为承保"一切原因致死"责任的航空意外险。研究认为，"恐怖袭击"等类似词汇的出现可以立即唤起人们对于恐怖画面的想象，相反，"一切原因"这一词汇的描述则显得过于笼统，因而无法获得这一效果。又如，克鲁瑟(Kunreuther, 1976)[2]的研究认为，由于人们对于"洪水"的认知过于抽象，以及洪水灾害发生频率较低，因而洪水保险就显得较为销售乏力。

当然，基于归结主义分析框架的风险选择理论(即期望效用理论)也能对上述投保行为加以解释，其理论出发点是人们对于风险结果和损失发生概率的估计。即人们不愿意购买洪水保险的原因有两个：一是人们低估了洪水灾害带来损失的严重程度；二是人们低估了洪水灾害的发生概率。然而，基于情感学派的观点，对上述投保行为完全可以从另一个角度加以解释。例如，斯洛维克、费雪夫和黎赫顿斯坦(Slovic, Fischhoff & Lichtenstein, 1980等人)[3]认为，人们对于小概率事件的投保意愿与这些小概率损失能够引起多大的担忧情绪相关。布劳恩和霍特(Browne & Hoyt, 2000)[4]研究发现，如果被试曾经亲历过地震或洪水灾害，抑或认识曾经亲历过类似灾害的人，其投保该类保险的意愿就会变得更加强烈。

---

[1] Johnson, E. J., Hershey, J., Meszaros, J., & Kunreuther, H. (1993). Framing, Probability Distortions, and Insurance Decisions. *Journal of Risk and Uncertainty*. 7, pp. 35-51.

[2] Kunreuther, H. (1976). Limited knowledge and insurance protection. *Public Policy*. 24, pp. 227-261.

[3] Slovic, P., Fischhoff, B., & Lichtenstein, S. (1980). Facts and fears: Understanding perceived risk. In R. Schwing & W. Albers Jr. (Eds.), *Societal risk assessment: How safe is safe enough?* (pp. 181-216) San Francisco: Jossey-Bass.

[4] Browne, M. J., & Hoyt, R. E. (2000). The demand for flood insurance: Empirical evidence. *Journal of Risk and Uncertainty*. 14, pp. 263-270.

二、个体对概率变化的不敏感

在期望效用理论中,一个前景的价值体现为期望效用,也就是各个风险结果效用的概率加权平均值。基于这一分析框架,概率和风险结果对于个体决策的影响作用应该是相当的,然而这一观点在情感分析框架下则难以成立。

如前所述,风险事件所引发的个体占先情绪与风险事件结果的生动程度相关,如果风险事件结果更具有画面感,更容易被想象,那么便会激发个体更加强烈的占先情绪,进而更加强烈地影响个体的风险决策。但相对而言,概率在个体头脑中的画面感则没有那么强了。在此,我们可以进行一个简单的思维实验,请你想象一下"50%的可能性"的画面。需要注意的是"50%的可能性"和"50%"之间有何区别?我们可以顺利地想象出后者的图像表达,如一个饼图被切为两半之中的一半。但相形之下,概率50%的想象就要抽象得多、困难得多。再如,假如我们不说奖金的具体金额是多少,那么人们头脑中对于 1/1 000 000 的获奖机会和 1/10 000 的获奖机会之间的差别感知就不会有多少不同,但是你一旦想象前者是赢得 1 000 000 美元,而后者仅赢得 10 000 美元,那么这两者之间的差别就很大了。可见,正是由于概率变化不够生动的特点(即在个体头脑中的画面感不够强),因而风险决策所引发的个体占先情绪反应对于概率的变化就显得不甚敏感。

1. 焦虑与个体对概率变化不敏感

物理心理学(主要研究身体上的刺激和感知的关系)的研究表明,个体对概率的感知在"焦虑"这一占先情绪的形成过程中所起的作用很小。例如,在一个实验中,被试被告知,他们将要经历一系列的倒数计时,在计时结束后,他们有一定的概率将会遭受一次强烈的电击。实验者在倒数计时过程中则记录被试的心率和皮肤导电水平(其强度与皮肤因分泌汗液等所导致的潮湿度相关)以估测焦虑水平。蒂纳(Deane,1969)[1]进行了这种实验,实验结果表明,被试焦虑的生理反应程度与其对电击强度的预期呈现正相关性,即个体预期更强烈的电击强度会导致其更强烈的生理反应(诸如心跳加快、导电水平上升等);个体预期所遭受到电击的概率水平变化则对其生理反应并没有影响(唯一的例外情况则是个体被告知其被电击的可能性下降为0,实验者分析认为,这源于被试一旦意识到自己"可能会遭遇一次电击",这就足以激起其强烈的焦虑反应;相反,自己"究竟有多少可能会遭遇电击"就显得不那么重要了)。

---

[1] Deane, G. (1969). Cardiac activity during experimentally induced anxiety, *Psychophysiology*. 39, pp. 1-9.

2. 担忧与个体对概率变化不敏感

目前，在度量风险偏好的心理实验中通常采用一种"主观现金等价"(subjective cash equivalent)或称为"主观确定性等价"(subjective certainty equivalent)的研究方法，具体的做法是实验者给出被试一种前景，如(300，0.5；200，0.3；0，0.2)，意思是被试有一次类似于赌博的机会，其中有 50%的可能性获得 300 元奖金，30%的可能性获得 200 元奖金，以及 20%的可能性未获分文。然后，实验者要求被试写出他们所认为的这个机会的现金等价。所谓主观现金等价可分为两种：一是最大买入价(maximum buying price)，是指被试想要获得这个赌博机会，最多愿意花多少钱去买，二是最小卖出价(minimum selling price)，是指被试最少愿意以多少钱的价格把自己拥有的这个赌博机会出售给他人。换言之，现金等价就是把不确定的风险机会转变为确定的收益或损失。

韦伯和奚恺元(Weber & Hsee，1998)[①]使用主观现金等价的方法做过一组实验，实验者给出被试一系列的风险投资选项(都以概率和收益的形式简单呈现)，并让被试写出对它们的主观最大买入价，不过在写出现金等价的同时，实验者还要求被试对自己在这个风险决策过程中的担忧程度进行数值评级，具体类似于"假设 0 为'完全不担忧'，10 为'极其担忧'，那么当你处于这个风险投资项目下的时候，你认为你会有多担忧？"实验结果的统计分析表明，被试给出的最大买入价与获利概率显著相关，表现为 $F = 4.64$，$p < 0.05$。然而，被试所给出的对自己担忧程度的评级与获利概率的相关性却不显著，表现为 $F = 1.69, p > 0.10$。(尽管韦伯和奚恺元的实验要求被试用数值评价担忧程度的做法略显粗糙、不够精确，但却是不动用仪器监测的研究手段中被普遍使用的一种)研究结果表明，人们对于风险机会的担忧程度与概率变化之间的相关性并不显著。

3. 概率变化与风险选择

凯姆勒尔(Camerer，1989)[②]认为，概率的变化会影响人们的风险决策，这一观点体现在许多理论模型之中，其中比较知名的是卡尼曼和特沃斯基的前景理论权重函数模型(prospect theory weighting function)，它提出了概率和决策权重的非线性关系。该理论的一个直观例子是某风险事故发生的可能性从 49%上升 1%至 50%，以及从 0 上升 1%至 1%，同样的 1%给

[①] Weber, E. U., & Hsee, C. K. (1998). Cross-cultural differences in risk perception but cross-cultural similarities in attitudes towards risk. *Management Science*. 44, pp. 1205-1217.

[②] Camerer, C. (1989). An experimental test of several generalized utility theories. *Journal of Risk and Uncertainty*. 2, pp. 61-104.

人们所带来的心理感受是不同的,后者的重要性要远大于前者。

韦斯库西和马盖特(Viscusi & Magat,1987)[1]研究发现,人们愿意为降低皮肤灼伤风险所支付的成本会随着概率的起点和终点变化而不同(尽管两者概率的绝对差值相同)。例如,人们愿意为从 5/10 000 的可能性降低到 0/10 000 的可能性所支付的成本显著地要比从 15/10 000 的可能性降低到 10/10 000 的可能性要高。

对此,普拉勒克(Prelec,1998)[2]研究指出,当小概率事件与损害性巨大的风险结果相联系时,所谓的小概率就会被显著高估。这显然可以较好地解释期望效用理论所无法解释的一些著名异象,如阿莱悖论(Allais Paradox)等。

尽管上述理论发展迅速,并且得到了学术界的公认,但还是停留在描述的层面,而无法解释诸多异象的深层次成因。例如,人们究竟为什么会高估极小概率的事件呢?当然,如果从情感的角度出发,我们对此可以进行这样的解释:当某一风险事件"从无到有",即从原本不可能发生到有可能发生,那么即使它发生的可能性微乎其微,它也会成为人们心中的担忧,人们心中的担忧也同样是"从无到有"。而当某一风险事件原本就有可能发生,只是它发生的可能性出现了微小的提升,那么人们的担忧程度则不会因此而产生急剧的提升。

4. 概率变化和个体对风险结果的情绪反应

归结主义分析框架认为概率和风险结果是风险分析的两大主要评判因素,但是对于情绪反应的研究却发现,事实上人们对于概率变化的不敏感程度和人们对于相应风险结果本身的情感反应之间存在着某种联系,换言之,风险和风险结果之间也因为人们的情绪反应而存在着某种联系。

罗坦斯基和奚恺元(Rottenstreich & Hsee,1999)在一组实验中要求被试给出最大买价,不过这次支付成本的目的是消除一次损失风险,其实质是要求被试给出他们所愿意支付的"最大保费",被试被要求写出不同的最大保费以避免不同概率水平的不良后果。实验中的不良后果有两种:一是"损失 20 美元",尽管这一后果会引起财富流失,但是相对来说不会在生理上造成太大痛苦;二是"遭遇一次短暂但是疼痛的电击",这个后果显然会引起比较强烈的生理和心理痛苦。实验结果显示,当风险结果是相对较轻微的"损失 20 美元"时,被试对于发生概率的变化比较敏感,表现在他们给出的主观最大买价发生了显著变化;

---

[1] Viscusi, K., & Magat, W. (1987). *Learning about risk. Cambridge*, MA: Harvard University Press.
[2] Prelec, D. (1998). The probability weighting function. *Economic*. 66, pp. 497-529.

而当风险结果是产生比较严重的情绪后果的"遭遇电击"时，人们却表现出对概率变化极其不敏感。虽然绝大多数归结主义理论认为概率和风险结果是两个相对独立的概念，但罗坦斯基和奚恺元的研究结果却表明，实际上人们对于概率的感受是受到风险结果本身导致的情绪反应所影响的。

概率感知和情绪之间的关系可以用来解释我们在之前章节所介绍的一些概念，风险决策中最著名的弗里德曼－萨维奇谜题(Friedman-Savage Puzzle)：人们博彩同时也购买保险。根据期望效用理论，风险厌恶是由边际效用递减决定的，风险厌恶也是驱动人们去购买保险的风险偏好。如果人们是因风险厌恶而作出购买保险的风险决策，那么他们就不应该去进行博彩这种因精算价值远远低于彩票定价而展露出风险喜好倾向的活动。弗里德曼和萨维奇(Friedman & Savage, 1948)[①]提出，这种现象出现是因为人们的效用函数其实是一个复杂的形状，总体来说呈 S 形，即在正财富和负财富两边的风险偏好类型大致相反。马科维茨(Markowitz, 1952)[②]批判了弗里德曼和萨维奇的这种解释，他指出，如果沿用这种效用函数，就会产生很多人们日常生活中不会发生的行为。马科维茨继而提出他对于该问题的两条分析建议：①人们并非关心绝对的财富水平，而是关心相对一个参照点的利益获得和损失；②人们以"价值"来评判得与失，价值函数在利益获得部分显示为风险厌恶型，而在利益损失部分则显示为风险喜好型。

你或许会觉得上述两个分析框架就是前景理论的分析框架，事实上，卡尼曼和特沃斯基也是通过对马科维茨价值提法的扩充建立起前景理论的。此外，前景理论还引入了决策权重函数的概念，并认为人们的赌博和保险行为都应当归咎于对小概率事件的高估。

个体对于小概率的高估的确可能是导致其既参与赌博又参与投保的行为动机所在，然而正如之前所提到的，人们之所以会高估小概率事件可能就是源于前景本身给其带来了兴奋感或恐惧感。哈格斯和克鲁瑟(Hogarth & Kunreuther, 1995)[③]的研究为这种说法提供了支持，他们研究发现，当购买权益保护类的产品，涉及质量担保的时候，消费者似乎并不考虑产品损坏的概率，除非这些概率被明确地告知；在保险营销中，营销人员往往不会主动提及关于"概率"等词汇，而是往往试图通过交流家常话题(诸如孝敬长辈、爱护子女、身

[①] Friedman, M., & Savage, L. (1948). The utility analysis of choices involving risk. *Journal of Political Economy*. 56, pp. 279-304.

[②] Markowitz, H. M. (1952). The utility of wealth. *Journal of Political Economy*. 60, pp. 151-158.

[③] Hogarth, R., & Kunreuther, H. (1995). Decision making under uncertainty: Arguing with yourself. *Journal of Risk and Uncertainty*. 10, pp. 1015-1036.

体状况等)以激发消费者的情绪反应；而销售彩票的营销人员则会着重向人们灌输其一旦赢得大奖后会产生的快乐情绪。

三、从决策到决策生效之间的时长

决策者在面临风险决策的时候会产生诸如恐惧、担忧的占先情绪。但是相关研究表明，假如决策者知道自己的决策要在非常遥远的将来才会见效，那么占先情绪反应就会明显减弱。对于未来所要承受的风险，特别是痛苦(如告诉你一年后的今天你要损失20美元，或者6个月后你将要承受一次疼痛的电流打击)，人们往往觉得没有那么紧迫。不过罗兹、布雷伏伊克、乔治森和哈弗曼(Roth，Breivik，Jorgensen & Hofmann，1996等人)[1]的研究和其他一些研究文献表明，随着生效日期的临近，人们所经历的恐惧和焦虑的感觉就会逐渐加强(即使在这个过程中，该前景的发生概率和风险结果都没有发生任何变化)。

布雷兹尼兹(Breznitz，1971)[2]在一组实验中将被试随机分作三组，并分别告诉他们将会在3分钟、6分钟和12分钟后遭到一次强烈的电击。实验结果表明，被告知12分钟后要遭到电击的被试在等待的时间内的平均心率显著地要比其余两组低，而3分钟组和6分钟组中被试的平均心率却没有显著性差异。在这之后，莫纳特(Monat，1976)[3]做了类似的实验并记录下多个反映被试焦虑、恐惧等情绪的生理反应指标，最后实验结果表明，心率、皮肤导电水平和自我评价的焦虑水平都和被试等待的时长呈负相关。

尤其值得注意的是，人们在作出风险决策到决策生效之间的等待期间所经历的恐惧和担忧程度并不是线性增加的。许多研究发现，很多时候人们在风险决策生效之前很短时间内会突然产生恐惧和担忧的情绪，这就像人们平时所说的"临阵脱逃"。例如，威尔士(Welch，1999)[4]进行了一组实验，其中实验者询问一群被试学生是否愿意接受以下机会：获得1美元，并在下周的时候在全班同学面前讲一则笑话。然后，被试便按照他们作出的决定(即接受或不接受这个机会)被分为两组。一周时间过去后，就在接受机会的被试要履行诺言的时候，

---

[1] Roth, W. T., Breivik, G., Jorgensen, P. E., & Hofmann, S. (1996). Activation in novice and expert parachutists while jumping. *Psychophysiology.* 33, pp. 63-72.

[2] Breznitz, S. (1971). A study of worrying. *British Journal of Social and Clinical Psychology.* 10, pp. 271-279.

[3] Monat, A. (1976). Temporal uncertainty, anticipation time, & cognitive coping under threat. *Journal of Human Stress. 2*, pp. 32-43.

[4] Welch, E. (1999). *The heat of the moment.* Doctorial dissertation, Department of Social and Decision Sciences, Carnegie Mellon University.

实验者又给所有被试一次改变主意的机会,让他们重新考虑要不要接受之前的机会。实验结果显示,67%的原本选择接受机会并承诺在全班同学面前讲笑话的被试临阵退缩了;而原本就选择不接受机会的被试,则没有一个人选择在这个时刻出面接受这个机会。

第四节 情绪风险管理

在风险分析中,通常存在高收益、高风险的法则,这也是诸多风险管理技术的理论(如投资组合理论、均值方差分析技术)基石。但是在最早的关于风险感知的文献中,费雪夫(Fischhoff,1978)等人研究发现,在人们的思维中,收益和风险是呈负相关的。然而,这一发现的重要性并未受到重视,直至阿尔哈卡米和斯洛维克(Alhakami & Slovic,1994)发现一项决策的风险感知与收益感知之间的负相关关系和该决策所关联的积极或消极情感的强度相关。换言之,当人们进行风险决策时重要的并非只有"怎么想的",还有"怎么觉得"。即如果人们对一项决策的感觉是积极的,那么他们会降低对风险的评判、提高对收益的评判;反之,如果人们对一项决策的感觉是消极的,那么他们就会提高对风险的评判、降低对收益的评判。

可见,风险和收益在个体心智中呈现负相关的关系。在这一思维模型中,感性的情感先于理性的评判进入个体头脑思维过程,并引导着人们对于风险和收益的评判。鉴于此,情感也被归属为启发法的一种,即前文所提及的"情感启发法"。费纽卡恩(Finucane,2000)等人提出,如果一种情感和一项决策联系在一起,那么提供对于收益(或风险)的信息就会使其对风险(或收益)的感知产生变化,如图5-5所示。

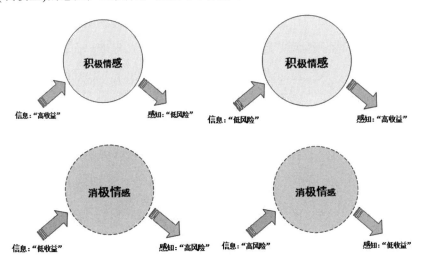

图5-5 情感启发法模型下的风险和收益感知

从图 5-5 可知，当决策本身和积极或消极的情感联系在一起的时候，关于收益和风险的信息会改变个体对于风险和收益的感知，并且这种感知之间呈负向关系。

在通常意义下，风险管理是从风险分析的角度对风险加以识别和评价，最典型的特征就是认为收益与风险成正相关关系。对于风险的把握则由结果和概率两个因素组成。其中，结果是指实际的损失或收益后果，而概率则是客观风险发生可能性的度量。然而，基于风险分析视角的风险管理技术存在着"天然的弱点"，因为在很多情况下，风险决策者并不能理性地思考其所面对的风险，而是不自觉地受到"更快捷、更简单"的直观风险感受的影响，即不自觉地体验"更快捷、更简单"的直观风险感受。由于对于最根本的风险及收益的定义和性质的把握存在着较大偏差，所以当代风险管理技术自然要受到质疑及来自实验研究的挑战。

此外，就风险感知层面而言，理论深度量化的难度也显而易见。例如，如图 5-5 所示的情感启发法模型表明，与决策本身相关联的情感的积极或消极强度会影响风险/收益的信息对于收益/风险的感知变化程度。然而，任何试图量化情感强度的努力都将会面临巨大的挑战，因为传统的情感因子计量方法往往使用粗糙的赋值方法，诸如以 1～10 之间某一数字来度量喜悦或满足程度的方法虽然直观，但是往往只适用于实验操作的过程中。况且就被试而言，他们并不能以精确的数值来度量实际的情感，或者说度量值具有不可重复性。此外，传统的数理体系中也没有适合度量主观感受的量纲。因此尽管风险分析是乌托邦式的理论研究思路和方法，但是由于它计算便利，在新的情绪计量方法被创造之前，实际操作依然只能够建立在风险分析的基础之上。

事实上，一种可行的关于个体风险感受的计量方法是通过类似于"折价"和"溢价"的方法对风险、收益的感知进行主观调整。例如，在积极的情感状态下，获得"高收益"信息的风险决策者应有意识地调高其对于该决策风险的感知程度，而在获得"低风险"信息时则应调低其对于该决策收益的感知程度。这里应该指出的是，这种感知的调整只能是在已经形成的感知基础之上，重新借鉴实际情况对原始感知进行一次自我调整。当然，这种做法的可操作性和有效性并不佳，因为自我所处的情绪状况，除非是在比较极端的情况下，否则都难以较客观地作出清晰的辨别。此外，风险决策者未必能在关键境况下启动感知调整的思维系统，因为所谓的非理性的产生大都是由于个体的理性思维不能及时地介入，而往往在后视情境中起作用，这又被称为"风干的眼泪"。

第五节 案例分析：保险营销和保户的占先情绪

正如本章所述，人们的风险认知和风险决策往往不是理性的，这也反映在保险客户的身上。实际操作经验表明，保户和保险人签订保险合约的行为并不是保户进行周密的风险分析和计算之后的结果，本章中所列出的大量具有代表性的学术研究结果表明，人们对于保单的选择并非取决于精算意义上的"合算"，而更多的是为了求得心理上的慰藉。

风险感假说最核心的内容是它区别出了预期情绪和占先情绪之间的区别，也就是说，当决策者在面对风险时所经历的情绪事实上是由两部分组成，一是个体对于风险结果出来之后自己将要经历的情绪的"遥想"；二是当下个体由于面临决策时正在体验的(如焦虑、恐惧、不安等)情绪。情感学派的研究结果表明，尽管个体的预期情绪对其决策在认知方面产生了重要的影响，但是占先情绪所发挥的作用同样不可小觑。

那么，当保险营销人员在面对潜在客户的时候，应怎样利用保户的占先情绪进而实现促成保险合同订立的目标呢？我们可以从客户面对保险决策时所经历的心理过程的角度来考虑上述问题。

(1) 保险有别于一般的日常消费品，是一种知识含量相对较高的金融产品。保险产品涉及的不仅仅是其所带来的功效，而由于纠纷发生的可能性较大，所以它在很大程度上还涉及专业知识和法律知识的运用。然而，就一般客户而言，他们对保险专业知识和相关法律知识都比较陌生，因此想要全面深入地了解保险产品就有赖于保险营销人员的介绍和讲述。但对客户而言，一方面保险营销人员通常是陌生人，另一方面客户会意识到，由于保险营销人员介绍和讲述的目的是为了将手中的保险产品成功销售出去，所以并不会真正从自己的利益角度出发进行相关产品推介，因此当客户在面临保险决策时便会产生对保险营销人员的不信任心理，这种信任缺失很容易导致(如焦虑等)负面占先情绪的产生，而这种疑虑情绪显然不利于客户作出投保决策。

传统营销观念认为，保险营销人员应当"举例子、列数字、讲道理"，通过向潜在客户陈列一些切实可靠的数据资料和相关法律条文，展示出保险营销人员的专业水平，进而提升其可信度。然而事实上，这一观点仅仅是基于营销技巧的视角，而未能考虑到客户自身的情绪诉求。上文提及，客户的占先焦虑情绪源于其对于保险专业知识及相关法律知识的不了解、不熟悉，如果营销人员再一味地向客户填鸭式地介绍和讲述各种其所不熟悉的专业知识，那么无论信息资料的来源有多么可靠，结果只会强化客户的负面占先情绪，进一步强化其对于自己"不了解专业知识"事实的认定,从而不利于促成客户作出投保决策。

(2) 作出决策和结果出现之间会产生时间差。前文所及,许多心理学研究结果表明,如果决策者知道自己决策结果的获得距离当前十分久远,那么占先情绪的反应就会显著减弱。然而在保险决策的形成过程中,时间的概念对于占先情绪的影响则是十分微妙的,尽管消极占先情绪的减弱意味着客户更加容易作出投保决定,但是决策时间距离决策结果久远也就意味着投保人认为自己的投入在很长时间之内没有回报。

事实上,在投保决策中,决策者是否作出保险决定距离保险赔付或不赔付的结果产生会有一段不确定的时间,赔付可能会发生在保险合同正式生效的当天,也有可能直至合同期满都没有任何赔付的发生。不过保险合同通常期限都较长,并且保户一般不会认为保险合同所承保的责任事故近期就会发生。保险决策的这一特点尤其表现在人寿保险中,由于人寿保险的期限相对其他险种更长,因而从作出投保决策到投保决策"生效"之间的时间就会显得十分漫长。鉴于此,保险营销人员应当适时提醒客户投保决策和结果产生之间时间距离之长,以缓解其紧张的占先情绪,并通过其他方法使客户明了:在这段漫长的时间里,自己所投入的资金并非没有回报(这将在本书之后章节中提及)。

(3) 客户保险需求规划的生动性。保险产品推介的生动性不应被片面狭隘地理解为仅仅是对于风险事故描述的生动性,还包括对于客户需求描述的生动性。对此,人们可能会提出疑问:为什么需要营销人员来"描述"客户的需求呢?事实上,客户在很多情况下并不明确自己对于保险产品的需求,因为在他们的印象中对于保险需求可能仅仅只有一个模糊的概念,如"我需要购置人寿保险",然而对于"买多少""为谁买"以及"为什么要买"等问题,心中未必清楚明了。在这种情况下,如果营销人员能够设身处地为客户着想,深入分析他们的保险需求,进而制定出比较切实的保险规划,就能起到让营销过程显得更加生动的作用。

保险营销人员在描述客户对于未来资金的需求及保险理赔的覆盖范围时,可以从分析客户(或潜在被保险人)的生命或理财周期开始,由于不同的客户处于不同的年龄层次,因而可以根据年龄差异来分析客户现在及未来的财务需求。通常,生命或理财周期可以分为生长期、成人期、成熟期、稳定期和退休期。

需要注意的是,营销人员没有必要仔细探寻上述时期的确切临界点,以便将面前的客户按照实际年龄划入每个时间档次。比如,生长期是指个体从出生开始直至其结束对于父母或其他亲人的严重经济依赖的时期;成人期是指个体刚步入社会因而开始有些收入、不过职业前景尚不明朗的阶段;成熟期是指个体事业比较成功,收入可观的阶段;稳定期是指个体的亲缘、业缘等纽带关系已经比较固定，收入稳定并为自己未来养老做筹划的时期；退休期则是指个体收入迅速减少，消耗资金用以养老的时期。事实上，人生每个时期所需要的资金类型不同，如教育、婚嫁、购房等，由于分析此类问题的文献较多，因而在此不再赘述。

当然，营销人员还可以从一些基本资料(如客户年龄、职业、职位、着装等)中大致判断出面前的客户所属的人生阶段，接下来则要告诉客户其目前所处的生命阶段，以及之后在其所要经历的各个阶段中，都需要做好哪些经济准备，以及保险产品在其中可以发挥的作用。需要注意的是，在介绍这些潜在的资金需求时，营销人员需要做到描述生动，以激发客户的情绪。例如，在提醒客户需要准备子女教育资金时，营销人员可以具体列举出所需教育资金的多少。

【小资料】

乔治·罗文斯坦(George Loewenstein)生于1955年，美国经济学家、心理学家，卡内基梅隆大学社会和选择科学系教授，行为选择研究中心(Center for Behavioral Decision Resarch)主任，行为经济学与神经经济学领域的研究先驱。

罗文斯坦1977年于布兰戴斯大学获得经济学本科学位，1985年于耶鲁大学获得经济学博士学位，曾经于芝加哥大学Booth商学院任教。罗文斯坦是西格蒙德·弗洛伊德的曾孙。

本 章 小 结

近年来，学术界越来越意识到单纯的经济理论已不能有效地解释人们复杂的行为选择，而许多心理因素才是影响人们作出行为决策背后的主要动因。情绪对于个体的行为决策是非常重要的，因为在不同的情绪状态下，人们可以在其他条件没有变化的前提下作出截然不同的行为决策。此外，学术界有许多研究证据表明，个体的情绪对其决策具有显著影响。情感心理学认为，当人们面对风险和不确定性时，依靠情绪作出决策往往是一种更快捷、更简单的应对法则。

事实上，诸多心理学理论是基于情感因素以解释人类的行为决策的，本章首先介绍了情感效应和情感启发法，并介绍了情感心理学的两个基本理论观点：第一，情绪会影响个体决策；第二，个体的占先情绪会导致其对于风险处境的反应与其认知评价相矛盾。然后，介绍了罗文斯坦等人建立的风险感假说，以解释人们何时及为何会产生占先情绪及其与认知评价相矛盾的状况，以及这些情绪又是如何切实影响人们的行为。风险感假说认为，人们对于风险处境的行为反应，会受到诸如担忧、恐惧、畏惧、焦虑等情感因素的直接影响。尽管人们会从其认知层面评价自身所面临的处境，但是这种评价却会和情绪因素发生交互作用。

此外，实验研究结果表明，当人们面对风险决策时，其风险偏好与问题本身相关，即个体的风险偏好会受到其情绪体验的影响。个体在估计自己与他人的风险偏好时之所以会产生决策差异，是由于其感知到自己和他人在面临同样风险决策时的情绪体验不同所致，即当个体自己在进行风险决策时会伴随着强烈的情绪体验；而当个体在估计他人进行同样的风险决策时，则没有激活同样的情绪体验，因而其风险认知表现为"风险中性"型。

总之，人们的风险认知和风险决策往往不是理性的。现实实践的经验表明，投保人和保险人签订保险合约的行为并不是投保人进行周密的风险分析和计算之后的结果，即人们对于保单的选择并非取决于精算意义上的"合算"，而更多的是为了求得心理上的情绪慰藉。换言之，投保行为作为典型的跨期选择过程，不仅受到人类理性认知评判的影响，而且受到感性认知情绪的极大影响。本章最后还对情绪的影响因素、情绪风险管理进行了探讨，并对保险营销和保户的占先情绪进行了案例分析。

思 考 题

1. 被初学者所熟知的行为经济学理论大都建立在经济实验的基础之上，如前景理论是通过一系列数字化的前景引出被试的偏好，进而归纳为一种行为范式，但是建立在这种理想化数字实验基础上的理论是有其局限性的。例如，在经济实验中，经济行为载体往往被设置为 A、B、C 等编号(如公司 A、交易对手 B、交易标的 C 等)，但是这种编号的方式忽略了现实经济行为中大量的其余信息，如公司的背景，对手给被试提供的信任度，被试对于标的物的情感等，这些重要信息的忽略都导致了模型的理想化，以至于可能导致其派生出的理论没有实用价值。请深究"实验经济学"(experimental economics)与"行为经济学"(behavioral economics)的异同，思考什么是你所认同的研究方式[①]。

2. 当代心理学、神经科学和经济学产生了较多的跨学科研究成果。其中，心理学中也

---

① 可参考 Loewenstein, G. (1999). Experimental economics from the vantagepoint of behavioural economics. *The Economic Journal. 109*, F25-F34.

特别派生出了情感心理学(affective psychology)，其在很大程度上专注于研究人的情绪对决策的影响，而人类情绪即为大脑所产生的神经性反应(近几十年来的神经科学研究表明"你就是你的大脑"的说法合乎事实)，因而将情感心理、神经科学与经济决策较为紧密地联系在一起。本章所描述的风险感假说就是这些学科的早期研究成果。随着之后跨领域学科的发展，一些"混血名词"也引入学界中，如奚恺元(Christopher Hsee)首创了 Hedonomics 的字，将"情感的"(hedonic，虽然大部分中文偏好翻译为"享乐"的，这个词其实与 affective 一样不具备褒贬色彩)与经济学(economics)合二为一，表示情感心理学也渗透到经济学的研究中。之后随着认知神经科学(cognitive neuroscience)对于经济学领域的研究也逐渐显现贡献，近来学界又产生了"神经经济学"(neuroeconomics)这个词，主要指对较低等动物及人类大脑的科学研究对于经济学的启示。请简述"神经经济学"及其相关的研究范畴[①]。

3. 跨期选择(intertemporal choice)是情感心理学中的重要研究课题，其研究的对象是人们在某一时点作出决策，但是决策效果却要在之后相隔明显的另一个时点才能显现的问题。跨期选择对保险心理学研究具有重要意义。我们知道，当决策者决定是否购买保险时，他们就正在进行着跨期选择：消费者不仅要面对不确定性(保险事故何时发生)，还要思索事故将会对自己造成的情感上的损害。这也解释了正文中决策者知道自己的决策结果生效离当前十分久远，那么其情绪反应就会显著减弱，对于消费者来说，他的投保动机就会降低。不过这样的解释十分笼统，请从一个特定的角度描述，为什么消费者的情绪减弱会影响他们的投保决策？在实践中，我们通常听到客户说"人都死了还要钱有什么用"，请说出你对这句话背后潜藏的心理机制的看法。

4. 风险描述生动性的意义，是当一桩风险事故被描述得更加生动真切时，它就越容易被人们想象出来，在脑海中形成类似于图像的意识，这个过程称为脑模拟。研究认为，这种模拟的真实性越强，则越容易引起个体的情绪反应。在保险决策中，个体对于风险事故的恐惧感上升，直觉上会更加倾向于投保保险。不过我们还需要思考的是，生动地描述风险还将引起个体的负面情感，而在这种负面的情感下消费者作出的消费决策一定利于自己或利于保险人吗？或者，我们如何平衡生动性与负面情感对保险决策的作用？

第 5 章参考答案

---

① 可参考 Camerer, C., Loewenstein, G., & Prelec, D. (2005). Neuroeconomics: How neuroscience can inform economics. *Journal of Economic Literature*. 43, pp. 9-64.

第六章 保费框定心理与保险心理学

【本章精粹】

- ◆ 框定偏差和得失框架
- ◆ 心理账户与保费框定
- ◆ 案例分析：寿险投资中的心理账户效应

【关键词】

背景依赖　前景理论　价值函数　保费框定　道德风险　免赔额回馈

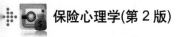

【章前导读】

尽管消费者对于保险成本(即保费)的认识显著地影响其保险决策,但是行为经济学研究结果表明,消费者对于成本费用的认知普遍存在着偏差(主要是受信息呈现方式的影响)。即同样的成本信息以不同的方式表述出来,就能让消费者产生不同的认知。基于这些研究成果,本章提出了保险营销中应当注意的对于消费者保险成本的适当的描述方式。

第一节 框定偏差和得失框架

"每天只要支付几分钱!"人们经常会在一些保险产品的推介广告中看到诸如此类的广告语。保险人通常认为,如果想使他们的保险产品更加具有吸引力,那么对于产品保费的描述方式则是十分重要的一个环节。例如,对于消费者来说一个比较直观的感受,就是诸如"每天支付几分钱"的广告语显然要比"每年支付几十美金"显得更具有冲击力和吸引力,尽管两者在价值上是等值的。

许多心理学研究结果显示出,消费者的行为和偏好并不是一成不变的,对于同一事物描述方法的差异会导致消费者对事物本身的认知产生相应的微妙变化。认知心理学研究发现,环境因素能够影响人们对于刺激的反应。同一事物置于不同的环境中,人们对其认知也会产生偏差,这种偏差的产生被称为情景效应(context effect)。我们可以通过下面一个简单图片识别案例来阐释情景效应,如图 6-1 所示。

THE CAT

图 6-1 情景效应图片识别案例

如果你将图 6-1 中的单词辨识为 THE CAT,那么就说明你的认知已经受到了情景效应的影响,虽然在前后两个单词中出现了同样的形如 H 的字母,但是由于情景的影响,我们在前一个单词中倾向于将其认知为字母 H,而对后者则将倾向于其认知为字母 A。

情景效应在风险决策中的应用被卡尼曼和特沃斯基(Kahneman & Tversky, 1984)[①]命名为框定效应(framing effect),他们在研究中发现,当同样的损失被描述为"为了保全(大局)

---

① Kahneman, D., & Tversky, A. (1984). Choices, values, and frames. *American Psychologist*. 39, pp. 341-350.

而需要付出的代价"而不是"无法挽回的损失"时，人们的行为反应就会显得更加积极。

情景或者说呈现和描述事物的方式会影响我们的判断，简单地说，这就是背景的依赖性(context dependence)，一幅画作放在不同的画框中，会让我们感觉它属于不同的地方。背景依赖认为，决策者并不是孤立地知觉和记忆，他们往往会从事物的各个方面综合考量，依赖过去的经验及素材发生的背景来解释信息。在某种背景下，一个刺激物以一种方式被感知，而在另一种背景下，同样的刺激物可能产生的感知就会发生变化。具体来讲，背景包括不同方案的比较、事情发生前人们的想法、对问题的描述方式、信息的呈现顺序及方式等，而背景依赖会使决策者产生很多相关的感知偏见。

事实上，框定所产生的这些感知效应影响着人们的风险决策行为。对于风险的描述方式稍有用词、语序等方面的改变，就会使人们对于风险的认知发生不同。斯洛维克等人指出，风险呈现方式稍有所改变，人们对风险的感知就会发生变化。

一、框定偏差和诱导效应

由于人们对事物的认知和判断存在对背景的依赖，所以事物的表面形式会影响人们对事物本质的看法。事物的形式一旦被用来描述决策问题时，就可称之为框定。框定独立(framing independence)是指问题的形式与人们的判断和行为无关。如果框定是透明的，那么人们可以通过不同的方法看到事物是如何被描述的，然而许多框定不是透明的而是晦涩难懂的。当一个人通过不是透明的框定来看问题时，他的判断与决策会在很大程度上取决于问题所表现出来的特殊的框定，这就是所谓的框定依赖(framing dependence)。而由框定依赖所导致的认知和判断的偏差就是框定效应(framing effect)，即人们的判断与决策依赖于所面临的决策问题的呈现形式，尽管问题的本质相同，但形式的不同也会导致人们作出不同的决策。

卡尼曼和特沃斯基对此做了以下一组实验。

"一位将军在敌人优势兵力的威胁下，处于进退两难的境地。他的情报官员说：除非他带领士兵们沿两条可行的路线之一撤出；否则，他们就会遭到围剿，600名士兵势必全部被歼灭。如果走第一条路线，有200名士兵必然可以得救；如果走第二条路线，则有1/3的可能所有士兵获救，其余2/3的可能全部士兵遇难。"假设被试是这位将军，他会选择走哪一条路线撤退呢？

实验中，绝大多数被试选择走第一条路线，普遍存在的理由是保全能保全的性命，比冒造成更大伤亡的风险要来得好，被试普遍的认同是"至少我能确保这200人获救"。另一组被试读到的则是以下信息：

"……如果走第一条路线，将有 400 名士兵全部遇难；如果选择走第二条路线，则有 1/3 的可能使士兵全部获救。"我们发现，虽然这两种叙述方法不同，但是这位将军其实所面临的两种处境是一模一样的。不过在这则信息下，被试却作出了截然不同的决断：大部分人选择第二条路线撤离。因为被试的普遍看法是："若选择第一条路线，也必然有大部分的人员要牺牲，这也没有比全军覆没好太多；而要是选择第二条路线，我至少有 1/3 的可能性可以挽回大局，让所有人都得救。"

事实上，上述这两种呈现方式仅有的差别，就是第一个问题是从保全士兵生命的角度提出来的，而第二个问题是从丧失生命的角度提出来的。卡尼曼和特沃斯基研究发现，这种理性认知的背离现象是经常出现的，并且几乎是可以预见的，它是大脑在衡量各种复杂可能性时选择走捷径的结果。此外，人们对于一个问题的答案可以如此容易地发生改变，甚至在生死攸关的问题上也是这样。这表明，依据自己的判断未必就能作出正确的决策，因为这些判断自身可能是有缺陷的。

由于框定偏差的存在，人们经常缺乏一个稳定的偏好顺序，框定会影响人们对于事件的认同度，并影响其作出决策，所以能通过对框定的选择影响人们的决策，这种现象被称为"诱导效应"(elicitation effects)。我们来看以下一组实验。

问题一：某种很受欢迎的汽车缺货，消费者必须等两个月才能得到自己订购的该种汽车。某汽车零售商一直是按该车型标明的价格销售该汽车，现在他的销售价格比标明的价格高了 200 美元。

问题二：某种很受欢迎的汽车缺货，消费者必须等两个月才能得到自己订购的该种汽车。某汽车零售商原本一直是按比该车型标明的价格低 200 美元的价格销售该汽车，现在他按该车型标明的价格销售。

在就问题一接受调查的 130 名消费者中，有约 29%的人认为该汽车销售商的行为"可以接受"，而其余约 71%的人则认为这样做"不公平"。而在就问题二接受调查的 123 名消费者中，约有 58%的人认为该汽车销售商的行为"可以接受"，其余约 42%的人则认为这样做"不公平"。在消费者看来，收取附加费比取消折扣更加不公平。消费者的这种心理可以解释为什么商店对以现金支付的顾客收取低一点的价格，而对以信用卡支付的顾客收取高一些的价格时，常常以现金支付的价格成为"折扣"，而不是将信用卡支付的价格成为"附加费用"。因为同样的价格差异，前一种情况下被消费者视为收益，后一种情况下则被消费者视为损失。

据此,特沃斯基和卡尼曼(Tversky & Kahneman,1991)[1]得出结论,框定的产生主要由以下两个因素导致。

(1) 对于参照点的依赖(reference point dependence)。即人们对于事物的评价总是相对于一定的参照点来进行的,参照点高低设置的不同会导致人们对同一事物的价值评判发生偏离。因此,如果在对事物描述的过程中试图操纵参照点的高低,就可以改变人们对事物的评价。

(2) 损失厌恶(loss aversion)。即遭遇损失给决策者带来的痛苦要比同样程度的利益获得带来的快乐更大,这也是卡尼曼和特沃斯基在前景理论中的核心论点之一。换言之,如果对同样一个事件的描述是从"损失多少"的角度而不是从"获得多少"的角度出发,更容易激起人们的不舒适感。

学界有许多文献资料可以提供框定效应存在的研究证据。例如,凯姆勒和克鲁瑟(Camerer & Kunreuther,1989)[2]研究表明,在保险领域中这种框定风险决策的现象也普遍存在。又如,赫舍和舒梅克(Hershey & Schoemaker,1980)[3]及之后赫舍、克鲁瑟和舒梅克(Hershey,Kunreuther & Schoemaker,1982)[4]的研究表明,当一种赌博被以保险合同的形式展现给被试的时候,被试的风险偏好明显发生了变化,具体表现为被试在博彩形式下所给出的与赌博机会等价的现金(例如,被试愿意以5美元的价格卖掉一次有1%机会赢得100美元的赌博)和被试在保险形式下所给出的与承保风险相当的保费金额之间产生了显著偏差。

二、价值函数与保费框定

期望效用理论试图用数学规则完备地刻画个体的行为,归纳出个体在风险下作出选择的一般规律。尽管论证充分、逻辑严谨,然而人们的日常行为表现却常常违背理性的假设。例如,效用论的一大核心分析对象是效用与财富的关系,当人们获得财富I时,这些财富所

---

[1] Tversky, A., & Kahneman, D. (1991). Loss Aversion and Riskless Choices: A Reference Dependence Model. *Quarterly Journal of Economics*. 106, pp. 1039-1061.

[2] Camerer, C., & Kunreuther, H. (1989). Experimental Markets for Insurance. *Journal of Risk and Uncertainty*. 2, pp. 265-300.

[3] Hershey, J., & Schoemaker, P. (1980). Risk Taking and Problem Context in the Domain of Losses. *Journal of Risk and Insurance*. 47, pp. 111-132.

[4] Hershey, J., Kunreuther, H., & Schoemaker, P. (1982). Sources of Bias in Assessment Procedures for Utility Functions. *Management Science*. 28, pp. 936-954.

带来的效用被认为是 I 的函数形式，记为 $U(I)$，然而，这样理想化的一对一形式的数学定义显然与实际情况大相径庭。一个最直观的例子是同样数量的财富量 I_0 通过不同的途径可以给人带来截然不同的效用。例如，花费同样数量的金钱为自己心爱的女友购置衣着往往会比为自己购买一身衣服所带来的效用更大。

此外，即使是通过相同的途径，给不同的人所带来的效用也会不同。例如，对一个活泼贪玩的孩子而言，用 500 元购置一台电动游戏机所带来的效用远大于同等价值的书籍给他带来的效用，但对一个"读书虫"孩子来说，其结果却可能恰恰相反。这些例子都体现了"效用"这个概念在定义上的不完备性。

长期以来，期望效用理论一直是现代微观经济理论的支柱之一。如果个体对于不同环境条件下的投资决策具有合理的偏好，那么就可以运用效用函数来描述这些偏好。然而，认知心理学和实验经济学在个体决策与偏好研究领域内的诸多发现(如确定性效应、同结果效应、同比率效应等)都对期望效用理论形成了巨大的冲击。更确切地说，这对经济学中的诸多基础理论乃至整个现代新古典经济学的挑战都是极为严峻的。因此，目前越来越多的经济学者尝试放宽期望效用理论的有关公理性假定，试图从技术上对原有的理论进行修正或替代。

1. 彩票、保险与自相矛盾的风险偏好：弗里德曼-萨维奇谜题

弗里德曼和萨维奇于 1948 年研究发现，人们通常同时购买保险与彩票，他们在购买保险的时候表现出了风险厌恶，但在彩票投资上却表现出一种高风险追求，这就是著名的弗里德曼-萨维奇谜题(Friedman-Savage Puzzle)，它的提出对以风险厌恶的凹形效用函数为基础的传统期望效用理论产生了挑战。期望效用理论是冯·纽曼(Von Neumann)和摩根士登(Morgenstern)在伯努利(Bernoulli)的效用理论基础上发展起来的。该理论假定个人对待风险的态度始终不变，其效用函数自始至终均为凹型，也就是我们平常所说的边际效用递减。然而，弗里德曼-萨维奇谜题表明，人们对待风险的态度并不是始终一致的。弗里德曼和萨维奇(1948)[①]提供了一个既有凹形部分又有凸形部分的效用函数来解释人们同时购买保险和彩票的问题。其中，凹型部分与购买保险的政策一致，而凸型部分则与购买彩票相一致，如图 6-2 所示。

[①] Friedman, M., & Savage, L. (1948). The utility analysis of choice involving risk. *Journal of Political Economy*.

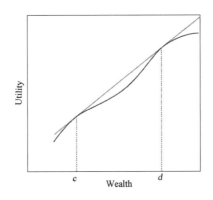

图 6-2　弗里德曼-萨维奇效用函数

不过，马科维茨(Markowitz，1952)指出，仅有一小部分遵从弗里德曼-萨维奇效用函数的投资者会既购买保险又购买彩票。特别要指出的是，既购买保险又购买彩票的投资者，其财富会落入弗里德曼-萨维奇效用函数中的拐点位置所限定的一个狭窄区域内。马科维茨指出，从弗里德曼-萨维奇效用函数上看，穷人将永远不会购买彩票，因为在财富值偏小处(如 c 点左侧)，个人呈现出风险厌恶型的风险偏好；中等收入的人则不会为其中度损失购买保险，而这显然有悖于人们的日常生活经验。事实上，许多穷人勤于购买乐透彩票，希望以小搏大，一夜翻身；而中等收入的人不购买中度损失的保险也是无稽之谈。

为了修订这些错误，马科维茨通过将效用函数的一个拐点放在"通用财富"(customary wealth)的位置上而修改了弗里德曼-萨维奇效用函数。马科维茨第一次提出，效用应该以收益或损失来界定，而不是(像大多数考察效用时)用资产的绝对量来表示。同时，马科维茨也注意到了在正的和负的期望中的风险追求现象，于是他提出了一个在正的和负的范围内都有凹部与凸部的效用函数，如图 6-3 所示。

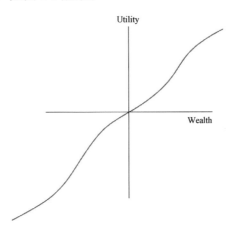

图 6-3　马科维茨效用函数

卡尼曼和特沃斯基(Kahneman & Tversky, 1979)[①]在马科维茨的通用财富理论及阿莱工作的基础上构造了前景理论。前景理论试图对彩票选择实验中的大量异常现象(即异象)作出有说服力的解释。他们之所以将该理论命名为前景理论，是因为在卡尼曼和特沃斯基看来，个体进行决策实际上是对未来"前景"的选择，而所谓的前景就是各种风险结果。

事实上，前景选择所遵循的是特殊的心理过程和规律，而不是期望效用理论所假设的各种公理。前景理论发现了理性决策者没有意识到的行为模式，卡尼曼和特沃斯基把这种模式归因于人类的两个缺点：一是人类情绪会经常影响理性决策中必不可少的自我控制能力；二是人们经常无法完全理解其所遇到的问题，即心理学家所谓的"认知困难"。

行为经济理论认为，失去一定数量的财富所带来的痛苦程度比得到相同数量的财富所获得的快乐程度更大。从效用的角度，这个观点可以表示为

$$|U(I)| < |U(-I)|$$

这就是心理学者丹尼尔·卡尼曼和艾莫斯·特沃斯基于1979年发表的前景理论的直观感受基础。我们将在本章仔细介绍卡尼曼和特沃斯基的前景理论(或译为展望理论或期望理论)，它的得失分析框架将在之后的保险心理学行为分析中发挥主要作用。

其实，上述得失效用不均衡的观点并非是卡尼曼和特沃斯基首先发现并提出的。保罗·萨缪尔森(Paul A. Samuelson)早在1963年便给出这样的事例："一些年前我在午餐间向一名同事(一位杰出的学者)提出这样一个赌局，让他猜测硬币的正面或反面并投掷一次硬币，假如结果如他所猜，他将获得200美元；但若结果与他猜测的相反，他需要支付我100美元。同事的回答是他不愿意进行这样的赌博，因为'我会觉得损失100美元(的痛苦)大于获得200美元(的快乐)，不过假如你愿意和我连续赌上100次我会答应'。"

卡尼曼和特沃斯基的前景理论与期望效用理论的公理性形式不同，因为前景理论是描述式的。卡尼曼和特沃斯基在一系列行为实验结果的基础上提出了如下主要观点：人们更加看重财富的变化量而不是最终量；人们面临条件相当的损失时倾向于冒险赌博，而面临条件相当的盈利时则倾向于接受确定性盈利，等等。基于这些观点和研究结果，他们给出了解释人们在不确定条件下的决策行为模型。

2. 价值函数及参照点

实验证据表明，人们通常考虑的不是财富的最终状态，而是财富的变化状况。前景理

[①] Kahneman, D., & Tversky, A. (1979). Prospect theory: An analysis of decision making under risk. *Econometrica.* 47, pp. 263-291.

论的一个巨大突破就是用价值函数 $V(\cdot)$ 替代了传统的效用函数，从而将价值载体落实在财富的改变而非最终状态上。总体而言，价值函数具有下述几种特点。

(1) 价值函数应该是一条单调递增的曲线。因为对于个人来说，在任何条件下收益总是比损失要好，并且收益越大则价值越高(或者损失越小则价值越高)。

(2) 价值函数是定义在相对于某个参照点的利得和损失，而不是一般传统理论所重视的期末财富或消费。参照点的决定通常以目前的财富水平为基准。前景理论的一个重要特征就是人们常常考虑的是财富的变化数量而不是财富的最终状态，而这一假设与人类感知和判断的基本规律是一致的。

卡尼曼和特沃斯基的感知工具就是对变化或差异进行估值而不是对绝对值进行估计。例如，当人们对光、声音和温度作出反应的时候，过去和现在的经验定义了一个适应水平或参考点，所有被感知的变化都是相对于这个参照点而言的。因此，一个给定的温度是根据一个人的适应状况而被确定为是热的还是冷的。例如，有 3 种不同亮度(亮、中、暗)的灯，如果一个人长时间处在暗灯光亮度下的话，一旦让他使用中等亮度的灯，他就会认为灯光很亮，甚至刺眼，这是因为他是以暗灯光的亮度为参照点的。但是，如果他原来是在亮光灯亮度下的话，那么一旦让他使用中等亮度的灯，他就会觉得很暗，因为他会以亮光灯的亮度为参照点。

同样的道理也适用于人类其他的感觉属性，如健康、声望、财富等。因此，同一财富水平对某一个人意味着贫穷，对另一个人则可能意味着巨大的富足，而这取决于他们当前财富的多少，即他们两人参照点的水平。

总之，强调财富变化才是价值的主体，而不应被理解为财富的变化独立于财富初始的变化量。严格来说，价值应该被看作两个部分的函数，即财富的状态(即参照点)及相对于参照点的变化量(正的或者负的)。

(3) 价值函数为 S 形函数。即在参照点之上是凹的，体现出风险厌恶特点，在零和博弈中，在确定性与非确定性中偏好前者；在参照点之下是凸形的，体现了风险偏好特点，表现为在确定性损失与非确定性损失中偏好后者。

(4) 决策者在相对应的收益与损失下，其边际损失要比边际收益敏感。即价值函数在损失一支(负轴)上的斜率比获利一支(正轴)上的斜率要大。

认知心理学研究表明，个体对待财富变化态度的一个突出特征是损失的影响要大于收益，损失一单位的边际痛苦要大于获取一单位的边际利润，即个体具有损失厌恶的倾向。塞勒(Thaler)将这种现象命名为禀赋效应(endowment effect)，即当一事物归为己有时，人们对它的价值评判就会显著上升。这个观点和人们认知自己所拥有财富的价值息息相关，它可以很好地解释为什么人们不愿意在对等概率赌局(即零和博弈)中下注，如 $(x,0.5;-x,0.5)$，其原因在于在同一概率下，收益带来的正效用远远抵不上损失带来的负效用，并且随着 x 增大，其厌恶程度就越高。相关证明如下所述。

假设结果 $x > y > 0$，考虑赌局 $(x,0.5;-x,0.5)$ 和 $(y,0.5;-y,0.5)$。我们知道在这个赌局中人们更倾向于前者。利用价值的基本方程式来表达以上赌局中的偏好状况即

$$v(x)+v(-x) \succ v(y)+v(-y)$$

上式中，$v(\cdot)$ 表示价值函数，"$\succ$"代表决策者更偏向于左项。因此

$$v(x)-v(y) \succ v(-y)-v(-x)$$

两边同除 $x-y$，并令 $(x-y) \to 0$，可知

$$V'(x) \prec V'(-x)$$

既然是考虑得与失，财富便不再是如期望效用理论中认为的存量概念，而是相对于一个参考点来说的变化量。这个参考点因而被定义为参照点。在通常的情况下，所谓的参照点就是当下作决策时的这个零点，所有决定都会依照该决策的前景所可能带来的财富变化量而作出。需要注意的是，零点和期望效用中的财富零点是两个完全不同的概念，一个处在零时点上的决策者的财富变化量为零，可是他的实际财富存量却往往不为零。

为了说明这个问题，我们来考虑以下两个问题。

问题一：假设你比现在富裕 1 000 元，请在以下两个机会中作出选择。

A. 立即获得 500 元。

B. 进行一次赌博，50%的机会赢得 1 000 元，50%的机会可能空手而归。

问题二：假设你比现在富裕 2 000 元，请在以下两个机会中作出选择。

C. 立即失去 500 元。

D. 进行一次赌博，50%的机会可能失去 1 000 元，50%的机会不失分文。

上述实验源于卡尼曼和特沃斯基的前景理论。实验结果表明，大多数人在第一个问题中选择了"A.立即获得 500 元"与"D.进行一次赌博，50%的机会可能失去 1 000 元，50%的机会不失分文"。卡尼曼和特沃斯基认为这种大众偏好的不一致印证了人们在作出决策时只关注财富变化而不关注实际财富量的观点，因为在上述两个问题中，如果人们只考虑财富存量，那么他们就会发现选择 A 与 C(或 B 与 D)实际上并没有差别，由于起始财富量的不同，不论选择 A 或 C，最后都将比现在富裕 1 500 元(1 000 + 500 = 2 000 − 500)；同理，不论选择 B 或 D，最后都将有 50%的可能比现在富裕 2 000 元，另外 50%的可能比现在富

裕1 000元。

由实验结果可见，在面临"获得"的时候，大多数人选择规避赌博，拿到确定的收入，这与效用论中边际效用递减规则或风险厌恶的观点相吻合；但在面临"损失"的时候，人们却选择参与到赌博之中，希望能借赌博的机会分文不损，体现出了风险喜好的行为特征。

建立在"失去的痛苦大于获得的快乐"及"人们以财富变化作为决策依据"的理论基础之上，卡尼曼和特沃斯基提出了 S 形的价值函数(S-shaped Value Function)作为对效用函数(utility function)的对应。

与期望效用理论中的效用函数相比，前景理论的 S 形的价值函数(见图 6-4)主要具有以下 3 个重要特征。

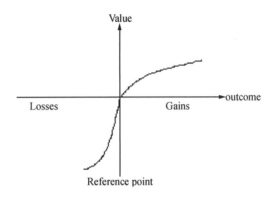

图 6-4　前景理论价值函数

(1) S 形价值函数强调的是一个相对的概念。即人们在进行具体的风险决策时对于某个决策参照点相对得失的行为特征表明，决策者对于某一个决定结果的前景的主观判断是基于参照点而言的，并不是根据绝对的财富多少或收益损失的具体数值。换言之，事实上人们更关心的是围绕这个参照点所引起的变化，而不是单纯数量上的绝对水平。

人们在评价一种事物或作出一种选择的时候，往往要与一定的参照物相比较，因而当比照的参照物不同的时候，即使相同的事物也会得到不同的比较结果或直观感受。所谓"瘦死的骆驼比马大"就验证了这样一个道理，如果是与马匹而不是与强壮的骆驼相比，同样是一只瘦弱的骆驼，其给人的直观感受也会不同。因此，参照点作为一种主观评价标准，它是个人主观确定的，而且会因评价主体、环境、时间、情绪等不同而不同。卡尼曼和特沃斯基发现，风险收益机会的价值更多地依赖于可能发生的收益或损失是以某个水平为参照点，而不是它最终会带来的总价值。因而并不是人们的富有程度影响其决策，而是某一会让人们变得贫穷一点或富裕一点的判断影响其决策。例如，百货商场在举行促销活动时，常常会将原价标得特别高，这样使客户在作出购买选择的时候，如果以原价作为参照点，就会形成该商品很便宜的错觉。

事实上，参照点的选择方法有很多，人们通常是以目前的财富水平为基准，但是也不完全如此。卡尼曼和特沃斯基认为参照点可能会因为决策者对未来财富预期的不同而有不同的考虑。研究发现，价格的预期走势也会影响参照点的选择。例如，假设有人在房地产业繁荣之前以 500 000 元买了一栋房子，预期房地产开始火爆时房价可能达到 800 000 元，而此时若决定要出售这套房屋的话，其参照点就不再是初始的买价，而变成了预期财富 800 000 元。

此外，在实验研究中也会出现获利或损失逆转的现象。这是因为人们在决策编辑的过程中，用于编码定义获利或损失的参照点发生了变化，并且参照点的变化是因为财富现状在很短的时间内发生了变化或变化很大，让决策者还没有很快适应。例如，一个人刚刚损失了 2 000 元，现在面临这样一个赌局：在确定的 1 000 元收入和 0.5 的概率获得 2 000 元之间进行选择。如果他还没有适应已经损失了 2 000 元后的财富状况，仍然把原来的财富作为参照点，他就会把这个决策编辑成 (−1 000,1.0) 和 (−2 000,0.5;0,0.5)，而按照这个参照点编码之后的前景相比按照现有财富为参照点的编码 (1 000,1.0) 和 (2 000,0.5;0,0.5) 的前景更具有风险偏好的倾向。可见，参照点的变化改变了预期行为组合的偏好次序。

(2) 无论是"得"还是"失"，都表现出一种"敏感性递减"(diminishing sensitivity)的规律，这和效用论中的边际效用递减是一个对应的概念。从图 6-3 中可见，位于参照点(即坐标原点)右面一支的"得"曲线呈上凸状，而在参照点左面一支的"失"曲线则呈下凹状。距离参照点越近，每一点差额就让人们越加敏感；反之，离得越远就越不敏感。例如，所有人都会认为从 20 元减少到 10 元的差额主观上要比 510 元减少到 500 元的差额要大，尽管绝对意义上前后两者都是减少了 10 元。

(3) "得"部分与"失"部分虽然同为 S 形两支，但是损失曲线比获益曲线更陡峭，即损失曲线的斜率要大于获益曲线的斜率。卡尼曼和特沃斯基提出，这就是损失厌恶的行为特征，其与传统效用论中的风险厌恶相对应。例如，损失 500 元的痛苦往往会比获得 500 元所带来的愉悦更加强烈。卡尼曼和特沃斯基由此认为，当面临损失时，人们普遍表现出风险喜好的特征(即愿意冒更大的风险来试图挽回损失甚至扭亏为盈)；而当面临收益时，人们普遍又表现出风险规避的特征(即谨慎对待自己的财富收益，不愿意冒险，安全为上)。

总之，卡尼曼和特沃斯基的风险决策理论相比期望效用理论更贴近现实，有效地解释了人们处于风险状态下的行为表现。然而，就价值函数而言，它仅仅给出了人们对于风险偏好的普遍特征，即个体面临损失的风险喜好及面临收益的风险规避。因此，如果要全面理解个体在风险状态下的行为决策(尤其是在极端状态下的风险决断),还普遍涉及人们对于风险本身的认知。

第二节 心理账户与保费框定

一、心理账户及其实验研究

自从卡尼曼和特沃斯基于 1979 年发表了他们代表性的研究成果"Prospect Theory: An Analysis of Decision under Risk"以来,前景理论引起了业界的广泛关注。在此基础上,卡尼曼和特沃斯基及其他学者对该理论也进行了完善和补充。事实上,无论是效用函数还是价值函数,它们都还是抽象的概念,而塞勒的心理账户(mental accounting)理论则是价值函数得以实际用于解释人们行为风险决策偏好的有效途径。

1. 心理账户的由来

传统经济学观点认为,完全理性的个体在考虑一个多期望决策问题时会全面考虑各种结果,并综合计算各方面得失所带来的效用。而心理账户理论则认为,个体在作出决策时不可能考虑所有可能的结果,实际上个体会将决策分成好几个小部分来看待,也就是分成好几个心理账户,而对于不同心理账户的处理则会有不同的应对思路。

为了方便介绍心理账户的基本含义,这里先讲述一个利用心理账户进行核算的具体例子。

情形 A:你花费 150 元买了一张音乐会门票,到达音乐厅的时候,却发现门票不见了,不过你看见售票处还在以相同的价格售票,你还会再买一张吗?

情形 B:你预订了一张 150 元的音乐会门票,到达音乐厅时,你发现丢了 150 元,如果你身上剩余的钱依然充足,你会按照原定价格买下预订的门票吗?

从经济支出的角度来看,上述两种情况的实质是一样的,都是丢了 150 元,你所面临的选择是再付 150 元听音乐会还是扭头回家。然而,研究结果表明,在第一种情况下,绝大多数人选择不再去听音乐会;而在第二种情况下,人们则仍然会去购买预订的门票。

上述行为决策的差异可以用心理账户理论进行解释。决策者有两个心理账户:一是音乐会账户;二是普通现金账户。听音乐会所提供的价值是欣赏艺术以获得欢愉,它会被贷记在音乐会账户中这一价值用以补偿购买门票所支付的票价。在第一种情况下,当你到达音乐厅门前时,音乐会账户已经借记了票价支付,如果你再购买第二张门票,则将增大账户的借方项目。换言之,听音乐会的成本突然变成了 300 元,这对于听一场音乐会而言,显然支出成本太高了。因此，当大部分人在被问及是否会购买第二张门票时都犹豫再三。相反，在第二种情况下所丢失的 150 元则被借记在现金账户上，这一账面损失尽管会引起不愉快的情绪体验，但并不影响其想象中的音乐会账户余额，因而没有理由会在第二种情形下不听音乐会。可见，个体的决策思维受到了两个心理账户分立的影响，而没有考虑到它们之间的相互联系。

谢夫林和塞勒(Shefrin & Thaler, 1988)研究指出，个体将自己的所得收益分成 3 个部分，即目前的薪金所得、资产所得及未来所得，而对于这 3 种收益，个体所采取的决策态度是迥然不同的。例如，对于未来的收益，个体总是不太愿意提前花掉，即使这笔收益是确定的。塞勒在之后的研究中又进一步发现，普通投资者会将自己的投资组合分成两个部分：一部分是风险较低的安全投资；另一部分则是风险较高、期望收益也较高的风险投资，这是源于人们都有既想避免损失又想变得富有的心理动机。因此，人们会把两个心理账户分立处理、区别对待，一个是用来规避贫穷，保证基本生活；另一个则是希望能够暴发致富。并且在考虑问题的时候，决策者通常每次只考虑一个心理账户，而把目前所要决策的问题与其他心理账户之间的关系忽略掉。

谢夫林和斯塔德曼(Shefrin & Statman, 2000)以前景理论为基础，发展出了行为组合理论(Behavioral Portfolio Theory, 或称 BPT)。该理论同样以心理账户为基础，具体包括单一心理账户及多个心理账户两种决策模式。其中，具有单一心理账户思维的投资者更关心投资组合中各资产之间的相关系数，因而会将投资组合整个置于同一个心理账户之中；反之，具有多个心理账户思维的投资者则将投资组合分成不同的心理账户，因而会忽略各个心理账户之间的相互系数，所以其会在某一账户中卖出证券而在另一账户中买进相同的证券。这也就解释了为何人们在买保险的同时也会购买彩票。

2. 心理账户的定义与账户分类

人们往往会错误地将一些资金的价值估计得比另一些资金价值低。例如，在赌场赢得的横财、意想不到的遗产、所得税的返还等都会被价值低估(相较于常规收入)，人们倾向于更轻率(或随意)地使用这些被低估的资产。塞勒(Thaler, 1985)将人们根据资金的来源、资金的用途等因素对资金进行归类的做法称为心理账户。

传统的经济学理论假设资金是可替代的，即所有数额相等的资金都是等价的。因此，人们在赌场赢得的 1 000 元资金与其 1 000 元的工资收入就应该是等价的，人们使用在赌场赢得的资金与其使用工资收入并没有任何差异。然而，在人们眼里，资金通常并不是可替代的，人们倾向于把资金根据其来源而配置到不同的心理账户中，并根据资金所在账户的用途分别作出决策。

卡尼曼和特沃斯基(Kahneman & Tversky，1981)曾以如下两个问题做过实验。

问题一：假设你准备购买一件价格是125美元的夹克衫和一个价格为15美元的计算器。销售人员告诉你，你要买的那种夹克衫，该店的一个分店向顾客提供5美元/件的折扣，即该款夹克衫在该分店的售价为120美元。前往该分店开车需要20分钟，你是否愿意开车20分钟到该分店购买以获得5美元的折扣？

问题二：假设你准备购买一件价格是125美元的夹克衫和一个价格为15美元的计算器。销售人员告诉你，你要买的那种计算器，该店的一个分店向顾客提供5美元/个的折扣，即该种计算器在该分店的售价为10美元。前往该分店开车需要20分钟，你是否愿意开车20分钟到该分店购买以获得5美元的折扣？

实验结果显示，对于问题一，大部分人的答案是否定的，即他们不会为了在一件售价125美元的商品上节省5美元而开车20分钟；而对于问题二，大部分人的答案却是肯定的。这一实验结果很好地证明了心理账户的存在。

在决策过程中，人们普通通过3种心理账户对其所面临选择的得失进行评价。

(1) 最小账户(minimal account)。它仅与可选方案之间的差异有关，而与各个方案的共同特征无关。在上述两个问题中，前往另一家商店被框定为"为了节省5美元"，这就是最小账户的估值。

(2) 局部账户(topical account)。它所描述的是可选方案的结果与参考水平之间的关系，这个参考水平由决策的背景所决定。在问题二中，相关的局部是"购买计算器"，前往另一家商店的好处被框定为"价格从15美元降低到10美元"。这里的潜在节省因素仅与计算器相关，因而夹克衫的价格没有被考虑。在问题一中，相关的局部是"购买夹克衫"，前往另一家店的好处则被框定为"价格从125美元降低到120美元"。

(3) 综合账户(comprehensive account)。从更广的类别对可选方案的得失进行评价。在上述两个问题中，综合账户可以描述为前往另一家店被框定为"价格从140美元降到135美元"。

卡尼曼和特沃斯基认为，在上述情况下，人们自发地运用了局部账户，或者说心理账户的局部组织在起作用，因为问题一和问题二就最小账户和综合账户而言是等同的。换言之，如果以最小账户或综合账户来进行估值的话，那么人们对问题一和问题二应该有相同的反应。而实验中人们对于问题一和问题二作出了不同的选择，这说明心理账户的局部组织使人们仅从相对值而非绝对值来评价损失，进而在两个商品价格交换后产生了不同的实验效果。

3. 心理账户的计算与处理

人们对于心理账户的处理(类似于对于其他账户的处理)有着一整套的方法，具体包括编辑、开设和关闭及财富账户的分类等。

1) 心理账户的编辑

塞勒总结并发展了心理账户的理论，他以个体在确定性下同时面对两个不同的期望 (x,y) 为例，解释了个体针对多个期望时的整个决策过程。他认为，个体会将这两个不同的期望视为一种联合现象 (x,y)，并根据心理账户的方法将这种联合以合并 $v(x+y)$ 或分开 $v(x)+v(y)$ 的方法来编辑。请注意，所有期望都遵循前景理论价值函数 $v(\cdot)$ 的函数法则。一般而言，个体会以价值最大化的原则来决定要合并编辑还是分开编辑，为此他提出了一个衡量模式来说明个体所面临的 4 种组合。事实上，人们会通过对事情结果的重新编辑以最大限度地增加自己的效益，即人们总是尽量利用既成事实以使得到自己快乐。塞勒提出，人们在编辑过程中会遵循以下规则。

规则一：将给自己带来收益的不同事件的结果分开考虑。在多重利得的情况下，假如个体所面临的两个期望都为利得，即 $x>0, y>0$，由于价值函数在面对利得的时候是凹函数，因而 $v(x+y)<v(x)+v(y)$。据此得知，分开编辑对个人而言价值比较大。

规则二：将给自己带来损失的不同事件的结果综合起来考虑。在多重损失的情况下，假如个体所面临的两个期望都为损失，即 $x<0, y<0$，由于价值函数在面对损失的时候是凸函数，因而 $v(x+y)>v(x)+v(y)$。据此得知，对于个人而言合并编辑的价值相对较大。

规则三：将小的损失与大的收益综合起来考虑，从而让自己感到所得到的是净收益，以减轻因为厌恶损失而带来的痛苦。在混合利得的情况下，假设在个体所面临的两个期望中，一个结果为正，另一个结果为负，即 $x>0, y<0$。假设 $x+y>0$，即就整体而言仍然是利得的，塞勒将这种情况命名为混合利得。由于价值函数在损失一支较收益一支更为陡峭，因而 $v(x+y)>v(x)+v(y)$。据此得知，合并后编辑的价值更大。

规则四：当在某一事件中遭受重大损失，但在该事件的某一方面得到某种微小的收益的时候，将小的收益从大的损失中分离出来进行考虑，以让自己从小的收益中得到一些安慰。在混合损失的情况下，假设在个体所面临的两个期望中，一个结果为正，另一个结果为负，即 $x>0, y<0$。假设 $x+y<0$，即就整体而言仍然是损失的，塞勒将这种情况命名为混合损失。在这种情况下，如果没有进一步的信息，我们就无法判断究竟是合并编辑带来的价值更大，还是分开编辑带来的价值更大。假如 $v(x+y)>v(x)+v(y)$，则合并编辑更好，这种情况是收益和损失比较接近的时候出现的；假如$v(x+y)<v(x)+v(y)$，那么分开编辑价值更大，这种情况一般出现在收益和损失相差比较悬殊的时候。

事实上，在日常生活中，大部分人都依照上述原则行事。例如，如果你向人们提出如下问题："甲购买的两支彩票都中奖了，其中一支中了 50 美元，另一支中了 25 美元；而乙只中了一支彩票，不过得到的奖金是 75 美元。你认为谁会更开心？"大部分人都会认为甲更加开心，因为他中了两次奖。

2) 心理账户的开设和关闭

会计系统中的一个重要方面是何时开设账户及何时关闭账户。例如，某人以 10 美元/股的价格购买了 100 股股票，这一投资的初始价值为 1 000 美元。股票的价格可能上涨，但也有可能会下跌。如果股票的价格发生变动，那么在卖出股票之前，投资者会获得"账面"收益或遭受"账面"损失。当投资者抛出股票时，这种"账面"的收益或损失就会瞬间转化为实际收益或损失。一个明显的事实就是，实际收益与损失远比账面收益与损失更令人痛苦。因此，心理账户的存在就产生了"处置效应"，即投资者会过早地抛售盈利的股票，而迟迟不愿意抛售带来损失的股票。当股票的价格下跌导致投资遭受损失时，人们表现出强烈地不愿意抛售这些已经亏损的股票的倾向。

3) 财富账户的分类

塞勒和谢夫林提出，人们通常按照各种资产对自己的诱惑力将资产分成不同的类型，并相应地将这些资产归入不同的心理账户。首先对人们最具有吸引力的资产被归入"流动资产"账户，归入这一账户的资产包括现金、活期存款等，它被用以支付日常的各种开支。其次是"流动财富"账户，归入这一账户的包括很多流通性比较好的资产，诸如定期存款、股票、债券和共同基金等，人们将这一类资产视为自己的储蓄。最后对人们诱惑力最弱的是未来的收入，它被归入"未来收入"账户，归入这一类账户的资产包括自己未来的工资收入、退休储蓄等。

可见，人们应该更倾向于使用对自己诱惑力更强的、处在"流动资产"账户中的货币，相对而言，"未来收入"账户中的货币则因为具有更强的不确定性，所以对人们的诱惑力也就最弱。然而，人们真的更愿意花"现在的钱"而不是"未来的钱"吗？ 2008 年爆发的美国金融危机表明，上述理论并不是绝对成立的。因为一旦有更强的驱动力诱使的话(例如，我们认为房价会一直不断增长下去)，那么就很容易导致人们对未来过分自信，进而大大方方地花上了"未来的钱"。

二、心理账户与前景理论得失框架在保险领域的应用

1. 控制道德风险：免赔额还是保费回扣

众所周知，大多数保险项目都不会将所有的风险从投保人或被保险人处转移至保险人处，这是因为完完全全的风险转移很容易引发道德风险，即在风险被完全转移给保险人后，投保人或被保险人对于保险标的就会失去妥善保护的动机，因为标的的损失对其而言已经不会增加任何额外的成本，如之前章节所述，投保人或被保险人所需要支付的只是保费，而保费更像是一种沉没成本。

经济学中的一个基本原则，就是在决策中增量成本及其收益才是影响决策的主要因素，而沉没成本则与决策无关；同时，对于所有可供选择的选项应该建立在每个选项各自的成本/收益分析之上。然而，在现实生活中，沉没成本效应却大量存在。沉没成本效应是指一旦人们已经在某一项目上投入了金钱、精力或时间的话，人们常常倾向于将该项目完成，尽管继续完成该项目已经没有经济或其他方面的意义，因此，这种行为事实上是非理性的。

哈尔·阿克斯和凯瑟琳·布鲁姆(Hal Arkes & Catherine Blumer, 1985)对沉没成本效应的研究表明，已经在某一项目上投入了沉没成本的个体对该项目成功可能性的估计要高于没有在此项目上投入沉没成本的个体(对该项目成功可能性的估计)。事实上，沉没成本效应之所以存在，即人们之所以难以将沉没成本彻底消除，是因为人们认为一旦将沉没成本一笔勾销则意味着自己承认这些成本变成了完全的浪费或损失，而这在心理上将严重伤害其自尊心(或所谓"面子")，是人们内心所无法接受的。

因此，在保险业务的实际操作中，控制道德风险有许多方法，其中比较普遍的做法就是设定绝对或相对免赔额。如果保险合同设立了绝对免赔额，那么在免赔额以内的损失就要由被保险人自己负责，而保险人只负责超过免赔额之上至赔款限额之内的损失部分。

然而，研究结果表明，尽管免赔额的设定对于消费者而言也有利好的一面，即它能在很大程度上降低保险成本，但是消费者依然不喜欢设定免赔额这种做法(就直觉而言，设定免赔额的做法听起来更像是保险公司企图逃避一些责任，因为"毕竟是我支付了保费，为什么就不能把风险全部都转嫁给你呢？")。

根据卡明斯和威斯巴特(Cummins & Weisbart, 1978)[①]的记载，宾夕法尼亚州保险委员

---

① Cummins, D., & Weisbart, S. (1978). *The Impact of Consumer Services on Independent Insurance Agency Performance*. Glenmont, NY: IMA Education and Research Foundation.

会曾经试图将该州的汽车保险最低免赔额从 50 美元提升到 100 美元，但随之而来的消费者的抗议声浪使这项议案最终不得不被撤销。事实上，人们内心对于这种设定更高免赔额的保险产品的不适感，部分源于损失厌恶的心理，因而可用塞勒(Thaler，1985)[①]的心理账户理论进行解释：当投保人在面对免赔额时，将它认知为一种损失。因此，他们就用以下两种方式做心理账户处理：①将免赔额加入保费中合账处理；②将免赔额视作额外的损失和保费分账处理。根据前景理论的分析框架，由于价值函数在损失一支呈凸函数，因而如果投保人将免赔额作为额外损失进行分账处理时，那么他们所经历的痛苦是最大的。

据此可见，如果要减轻投保人对于免赔额设定的不适感其实还有很多其他方法。例如，保险公司在设计保单时就可以考虑不设定免赔额，而是相应地提高保险费率，并且在保险中设立奖励机制，即对没有发生保险事故的保单给予现金回馈。塞勒和强生(Thaler & Johnson，1990)[②]认为，这种对道德风险控制框定形式对于个体会形成合并损失的心理记账效果，相比之前提及的分账损失而言，其所带来的痛苦会更小。

在此，我们运用卡尼曼和特沃斯基的价值函数分析框架来分析增加费率、评估设定免赔额及使用回馈 3 种方式给人们所带来的不同价值，如图 6-5 所示。

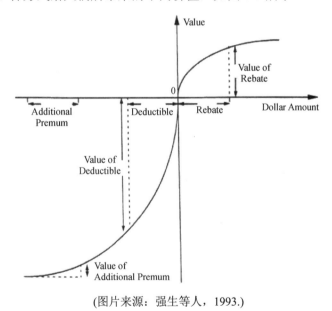

(图片来源：强生等人，1993.)

图 6-5　费率、免赔额和回馈的框定

---

① Thaler, R. (1985). Mental Accounting and Consumer Choice. *Marketing Science*. 4, pp. 199-214.

② Thaler, R., & Johnson, E. J. (1990). Gambling with the House Money and Trying to Break Even: The Effects of Prior Outcomes on Risky Choice. *Management Science*. 36, pp. 643-660.

图 6-5 中所描绘的 S 形函数即为前景理论价值函数,其中坐标零点代表了参照点。首先简单回顾一下之前章节所述的前景理论价值函数的 3 个分析特征。

(1) 参照依赖。人们对于价值的评判是基于参照点,通常是零点,即人们更多考虑和在乎的是金钱变化的相对量而非绝对存量。

(2) 损失厌恶。由于人们遭遇损失所经历的痛苦相比同样程度的获利所经历的快乐要更大,因而价值函数体现为一种 S 形,即在获益一支呈凹形函数,而在损失一支呈凸形函数,并且损失一支的函数斜率要比获益一支的相应斜率来得更为陡峭。

(3) 敏感性递减。即同样货币所带来的边际价值逐渐减少,这在函数图像上表现为无论利得一支还是损失一支的函数斜率都在逐渐减小。

如果要分析免赔额和回馈两种形式给人们所带来的不同框定效果,我们需要设定增加的保费、免赔额及回馈三者为同样的额度,也就表现为它们三者在横轴上的长度相当。在此,我们认为,保费增加理所当然会被决策者(即投保人)框定为与原本的保费合账处理,而免赔额和回馈则可以考察它们处于分账处理时候的情形。如图 6-5 所示,当我们采用设定免赔额的方式,又被决策者框定为与保费分账处理的损失时,免赔额给决策者带来了巨大的负价值,因为决策者认为其现在"除了要支付保费以外,还要为这个'该死'的免赔规定额外承担一笔费用";相对而言,回馈的方式则显得更为复杂,首先,同样额度的保费上升作为与原先保费合账处理的结果,由于其离参照点远,因而所带来的负价值就要小得多,决策者只是认为现在"这种保险的保费上升了,所以我要为这张保单支付更多保费",之后,分账处理的保费回馈所带来的则是正的价值,虽然还是要经过先前保费增加的负价值的低效,但是由于参照点依赖的特征,因而回馈对于决策者而言成为一种"利得",因为他们认为,"由于没有发生保险事故,保险公司回馈了我一些现金",决策者忘记了其实这部分现金来源于之前多收取的保费,他们反而认为这是一种利益获取,为他们产生了正价值。事实上,即使风险事故没有发生,投保人获得保费回馈,这种方式也没有设定免赔额来得合算,因为之前多缴纳的保费就好比无偿借给保险公司的资金,甚至得不到基本的无风险收益。

2. 附带回扣的残疾保险

接着,我们考虑一下能否将上一节中分析得出的研究结论运用到实际的保险设计中呢?是否保费回扣会让保险更加具有吸引力呢?从图 6-5 中基于前景理论得失分析框架下的保费回扣分析,我们发现,如果保费回扣最后被决策者分账处理,那么虽然起初是加收了保费,但由于加收的保费一定是被合账处理,因而其所带来的负价值往往不足以抵免回

第六章　保费框定心理与保险心理学

扣所带来的正价值。此外，我们注意到，当原来所要支付的保费越多，由于敏感性递减，增收部分的保费所带来的负价值也就越小，保费回扣的做法(对于投保人而言)也就越具有吸引力。

强生等人进行了一次实验，他们预计如果使用某种方式框定回扣，使被试将其分账处理，并让回扣相对于未增收的保费来说显得比较低，那么附带回扣的保险就应该更具有吸引力。在实验中，他们设计了两张残疾保险保单，其中一张为普通的残疾保险保单，而另一张保单的承保责任等性质和第一张完全相同，但是收取了更高的保费，并且附带回扣功能。被试首先阅读到以下关于两张保单的信息。

"假设你刚刚开始一份新的工作，你考虑要为自己购置一份残疾保险。现在有以下两张保单，它们的保险责任范围、期限等均相同，如果你在工作期间，由于受伤或其他疾病导致你 30 天以上不能正常工作获得收入，那么这种残疾保险会为你提供相应的收入，不论残疾多久，这张保单最多每年支付你年薪的 2/3。

保单 A：如果你在 5 年内都没有申请支付，那么保险公司会给予你 1 200 美元的回扣。这张保单每月需要缴纳保费 90 美元。

保单 B：这种保单没有回扣，每月需要缴纳保费 70 美元。"

阅读之后，被试被要求在这两张保单中选择一张作为自己的残疾保险。我们在之前的分析中已经提到，如果作为一个理性的决策者，那么他一定会选择没有保费回扣的保单 B，因为回扣的实现不仅具有不确定性，并且多支付的保费就意味着以零利息借给保险公司资金，从而丧失了货币的时间价值。然而，实验结果则表明，被试中有约 57%的人选择了保单 A，当被试要求对两张保单重新进行保费估计的时候，被试愿意为保单 A 支付的保费平均高出愿意为保单 B 支付的保费 21.65 美元(标准误差为 11.1)，均值差在统计学意义上显著。

基于上述实验结果及相关分析可见，对于保费的框定可以显著地影响保险的吸引力，这也是框定偏差在实际操作中的有效例证。事实上，上述示例与现实生活中的保险产品十分贴近，我们甚至可以在保险市场中找到类似的产品。例如，美国奥马哈共同保险(Mutual of Omaha)有一款十分热销的残疾保险，保单规定"如果被保险人在 65 岁之前都没有申领过保险金，那么该保险公司就会退还所有的保费"，这当然听起来十分诱人，人们甚至将这种保险解读为是"免费的"，然而事实上，就算是到 65 岁都没有去申领过保险金的被保险人也只是在向保险公司提供期限长达几十年的免费贷款。美国马加比人寿保险公司(Maccabees Life Insurance Company)承保的一种残疾保险也有类似的性质，如果被保险人每 10 年内没有发生残疾情况，那么保险公司就会退还最多 80%的保费。总之，对于保险公司而言，这种保费回扣产品不仅起到了防止道德风险发生的作用,而且由于它们更加受到消费者欢迎,所以还能为保险公司带来额外的收益。

第三节　案例分析：寿险投资中的心理账户效应

前景理论表明,人们对利得和损失的感知是不同的,相对于利得而言,同等的"损失"则会使人更加痛苦。因此,人们在面对风险利得时表现出风险规避的倾向,在面对风险损失时则表现出风险喜好的倾向,损失和利得是基于某一个参照点而言的,这就是所谓的损失厌恶。简言之,人们面对风险损失的决策态度是在博弈过程中,当大多数人面对"冒险"和"确定的损失"时,都会倾向于选择冒险,而不是承受一定会发生的损失,这一观点已由之前的实验结果获得了验证。

在现实生活中,个体是要自己去承担某种损失风险,还是去购买(承保相应风险责任的)保险,就是这种风险决策态度的反映：如果个体拒绝投保,那么其便是希望由自己来承担损失风险；如果个体购买保险,则表明其(相较于冒险)更愿意牺牲一个确定的财富数额(即保险费)。然而,前景理论认为,大多数人都是损失厌恶型的,即大多数人不愿意购买保险而愿意自行承担损失风险。并且在现实生活中,尽管许多人选择了购买保险,但是事实上许多保单的签订都是强力促销的结果,换言之,保险产品依旧面临着不受人青睐的尴尬局面。显然,这一现象有力地支持了前景理论的上述观点。

此外,相关研究表明,人们意识中的货币并不满足某些经济学公理,如可替代性公理,即人们会因为货币的功用而对同样数量的货币产生不同的认知。那么,能否运用前景理论及心理账户理论以引导人们对其所缴纳的保费产生不同的认知,进而影响人们的保险行为呢？我们现运用心理账户理论对寿险投资进行如下分析。

众所周知,人寿保险的期限一般比较长,这是因为寿险的期限要与人的生命长度匹配,所以也就决定了其保险期限一般要长于非寿险。由于寿险的期限可以为终身,缴费期间也可能持续十多年甚至几十年之久,因而在这漫长的缴费期间,保险客户需要持续不断地逐年为自己的寿险缴纳保险费,并且除了根据保险产品类型而异的少量分红以外,客户并不能够从保险中获得利益。在这种情况下,客户自然会将自己逐年支付的保险费框定为"逐年的货币损失"。事实上,伴随着时间的延长,客户因感觉损失而带来的心理负价值会逐渐累积而愈加痛苦,但由于自己毕竟已经缴纳了那么多年的保险费,所以又面临着类似"骑虎难下"的困局。可见,正是源于对上述情景的想象所引发的恐惧感,导致众多客户对寿险始终抱有拒绝的态度和抵触的心理，而这不仅给寿险的销售带来问题，也为拒绝投保的客户未来的经济生活带来了风险。

不过，"保单现金价值"概念的引入则部分解决了客户因累积的缴费痛苦而退保的问题，它使客户感到自己所支付的保险费并没有消失，而是转化为保单的现金价值(如现金价值可以在自己财务困难时垫付未缴保费)。现金价值的创新之处在于，它将"缴纳保险费"这一概念巧妙地转变成了"储蓄保险费"。事实上，缴纳保险费之所以使人痛苦，是因为人们认为一旦将保险费交给了保险公司，这笔钱就如同"石沉大海"，而等待回报则是一个极其漫长的过程(尽管这种想法是错误的，因为被保险人之所以获得赔付也是各个被保险人共同的缴费被保险公司汇聚、管理和运营的结果)。

然而，一旦引入"储蓄保险费"的概念情形则会完全不同。所谓储蓄是指人们将资金放入一个账户中保存以备日后使用，这对客户而言，就意味着尽管其付出了保险费，但是由于这笔钱是作为储蓄之用，因而在其心理账户的认知上"还是自己的"。结果，这一认知大大降低了客户因逐年支付保险费所引发的痛苦感，因为储蓄仅意味着暂时牺牲一下消费权和增值机会而已。

可见，保险费是被记入"费用账户"还是"储蓄账户"将直接影响人们的保险意愿，这给保险公司以重要的启示：在进行寿险产品推介时，不仅要强调保障功能，更要突出保险产品的储蓄功能。因为所谓的保障功能是一个远期的概念，是指保险产品为客户提供利益保障的未来的某一时刻；而储蓄功能则涉及眼前每一次保险费的缴纳，是一个即期的概念。

总之，从保险费的"费用账户"到"储蓄账户"，使人们对于缴纳保险费的认知发生了转变，那么理论分析可否在这个基础上更进一步呢？我们之前提到，既然储蓄概念给客户带来的"损失"不再是货币所有权的转让，而仅是暂时的消费机会和增值机会丧失，那么如果我们设法让客户所认知的"损失"变得更小一些，就有可能进一步缓解因保险费缴纳所引发的心理困扰，进而增加人们对于寿险的需求。因此，问题分析的着眼点就在于如何增值上。

事实上，人们之所以投保寿险是希望它能够在将来为自己或家人提供经济上的保障(其实，投资同样也可以达到这一目的，如人们可以收藏艺术品、进行实业投资或证券投资等，只是投资失败的可能性会更大，因为相较于购买保险而言，投资所承载的风险会更大)。因此，突出投资性质已成为近年来保险产品发展的一大趋势，诸如投资连接险等兼具保障和增值特点的保险险种的销售业绩往往令人瞩目。同时，人们也越来越不喜欢只能提供保障功能的保险产品，尽管从精算意义上讲，纯保障性质的保险不论是对保险人还是对被保险人而言都是更有利的。

事实上，被保险人将保费交由保险人统一管理，这其实也是一种投资行为。因为根据相关法律，在满足赔付能力的情况下，保险资金也是要由被保险人用于投资(诸如投资于证券等)，并且随着近年来保险资金投资渠道的逐渐放宽，保险的投资功能也日益显著。可见，尽管保险是用于提供保障的，但事实上人们往往将其视为一种投资。例如，舒梅克(Schoemaker, 1980)[1]提出，保单通常被视作"一项使得保险事故发生后，被保险人通过理赔获得回报的最大的投资"。

然而，由于小概率事件发生的可能性较小，人们又很少能够获得赔偿，因而保费便常常被人们视作一项沉没成本而归之于浪费。克鲁瑟和斯洛维克(Kunreuther & Slovic, 1978)[2]指出，正是这种决策心理导致了人们总是愿意为损失概率大而损失程度小的风险购买保险。由于保险通常被人们视作投资，所以便会期待所"投资"的保费能够带来回报。斯洛维克(Slovic, 1984)指出，这种决策行为甚至就像投保人在与保险公司进行投资交易。

因此，在保险营销过程中，如果营销人员能够突出保险的投资特性，让客户将其所支出的保费框定进投资的心理账户，那么就能够为客户带来更多的心理慰藉。保险公司应该让保户知晓，自己逐年缴纳的保费并非"归保险公司所有"，而是"交由保险公司代为投资"，并且通过保险人的投资，可以保证客户最后得到保险保障，甚至获得分红。

回顾历史，世界上最早出现人寿保险产品时，其销售就遭遇了巨大困难，由于当时大多数家庭是由男性承担工作责任，因而寿险只承保男性生命。可是在销售过程中，妻子们大都难以接受这种形似"一旦丈夫死去，我就能获得一笔财富"的产品。为了解决这个问题，保险人想出了新的营销方式，保险营销员扮作传福音者来到妇女面前，告诉他们："保单其实是一张神契，万一他们的丈夫遭遇不测，神契便会发挥作用，替他们死去的丈夫传达保障家庭生活的意志。"于是，妻子们欣然接受这种契约。时至今日，尽管这种营销方式无论是从合法性还是可信度上都不再具有可行性，但是人们对于保险的框定显然能够影响其投保决策。

---

[1] Schoemaker, P. J. H. (1980). *Experiments on decision under risk: The expected utility hypothesis*. Boston: Martinus Nijhoff Publishing.

[2] Kunreuther, H., & Slovic, P. (1978). Economics, psychology, and protective behavior. *American Economic Review*. 68, pp. 64-69.

【小资料】

丹尼尔·卡尼曼(Daniel Kahneman)生于1934年,以色列裔美籍心理学家、诺贝尔经济学奖得主,以其在判断和决策心理、行为经济学、"快乐心理学"(hedonic psychology)的研究贡献闻名于学界。

卡尼曼与其长期合作的学者特沃斯基(Amos Tversky)、斯洛维克(Paul Slovic)等人建立了人类行为偏差的认知基础,创建了前景理论(prospect theory,1979年的代表作至今已被引用19 000余次),也因此被授予2002年诺贝尔经济学奖。

卡尼曼当前任教于普林斯顿大学,他同时也是 The Greatest Good 的合伙创建人之一,该公司从事商业和慈善事务咨询。

本 章 小 结

行为经济学研究结果表明,消费者对于成本费用的认知普遍存在着偏差,即同样的成本信息以不同的方式表述出来,就能让消费者产生不同的认知。因此,消费者的行为和偏好并非一成不变,对于同一事物描述方法的差异会导致消费者对事物本身的认知产生相应的微妙变化。认知心理学研究发现,环境因素能够影响人们对于刺激的反应,同一事物置于不同的环境中,人们对其的认知也会产生偏差。

据此,本章首先介绍了框定偏差和得失框架的理论内涵,并对价值函数与保费框定进行了专题分析,尤其是围绕着"弗里德曼-萨维奇谜题"展开了深入研究。所谓"弗里德曼-萨维奇谜题"是指人们通常同时购买保险与彩票,在购买保险的时候人们会表现出风险厌恶倾向,但在彩票投资上却表现为高风险追求倾向。"弗里德曼-萨维奇谜题"表明,人们对待风险的态度并不是始终一致的。前景理论认为,投保人所遵循的是特殊的心理过程和规律,而不是期望效用理论所假设的各种公理,进而发现了理性决策者没有意识到的行为模式。卡尼曼和特沃斯基把这种模式归因于人类的两个缺点:一是人类情绪会经常影响理性决策中必不可少的自我控制能力;二是人们经常无法完全理解其所遇到的问题,即心理学家所谓的"认知困难"。

接着,本章介绍了心理账户的理论内涵,并对前景理论中得失框架在保险领域的应用进行了深入探析；最后，本章对于寿险投资中的心理账户效应进行了案例分析，并强调了在保险营销中对于消费者保险成本适当描述方式的重要性。

思 考 题

1. 舒梅克(Schoemaker,1982)通过研究发现，被试对于以赌博形式和保险形式分别展现出来的风险表现出不同的风险偏好，这条证据被用以佐证以卡尼曼(Daniel Kahneman)为首的学者提出的"得失框定"行为框架(尤其是"损失厌恶"的概念)。在这其中，所有的风险都是以前景的形式表现出来的，如不确定性前景(-5 000, 0.01; 0, 0.99)表示被试面临着"1%的概率损失 5 000 元，另 99%的概率不受损失"的风险；而在类似的研究中，保险则是以确定性的前景表现出来，如(-5,1)，表示必然失去 5 元。被试在确定性前景和不确定性前景之间选择，如果被试选择(-5,1)，则等价表示其选择支付 5 元保费，以对抗遭受 5 000 元损失的风险。你认为这种等价方法是否合理？例如，被试在两个前景中选择了代表确定损失的前景，是否能够等同于他选择了投保保险产品？现实中的保险运作原理和前景的数学式表达之间有差异吗？(提示：有些保险产品在当期足缴保费，但是将在什么时候得到补偿？)

2. 弗里德曼-萨维奇谜题激起了经济学家对于效用函数状貌的争辩。在你看来，为什么存在人们既购买彩票又购买保险的现象？你认为驱动人们作出这两种行为背后潜藏的心理动机是怎样的？如果答案很明显，你以为经济学家为什么要就这个问题展开长达几十年的讨论？

3. 前景理论价值函数在零点处出现犄角，那么在这个犄角附近人们的行为发生了怎样的变化？你是否能够从数学或经济学意义上说明这个犄角存在的不合理性？此外，前景理论价值函数只考虑"价值"和"得失"的关系，但是我们知道，处于不同时间发生的得失，对我们产生的价值是不一样的，如立刻要发生 100 元损失和 1 年后将要发生 100 元损失(假使不考虑货币价值变动因素)给我们带来的痛苦程度显然是有区别的。那么如果我们试图要在二维的价值函数基础上加入第三个"时间"因素，那么你猜想三维的价值函数可能会变成怎样的形态？(这个问题在保险学中的应用意义是明显的，对于消费者来说，保险风险总是发生在不确定的将来。)

4. 当我们跳出价值函数分析框架来思考，为什么同样是控制道德风险的手段，保费回馈会比保费折扣或设定免赔额对消费者显得更具有吸引力？失去 80 元与先失去 100 元却因为被保险人风险情况良好而被折回 20 元，这两者在数学意义或经济学意义上几乎没有差别(假使不考虑货币价值变动因素)，但是在心理学意义上是否也是等同的？

第6章参考答案

第七章 保险权益评价与保险心理学

【本章精粹】

- 维持现状效应的含义与实验
- 保险诉讼权中的维持现状效应
- 限制诉讼权和维持现状的证据

【关键词】

维持现状偏差　保险诉讼权　默认选项

【章前导读】

除了风险与成本认知因素外,保险心理学研究还发现,人们的保险决策还受到自身对于保险价值的判断,这其中很大一部分是源于对保单附带权利的认知。保险心理学研究表明,人们的保险行为选择并不是时时会使得保单价值(对自身)达到最大化。本章主要分析人们保险行为的偏差,尤其是保单默认选项的设置对于保险权利维护行为的影响。

相关研究表明,保险(或保单)的价值与人们的购买(保险)行为之间并没有太大的相关性,即人们对于保险的购买欲望不会因为保单价值的提升而急剧膨胀。例如,伊森纳和斯特劳斯(Eisner & Strotz, 1961)[1]研究发现,尽管就经济利益而言,航空意外保险远不如寿险来得合算,但是人们对于前者的热衷程度要普遍大于后者。西蒙(Simon, 1987)[2]指出,在保险决策过程中,期望损失和保费之间的关系几乎不对购买决策产生影响,因为人们不会仔细衡量一项保险是否在经济利益上对自己最合算。

本书在前文中论述了个体对风险和保费的认知偏差对于保险决策的影响,这似乎就是影响保险决策的两大主要因素。然而,真实的保险决策过程更为复杂,人们在投保时会面临各种选项,这些选项还会根据购买保险的类型(如财产保险、人寿保险等)不同而发生变化。那么当面对这些选项时,人们是否能作出最有利于自己的选择呢?

第一节 维持现状效应的含义与实验

本书之前所述的前景理论中提到过损失厌恶这个概念,这一概念与标准经济学理论中的风险厌恶概念相对应。前景理论认为,事实上相较于更为抽象的"风险"概念,人们更加注重内心"得"与"失"的直觉体验。即人们获得某一样东西的快乐,往往无法与因失去它而带来的痛苦相提并论,所以人们通常更喜欢保持现状而不愿改变,因为改变则意味着心理成本的增加。

萨谬尔森和扎克豪斯(Samuelson & Zeckhauser, 1988)[3]曾提出了行为决策中维持现状偏

---

[1] Eisner, R., & Strotz, R. (1961). Flight insurance and the theory of choice. *Journal of Political Economy*. 69, pp. 355-368.

[2] Simon, H. A. (1987). Rationality in psychology and economics. In R. M. Hogarth and R. W. Reder (Eds.), *Rational Choice*, Chicago: University of Chicago Press.

[3] Samuelson, W., & Zeckhauser, R. (1988). Status Quo Bias in Decision Making. *Journal of Risk and Uncertainty*. 1, pp. 7-59.

差(status quo bias)的概念，在他们的实验中，被试表现出非常显著的维持其已拥有事物的行为特征(哪怕这些事物只是随机分配给被试，并没有多少情感依恋可言)。尤其是这种行为表现特点还具有较强的鲁棒性(robustness)，即尽管被试已被告知实验者具有这种维持现状的意向，但被试在之后的实验中还是会继续表现出类似行为。

总之，由于可能导致损失，因而人们不愿意与别人交换所持有的物品，而更愿意安于现状(即使改变现状会带来收益)，因为损失相比盈利会更让人难以承受。维持现状偏差可以导致交易惰性的发生。例如，假设一位被试被分派了某项工作，其在工资(S)和工作环境(W)两方面有差异。假设该被试处在某一个职位($S1$，$W1$)，然后可以选择是否跳槽到另一个职位($S2$，$W2$)，($S2$，$W2$)相对($S1$，$W1$)而言，在一个方面更好而在另一个方面更差。实验结果表明，原来被指派到职位($S1$，$W1$)的人不愿意跳槽到($S2$，$W2$)；而原来被指派到($S2$，$W2$)的人也不愿意跳槽到($S1$，$W1$)。

又如，假设你是一家工厂的负责人，工厂现在的盈利状况还不错，但工厂的生产工艺有一点陈旧。你正在考虑要不要采用一种新的工艺。现在的工艺能让你每月赚100万元，如果换成新工艺，你预测会有50%的机会每月多赚300万元，但也有50%的机会失败，导致每月亏损100万元。你会如何选择呢？

研究表明，尽管改进工艺所带来的期望值是正的盈利值，但是大部分人仍然倾向于保持现状，你的选择是否也与他们相同呢？即使在新工艺更有可能赚更多钱的情况下，大多数人仍然不愿意放弃旧的工艺，这就是典型的维持现状的行为。奚恺元认为，因为当想到可能要"失"的时候，人们的不快乐感(后悔情绪)就超过了可能的"得"所带来的快乐感，所以大部分人宁愿维持现状也不愿意去冒"失"的风险。

第二节 保险诉讼权中的维持现状效应

根据I.I.I.的记载显示[①]，在过去的几十年中，美国的许多州都对它们的机动车责任保险(automobile liability insurance)法案进行了一些修改，这些修改意在给不同的车主提供更多的诉讼选择方案。例如，一种在许多州实施的改革方案是将机动车责任保险的保单划分为两种：一种是"全额"保单，保单持有人可以因为任何在驾车途中所遭遇的伤害而提起诉讼；另一种保单则要相对便宜一些，但保单持有人的诉讼权受到了一定的限制，换言之，只有

---

① Insurance Information Institute. (1990). *No-Fault Auto Insurance*. New York: Insurance Information Institute.

当车主在驾驶途中遭遇十分严重的伤害甚至伤残时才可以提起诉讼,即不能因为相对轻微一些的伤害而提出诉讼要求。

新法案的实施意味着所有的车主都要在上述两种保单中选择其一,即对所有车主而言,其所面临的选择都是相同的:完整的诉讼权或限制的诉讼权。然而事情并没有那么简单,因为事实上在面临选择的车主中,有些原先就拥有完整的诉讼权及限制的诉讼权。那么就这两类车主而言,他们的保险选择是否相同呢?这就需要通过实验研究来一探究竟。

本书前文在关于前景理论的阐述中给出了损失厌恶的概念,标准经济学理论认为经济人是风险厌恶型的,然而卡尼曼和特沃斯基的实验研究表明,人们对于风险的认知是比较模糊的,当面临风险决策的时候,由于人们更关注内心"得"与"失"的直觉体验,因而害怕损失的感觉程度远大于希望获得同等收益的感觉程度,这就是损失厌恶的行为表现。此外,之后的延伸研究表明,损失厌恶并不仅仅局限于金钱,还可以涉及其他利益领域,如对于权利的认知。与金钱类似,人们失去一项权利所经历的痛苦显然要大于因得到该项权利而获得的快乐,因为对于已经拥有某项权利的人而言,由于损失厌恶的存在,他会极不情愿地放弃这项权利,即使维持该项权利需要付出较大的成本,但他也希望能够维持现状。然而,对于原先并没有该项权利的人而言,虽说获得权利固然很好,但分析其内心感受,他对于获得该项权利的欲望体验却远不如(原本已经拥有权利)现在需要放弃的人的恐惧体验来得深刻。因此,与获取权利需要付出较高的成本相比,人们宁可维持现状。

假如上述推断正确的话,那么在关于机动车责任保险选择的案例中,对于原先拥有完全诉讼权的车主及原先拥有限制诉讼权的车主而言,他们所面临的选择其实并不相同。实验者估计,至少原先拥有完全诉讼权的车主将难以在新的保险选择决策中放弃该项权利。在实验中,被试首先阅读到以下信息。

"过去几十年间,美国的机动车责任保险保费呈明显上升的态势,有人认为,保费上升的直接原因是许多车主对于很小的意外事故都要提起诉讼,导致该类诉讼事件过多;另一些人认为,保费上升的原因是保险公司在供需关系实际上并没有发生较大变化的情况下自行调整保费以牟取暴利;还有一种说法则认为这只是保险行业发展中的一次正常且带有较强随机性的保费波动。无论争辩的结果如何,政府已经着手致力于降低各个州的机动车责任保险保费,其中有一种措施是通过销售较便宜的保单,但是限制保单持有人的诉讼权,使他们不能够对一些程度不严重的意外事故提起诉讼。"

之后,被试被随机分为三组,并分别阅读到以下信息。

"完全诉讼权组"中的被试被告知:"现在你将要搬去一个新的州居住,那里的标准机动车保险并不以任何形式限制你的诉讼权，作为保单持有人的你可以以任何程度的因驾车事故而引起的伤害伤残为由提起诉讼。不过由于保险改革，你现在可以选择放弃你的完全诉讼权而改为限制诉讼权，即你不再能够因为程度较小的车祸所导致的伤害而提起诉讼，但这样一来，你所需要缴纳的年保费就会下降10%。"

"限制诉讼权组"中的被试被告知："现在你将要搬去一个新的州居住，那里的标准机动车保险采取限制诉讼权的形式，换言之，你不能因为程度较小的车祸所导致的伤害提起诉讼。不过由于保险改革，你现在可以选择获得完全诉讼的权利，也就是你可以以任何程度的因驾车事故而引起的伤害伤残为由提起诉讼。不过为了获得这项权利，你每年所需要缴纳的机动车责任保险保费就要上升11%。"

对照组中的被试则被要求直接对两种不同诉讼权利的保险进行选择："现在你将要搬去一个新的州居住，那里的机动车责任保险有两个版本，它们唯一的区别是，第一个版本采用限制诉讼权的形式……第二个则采用完全诉讼权的形式……第二个保单的年保费缴纳要比第一个高出11%。"

可见，"完全诉讼权组"中的被试被框定为原先具有完全诉讼权，他们面临着"是否要降低10%年保费以放弃完全诉讼权而改为拥有限制诉讼权"的选择，而"限制诉讼权组"中的被试则被框定为原先具有的是限制诉讼权，他们所面临的选择是"是否要以提高11%年保费的代价获得完全诉讼权"，而对照组中被试所面临的选择则被直接框定为："选择更昂贵的完全诉讼权保险还是相对更便宜的限制诉讼权保险"。

实验结果显示，在"完全诉讼权组"中约有53%的被试选择了保留完全诉讼权；而在"限制诉讼权组"中只有约23%的被试选择转换为完全诉讼权。当被问及愿意为两种保险支付多少保费时，在"完全诉讼权组"中的被试愿意为完全诉讼权保险所支付的保费平均值相比限制诉讼权保险要高出32%；然而，在"限制诉讼权组"中的被试愿意为完全诉讼权保险所支付的保费平均值相比限制诉讼权保险仅高出8%。在对照组中，约有48%的被试选择了购买拥有完全诉讼权的保险，他们中愿意为完全诉讼权保险所支付的保费平均值相比限制诉讼权保险高出23%。

由实验结果可见，不同语境下的被试对于诉讼权的价值评判差异显著，而这取决于诉讼权一开始即被框定为是一种既有的"现状"，还是需要被试之后去主动选择的。显然，如果拥有权利是一种现状时，那么放弃这项权利就会被框定为是一种损失，因而便会给被试带来较大的负价值，致使被试宁愿支付一定的成本以维持现状。然而，如果拥有权利是一种"获得"，就像"限制诉讼权组"中的被试所面临的处境，那么由于这种获得的欲望体验并非极其强烈，因而使被试对于保险保费的估值也不会过高。

第三节 限制诉讼权和维持现状的证据

在本章第二节中，我们通过运用理论及实验结果，分析得出了维持现状偏差在保险决策中的影响和作用，即决策者在作出保险决策时并非完全考虑"该决策是否能使自己的利益最大化"，而是侧重于关注该决策究竟会让自己"得到或失去多少利益"。那么在现实生活中，车主们是否也会如同实验中的被试那样作出类似的决策呢？对此，我们需要寻找现实证据。

事实上，美国宾夕法尼亚州和新泽西州的保险法规的确作出了与本章第二节中所描述的类似的修改。两州的立法都明文规定，保单持有人可以选择完全诉讼权或者限制诉讼权，并且限制诉讼权保险所需要缴纳的保费会降低。不过，这两个州的默认选项截然不同，其中，新泽西州的车主(这些保单持有人原先所拥有的是限制诉讼权)就如同之前实验中"限制诉讼权组"中的被试，如果要转换为完全诉讼权，就必须额外支出费用；而在宾夕法尼亚州，由于机动车责任保险原先默认为所有车主都拥有完全诉讼权，因而他们就类似于实验"完全诉讼权组"中的被试，可以通过选择放弃完全诉讼权而得到保险费率的降低。

结果，对宾夕法尼亚州和新泽西州车主所进行的调查数据显示[①]，只有大约20%的新泽西州车主愿意花钱将自己的限制诉讼权提升为完全诉讼权，而宾夕法尼亚州则有大约75%的车主选择保留自己的完全诉讼权。显然，这种决策结果并没有使车主的利益最大化，因为并没有证据显示宾夕法尼亚州的交通事故发生率远大于新泽西州。

【小资料】

阿莫斯·特沃斯基(Amos Nathan Tversky，1937—1996)，认知和数理心理学家、认识科学的研究先驱、卡尼曼(Daniel Kahneman)的长期合作学者。他早期与卡尼曼的研究侧重于人类预测和概率判断的心理学。特沃斯基和卡尼曼共同创立了"前景理论"，用以解释人的非理性经济行为，该理论被认为在行为经济学研究中具有里程碑意义。卡尼曼在特沃斯基去世6年后的2002年获得诺贝尔经济学奖，在接受《纽约时报》采访时，卡尼曼表示，十多年来他一直与特沃斯基合作研究，这份荣誉应该属于两个人。

---

① Insurance Information Institute. (1992). *No-Fault Auto Insurance*. New York: Insurance Information Institute.

本 章 小 结

除了风险与成本认知因素外,保险心理学研究还发现,人们的保险决策还受到自身对于保险价值判断的影响,这其中很大一部分是源于对保单附带权利的认知。保险心理学研究表明,人们的保险行为选择并不是时时使保单价值(对自身)达到最大化,即保险(或保单)的价值与人们的购买(保险)行为之间并没有太大的相关性,人们对于保险的购买欲望不会因为保单价值的提升而急剧增加。

据此,本章首先介绍了维持现状效应的含义与相关实验,然后引出了保险诉讼权中的维持现状效应的理论及实验分析。实验结果表明,不同语境下的被试对于诉讼权的价值评判差异显著,而这取决于诉讼权一开始即被框定为是一种既有的"现状",还是需要被试之后去主动选择。即如果拥有权利是一种现状时,那么放弃这项权利就会被框定为是一种"损失",这会给被试带来较大的负价值,致使被试宁愿支付一定的成本以维持现状。然而,如果拥有权利是一种"获得",那么由于这种获得的欲望体验并非极其强烈,因而致使被试对于保险保费的估值也不会过高。最后,限制诉讼权和维持现状的现实证据表明,决策者在作出保险决策时并非完全考虑"该决策是否能使自己的利益最大化",而是侧重于关注该决策究竟会让自己"得到或失去多少利益",进而证实了维持现状效应的现实合理性。

思 考 题

1. 维持现状中的"现状"事实上与前景理论价值函数的"零点"是同一个概念。也就是说,维持现状偏差所描述的是人们在未来不明朗时倾向于停留在零点处,既没有盈利的机会也没有遭受损失的可能。可无论是从价值函数的损失一支,还是利得一支来看,零点处的边际价值都不为零,那么个体都应当有驱动力进行行动以获利或止损,而不应该停留在零点,这种理论解释合理吗?这是维持现状偏差在理论层面上的解释障碍吗?

2. 默认选项如何与维持现状偏差联系在一起?回想一下生活中你接受了多少默认选项?选择这些默认项是由于你偏好于维持现状所引起的吗?

3. 保险心理学实验发现,大多数被试选择维持自己现有的保险诉讼权利而不进行变动。不过事实上,无论被试如何决定,他们都是站在当下的立场估计以后对于诉讼的需求情况。当人们发现自己有现实的诉讼需求时,你认为他们是否还会维持现状?他们的选择最终会趋向于使自己的保险利益最大化吗?

第7章参考答案

第八章 保险决策的情感效应与保险心理学

【本章精粹】

◆ 情感效应和保险索赔决策

◆ 情感效应和投保决策

◆ 保险心理研究的延展

【关键词】

情感效应　慰藉假设　期望慰藉　保险标的认知　索赔与投保行为

【章前导读】

本章主要将情感学派的观点和成果运用于保险心理学领域。保险产品的一大特点是保单所承保的客体所有者是投保方,这与绝大多数其他金融产品的特点大相径庭。为此,投保方或消费者对于保险标的物的认知会显著影响他们的保险决策。本章通过介绍相关研究成果,指出当消费者对于保险标的物具有情感依赖时,不仅对于风险具有经济补偿的需求,还具有情感上的慰藉需求。

保险是风险管理的有效手段,而多数研究往往都侧重于对保险决策的规范分析。20世纪末,相关学术文献中则出现了一些例外的研究成果。例如,威克,塞勒和特沃斯基在研究中发现,当保单包含了一次极小的可能性致使投保人无法正常地收到赔偿时,投保人会普遍要求(相比该可能损失而言不成比例)大幅度下调保费,他们将这种现象以前景理论中的决策权重函数(weighting function)加以解释,即认为这种现象的出现是因为投保人主观上往往高估极小的概率所致;克鲁瑟、哈格斯及麦思扎罗斯(Kunreuther, Hogarth & Meszaros, 1993)则站在保险人的立场,展现了当损失概率模糊不清的时候,保险人通常要求支付比纯精算意义高得多的保费;哈格斯和克鲁瑟(Hogarth & Kunreuther, 1995)则研究发现,在购买商品质量担保(保险的另一种形式)时,很少有人(至少是他们的实验对象)会站在如期望效用理论所描述的标准的成本-收益立场作出购买决策。事实上,决定人们购买决策的往往是标准经济学中所忽略的其他行为因素,如焦躁、平静、宽慰等。此外,经过一系列控制实验,强生(Johnson, 1995)等人研究指出,框架效应可以操纵人们购买保险的决策等。

第一节 情感效应和保险索赔决策

情感可以作用于保险行为的各个方面,其中比较显著的阶段就是投保时和出险后的索赔阶段。笔者通过一系列情景实验,揭示了情感在投保决策及损失后申请理赔中的作用。

一、保险索赔决策的实验研究

笔者于2014年9月以华东师范大学部分本科生及研究生为实验对象(样本数为344人,其中男性为165人,女性为179人),进行了一系列实验,以研究情感效应在投保决策及损失后申请理赔中的作用。

第八章　保险决策的情感效应与保险心理学

【实验一】保险索赔实验 I

在第一组实验中，被试首先阅读到下面一段文字。

"你上个月去了一次法国。在那里你购买了一幅价值 1 000 元的画作，并委托当地一家商船公司将画作运回本国。但是当你回到家后，却发现该画作因为船运过程中的疏忽而被污损。但由于该商船公司在本国的分支机构距离你的住所路途遥远，你必须驾车许久才能到达该机构并主张赔偿。"

然后，被试被随机分为两组，其中，第一组被试阅读到以下信息并按要求作出选择："假设你十分钟爱这幅画作，那么你能接受的为了前往商船公司分部寻求经济补偿的最长驱车时间是 A. 2 小时　B. 3 小时　C. 4 小时　D. 5 小时或更多时间＿＿＿＿＿"。

同时，第二组被试阅读到以下信息并按要求作出选择："假如你并不十分喜爱这幅画作，对你来说，这幅画作的价值仅仅等同于购买价 1 000 元而已，那么你能接受的为了前往商船公司分部寻求经济补偿的最长驱车时间是 A. 2 小时　B. 3 小时　C. 4 小时　D. 5 小时或更多时间＿＿＿＿＿"。

换言之，在该实验中，有一半的被试被告知，他们十分钟爱这幅画作，而另一半则被告知，他们对这幅画作并不喜爱有加，所以对他们来说，这幅画作的价值仅仅等同于购买价 1 000 元而已。此后，所有的实验对象都被要求表示他们所能接受的为了前往商船公司分部寻求经济补偿的最长驱车时间。最终，实验结果如表 8-1 和图 8-1 所示。

表 8-1　保险索赔实验 I 结果

喜欢与否	索赔的驱车时间均值及标准差
十分钟爱	mean3.90　s.e.=1.14
并不十分喜爱	mean2.69　s.e.=1.02

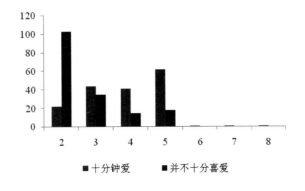

图 8-1　保险索赔实验 I 中选择不同驱车时间的两组被试人数

表 8-1 中的实验结果表明,从驱车时间均值来看,对画作钟爱的被试相比对画作并不十分喜爱的被试平均愿意多花 1.2 个小时驱车以寻求补偿,即当自己喜爱该画作时,被试愿意花更多的时间驱车索赔。同时,该实验的方差分析结果也表明这一差异性在统计学意义上也具有显著性($p<0.05$)。

然而,笔者认为,这一结果违背了标准经济学的理论逻辑,因为价值 1 000 元的损失已经发生,故愿意花费在驱车上的时间并不应该有显著的区别。换言之,人们是否喜欢该画作影响了人们之后愿意花费多少时间去接受赔偿。同时,上述的实验设计是存在缺陷的,由于画作是在商船公司运输途中遭到污损的,因而被试可能会产生怪罪心理,于是把获得赔偿看作是对商船公司的一种报复行为。当怪罪心理这一认知因素干扰了人们的风险决策时,那么就会弱化"钟爱这幅画作"的认知情绪在其中所起到的作用。不过,消除这一认知因素的方法很简单,就是将情景设计成物品的损失是由被试自己的失误所造成的。

据此,笔者于 2014 年 10 月以华东师范大学部分本科生及研究生为实验对象(样本数为 344 人,其中男性为 170 人,女性为 174 人)进行了实验 II 如下。

【实验二】保险索赔实验 II

在第二组实验中,被试首先阅读到下面一段文字。

"假设你最近以 1 000 元的价格购买了一架二手照相机,可不幸的是,昨天你不小心将照相机摔落在地上,以至于完全报废。这时你想起来,这台照相机是上了财产保险的,于是你打电话给保险公司进行核对,对方承诺给你 1 000 元的赔偿。不过,为了得到这笔赔偿金,你必须在 24 小时内带着这台破损的照相机前往保险公司,并且填写各种申请表格。你估计整个过程将要耗费 4 个小时左右,而下一周你就要参加一场重要的考试,所以现在时间对你来说十分宝贵。"

然后,被试被随机分为两组。其中,第一组被试阅读到以下信息并按要求作出选择:"假设你十分喜爱这架相机,它原本将是你最喜爱的收藏品。那么你心目中关于前去办理索赔手续的"愿意程度 0~4",即 0 代表极度不愿意去办理索赔,而 4 则代表极度希望前去索赔。你会选择 A. 0 极度不愿意去办理索赔 B. 1 不愿意去办理索赔 C. 2 无所谓 D. 3 希望去索赔 E. 4 极度希望前去索赔"。

同时,第二组被试阅读到以下信息并按要求作出选择:"假设你并不喜爱这架相机,只是刚好认为这架照相机值 1 000 元而已。那么你心目中关于前去办理索赔手续的"愿意程度 0~4",即 0 代表极度不愿意去办理索赔,而 4 则代表极度希望前去索赔。你会选择 A. 0 极度不愿意去办理索赔 B. 1不愿意去办理索赔 C. 2无所谓 D. 3希望去索赔 E. 4极度希望前去索赔"。

换言之，在该实验中，有一半的被试被告知，他们十分喜爱这架相机，它原本将是其最喜爱的收藏品；而另一半的被试则被告知，他们其实并不喜爱这架相机，只是刚好认为这架照相机值1 000元而已。之后，被试被问及心目中关于前去办理索赔手续的"愿意程度0～4"，即0代表极度不愿意去办理索赔，而4则代表极度希望前去索赔。最终，实验结果如表8-2和图8-2所示。

表8-2 保险索赔实验Ⅱ结果

喜欢与否	索赔的愿意程度均值及标准差
喜欢	mean3.05 s.e.=0.90
不喜欢	mean2.18 s.e.=1.09

(注：0代表极度不愿意去办理索赔，而4则代表极度希望前去索赔，以此类推。)

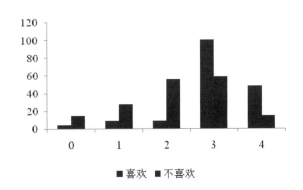

图8-2 保险索赔实验Ⅱ中不同索赔意愿程度的两组被试人数

表8-2中的实验结果表明，被告知喜爱该架照相机的被试相比被告知并不喜爱该照相机的被试更加愿意前去保险公司填写麻烦的表格和领取赔偿金。即从索赔的意愿程度均值来看，当自己钟爱该相机时，索赔的愿意程度高。同时，该实验的方差分析结果也表明这一差异性在统计学意义上具有显著性($p<0.05$)。这也就表明，当消除了怪罪心理这一认知因素之后，认知情绪依然影响着人们对于领取赔偿的意愿。

笔者认为，实验Ⅰ和实验Ⅱ的研究结果，不仅颠覆了标准经济学原理(即不论喜欢与否，1 000元的损失对于个体而言，其重要性应该是相同的)，而且也与卡尼曼和特沃斯基提出的经典行为经济学代表性的前景理论相悖离。因为根据前景理论，如果个体损失价值为L的财产而得不到补偿，那么其所经历的价值就是$v(-L)$，其中$v(\cdot)$是期望理论中的价值函数；如果个体在遭遇损失后又获得了补偿C，那么对于该个体而言，其遭遇损失及获得补偿后，基于塞勒提出的心理账户理论，其所经历的价值可能是以下两种：第一，假如个体选择得失合账处理，那么其所经历价值为 $v(-L+C)$；第二，假如个体选择得失分账处理，那么其所经历价值为 $v(-L)+v(C)$。可见，如果个体选择了分账处理，那么其是否愿意前去领取赔付的动机强度仅与价值 $v(C)$ 有关，是独立于 L 之外的，与 L 的大小无关；如果个体是选择合账处理，那么根据期望理论中价值函数在损失一支呈凸函数的特点，只要满足 $C<L$，那么价值 $v(-L+C)-v(-L)$ 便会随着 L 的增大而减小。

换言之，人们认为损失 L 越大，那么前去领取补偿所带来的价值就越小，就应该越不愿意前去领取补偿，所以，这一点是和前文中的实验结果相矛盾的。就直觉而言，前景理论的结论十分易于理解，既然一项损失越大，那么不足额的补偿就越显得不起眼，不能补偿所有的损失，其吸引力也就越小。然而，上述实验结果所给出的答案则截然不同，即人们觉得损失越严重，就越倾向于获得一定的补偿。

二、慰藉假说

实验研究发现，人们如何看待金钱(即经济利益的获取源于何种名义)，会影响人们对于金钱价值的感知。例如，罗文斯坦和伊沙查罗夫(Loewenstwin & Issacharoff，1994)[1]的研究发现，当一项奖励是作为对被式的出色表现的嘉奖，而不只是随机给出的幸运奖，被试明显表现出对奖励更加看重。换言之，同样数量的货币，只要个体对其认知不同，那么它所带来的效用也就不同。

前面的实验研究结果表明，人们的索赔意愿其实并不仅仅局限于补偿的货币价值，同时还受到人们对于损失事物的喜爱程度(即对损失的遗憾程度)的影响，这种现象被称为情感效应(affection effect)。而所谓的慰藉假说(the consolation hypothesis)就是建立在这一实验结果基础上的一种理论假说，该假说认为人们对出险事物的索赔意愿源于以下两种因素，一是补偿的货币价值，二是因损失给个体所带来的痛苦。这一假说又可以这样理解：人们所获得的补偿事实上是补偿了两部分的内容，一部分是经济损失，另一部分则被用来补偿情感损失(类似于人们日常生活中所谓的精神损失)。换言之，补偿作为一种经济行为的同时，它还具有慰藉痛苦的象征意义，而这种象征意义也是补偿行为所带来的效用的一部分。因此，补偿的金额越大，补偿的效用也就越大；同时，补偿的另一部分效用，即补偿的慰藉价值则取决于人们对损失事物的喜爱程度，即喜爱程度越深，所带来的痛苦越大，所需要

---

[1] Loewenstein, G., & Issacharoff, S. (1994). Source Dependence in the Valuation of Objects. *Journal of Behavioral Decision Making*. 7, pp. 157-168.

慰藉的心理也就强烈。所以，慰藉假说提出，补偿的效用是补偿金额 C 和喜爱 A 的增函数，这也就解释了为什么人们更愿意为自己所喜欢的事物而前往索赔的行为。

慰藉假说的主要观点是个体不仅把保险金看作是一种货币补偿，也是对损失事物的一种情感补偿。如果慰藉假说成立，即保险金在情感上也是对损失事物的一种补偿，那么个体索赔的意愿就取决于个体对损失事物的喜爱程度。同样地，假如个体只是把保险金看作是对损失事物的经济赔偿，而与损失事物本身并没有直接相关性，那么个体的索赔意愿与其对已损事物的喜好也就没有任何关系。

为了检验慰藉假说，笔者于 2014 年 11 月以华东师范大学部分本科生及研究生为实验对象(样本数为 692 人，其中男性为 302 人，女性为 390 人)，进行了如下实验。

【实验三】保险索赔实验Ⅲ

在第三组实验中，被试首先阅读到下面一段文字。

"假设你刚刚从法国旅游归来，旅游期间你花费 50 元购买了一尊雕塑，并委托一家商船公司把该雕塑运回家中。不过由于运输过程中一些不可抗拒的自然原因，你的雕塑被完全打破了。根据协议，商船公司对此不负有任何赔偿责任。"

然后，被试被随机分为 4 组。其中，第一组被试阅读到以下信息并按要求作出选择："假设你十分喜爱该雕像，这个时候，你想起这尊雕像是已经上了财产保险的，你通过电话询问了保险公司后，确认保险公司愿意履行 50 元的赔付责任。不过为了得到这笔赔偿，你必须立即赶往保险公司，这个过程大约需要花费 3 个小时。那么你心中关于前去办理索赔手续的"愿意程度 0～4"，即 0 代表极度不愿意前去办理，而 4 则代表极度希望前去办理。你会选择 A. 0 极度不愿意去办理索赔　B. 1 不愿意去办理索赔　C. 2 无所谓　D. 3 希望去索赔　E. 4 极度希望前去索赔"。

第二组被试阅读到以下信息并要求作出选择："假设你十分喜爱该雕像，不过这个时候，你收到了当地书店打来的一个电话，电话中说，由于书店现在举行促销活动，你在当地购买的一本书现在可以享受 50 元的折价退款。不过为了得到这 50 元的退款，你必须立即赶往该书店在本地的分店，这个过程大约需要花费 3 个小时。那么你心中关于前去办理退款领取的"愿意程度 0～4"，即 0 代表极度不愿意前去办理，而 4 则代表极度希望前去办理。你会选择 A. 0 极度不愿意去办理索赔　B. 1 不愿意去办理索赔　C. 2 无所谓　D. 3 希望去索赔　E. 4 极度希望前去索赔"。

第三组被试阅读到以下信息并按要求作出选择："假设你并不喜爱该雕像，不过这个时候，你想起这尊雕像是已经上了财产保险的，你通过电话询问了保险公司后，确认保险公司愿意履行 50 元的赔付责任。不过为了得到这笔赔偿，你必须立即赶往保险公司，这个过程大约需要花费 3 个小时。那么你心中关于前去办理索赔手续的"愿意程度0～4"，即 0 代表极度不愿意前去办理，而 4 则代表极度希望前去办理。你会选择 A. 0 极度不愿意去办理索赔　B. 1 不愿意去办理索赔　C. 2 无所谓　D. 3 希望去索赔　E. 4 极度希望前去索赔"。

第四组被试阅读到以下信息并按要求作出选择："假设你并不喜爱该雕像，不过这个时候，你收到了当地书店打来的一个电话，电话中说，由于书店现在举行促销活动，你在当地购买的一本书现在可以享受 50 元的折价退款。不过为了得到这 50 元的退款，你必须立即赶往该书店在本地的分店，这个过程大约需要花费 3 个小时。那么你心中关于前去办理退款领取的"愿意程度0～4"，即 0 代表极度不愿意前去办理，而 4 则代表极度希望前去办理。你会选择 A. 0 极度不愿意去办理索赔　B. 1 不愿意去办理索赔　C. 2 无所谓　D. 3 希望去索赔　E. 4 极度希望前去索赔"。

最终，实验结果如表 8-3 和图 8-3 所示。

表 8-3　保险索赔实验Ⅲ结果

索赔的愿意程度均值和标准差	办理保险索赔	领取书店退款
十分喜爱	mean1.98　s.e.=1.16	Mean1.84　s.e.=1.11
并不喜爱	mean1.45　s.e.=1.07	mean1.53　s.e.=1.08

(注：0 代表极度不愿意前去办理，而 4 则代表极度希望前去办理，以此类推。)

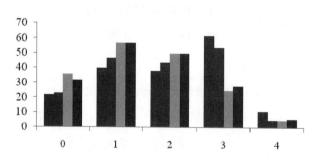

图 8-3　保险索赔实验Ⅲ中不同意愿程度的 4 组被试人数

根据慰藉假说，只有当 50 元作为对损失物品的补偿的时候，情感效应才会对个体的愿意程度产生影响。换言之，如果个体的喜爱程度与 50 元的名义(即损失物品的保险金及与损失物品毫无关系的另一物品的回馈金)之间具有相关性，那么也就为慰藉假说的成立提供了证据。

为了检验相关性,笔者运用方差分析的检验结果表明:第一组"喜爱+财保"与第三组"不喜爱+财保"的被试之间在办理保险索赔意愿上具有统计学意义上的显著性差异($p<0.05$);第二组"喜爱+书退"与第四组"不喜爱+书退"被试之间在领取书店退款意愿上具有统计学意义上的显著性差异($p<0.05$);而与此同时,第一组"喜爱+财保"与第二组"喜爱+书退"的被试之间在办理保险索赔或领取书店退款的意愿上则并不具有统计学意义上的显著性差异($p>0.05$);同样,第三组"不喜爱+财保"与第四组"不喜爱+书退"的被试之间在办理保险索赔或领取书店退款的意愿上也不具有统计学意义上的显著性差异($p>0.05$)。可见,实验结果表明:当50元作为对损失物品的补偿的时候,记忆性认知情绪对于个体的愿意程度产生了显著影响。换言之,个体的喜爱程度与50元的名义之间具有相关性,这样也就为认知情绪理论的成立提供了实验证据。

此外,实验结果显示,在上述4种情景下,人们最愿意去领取50元的实验情景是当这50元作为损失物品的保险金并且人们非常喜爱该物品的时候。这也表明,这50元的效用在以下两个条件都获得满足的情况下才能达到最大化:①个体十分在意遭到损失的事物;②所领取的款项是以补偿损失事物的形式呈现的。

总之,上述实验结果证实了慰藉假说理论的合理性。同时,笔者注意到,上述实验结果与塞勒的心理账户理论中"金钱不具有可替代性"的说法一致。例如,在同样"高喜好"组下,50元作为保险金的吸引力要比同样数量的金钱作为不相关事物的促销回馈金其吸引力大得多。显然,这也表明慰藉假说可对心理账户这一行为异象进行有效的理论解释。

第二节 情感效应和投保决策

在上文中,我们论述了情感效应在索赔行为中所发挥的影响作用。然而,上述研究结果仅具有一定的理论意义,其实际操作意义则不大,因为一旦保险金的数量足够大,投保人在通常情况下都会前往保险公司申请索赔。在上述研究中,50元或100元的保险金当然会让被试产生犹豫是否要驱车几个小时前往领取,不过一旦保险金(如寿险)的数额达到数万元的时候,所有的被试显然都会愿意前去领取。

事实上,情感效应的实际意义更多地体现在投保行为中,因为投保行为拥有很强的可选择性,也具有某种不确定性,即人们不知道保险事故是否会发生。尽管投保行为的动机强度与标的物的价值大小相关,但却远不及出险后投保人(或受益人)前去申请保险金的需求影响更为强烈。例如，不论一辆汽车的价值是 5 万美元还是 15 万美元，个体都可以很自由地选择是否要参与投保。当然，在其他因素(如个体的财富状况、汽车的代表意义等)相同的前提下，为价值高的汽车投保的需求动机相比为价值低的汽车投保的需求动机要大得多，但是这远不及已经投保的汽车出险后的状况，即不论情感如何，汽车的价值如何，个体通常都会前去索赔。因此，现在的问题是人们对于事物的喜好程度是否会影响他们的投保意愿呢？

在奚恺元和米能(Hsee & Menon，1999)的研究中，被试被问及是否愿意为一辆最近购买的二手车购买质量担保。实验发现，当这辆二手车是漂亮的敞篷车时，相对于一辆普通的旅行车而言，受试者显然更加愿意购买质量保险。事实上，这两种车的期望修理费用和担保价格都是相同的。

根据上一节中所提及的慰藉假说，补偿金给个体所带来的效用不仅仅是由金钱本身的效用所致，还与个体对于损失事物的喜好相关。因此，对个体而言，如果慰藉假说成立，那么对于保险对象具有更强烈喜好的个体应该愿意为该保险对象支付更高昂的保险费。然而，我们知道这种观点与传统经济学原理是相悖的(或者说是"非理性"的)，因为购买保险本身并不会改变保险对象的价值及保险对象出险的概率，所以是否喜好该保险对象不应该影响人们所愿意支付保费金额的大小。不过，如果运用慰藉假说便可以很好地解释这一现象：人们越喜好某一事物，一旦该事物发生了损失，那么他们内心所体验到的痛苦感就会越强烈，所以他们内心对于慰藉的需求也就越大。

1. 慰藉和期望慰藉的含义与区别

当我们仔细分析在投保过程中，个体对慰藉的需求所起到的作用其实与在索赔过程中个体对慰藉的需求稍有不同。因为在索赔的过程中，损失已经实际发生了，事物既然已经遭到了损失，那么个体对于慰藉的需求就是确定的。因此，如果人们对于已损事物的喜好越强烈，那么他们当即所需要的慰藉也就越强烈，因而拥有对受损事物较强烈喜好的人会更愿意前去领取索赔。然而，在投保的过程中情况则发生了变化，因为在个体投保时，标的物是否会受损是一个不确定的事件，保险标的物有可能会遭受损失，也有可能直至保单期限结束时也未受损，所以在个体投保的那一刻，其对于慰藉的需求是相对模糊的，个体处于一种期望慰藉(anticipated consolation)的状态。换言之，个体需要估计保险标的物发生损失的可能性，以及发生损失后自己将要经历的痛苦历程。

同样，在这种情况下，期望慰藉也是与个体对保险标的物的喜好程度相关的。如果个体对于保险标的物的喜好程度越大，一旦标的物发生了损失，那么他所经历的痛苦也就越大，他所期望获得的慰藉也就越多。因此，标的物的保险对其而言也就更具有价值，这也就是为什么对在险事物更加喜好的个体愿意为该事物支付更多的保费。所以，从某种意义上而言，个体购买保险就像是一种对未来慰藉的投资。

2. 情感效应影响投保意愿：来自行为实验的证据

当进行了上述理论推断后，我们需要相关的实验结果以支持慰藉假设在投保决策中的有效性。笔者于2014年12月以华东师范大学部分本科生及研究生为实验对象(样本数为344人，其中男性为163人，女性为181人)，进行了如下实验，以研究情感效应是否影响其投保意愿。在实验中，让被试读到以下文字信息。

【实验四】投保决策实验Ⅰ

在第一组实验中，被试首先阅读到下面一段文字。

"你在西班牙旅行，并且在那花费200元购买了一只花瓶。不过由于该花瓶比较重，你不能自己把它运送回家，所以你委托了当地一家商船货运公司让他们代为运输。但是该公司告诉你，由于一些不可抗力的影响，你的花瓶有可能会在运输途中遭到损坏，他们建议你可以找一家保险公司为该花瓶先行投保。(注意：购买保险并不会影响花瓶受损的概率，一旦你投保的话，如果花瓶受损，你就可以获得保险公司赔偿的200元现金；如果你不参与投保，那么万一花瓶受损，你将得不到任何赔偿。)"

然后，被试被随机分为两组，其中，第一组被试阅读到以下信息并按要求作出选择："假设你十分喜爱该花瓶，那么你愿意为这张保单支付的最高保费为 A. 0元 B. 10元 C. 20元 D. 30元 E. 40元 F. 50元 G. 60元 H. 70元 I. 80元 J. 90元 K. 100元以上"。

同时，第二组被试阅读到以下信息并按要求作出选择："假设你并不喜爱该花瓶，那么你愿意为这张保单支付的最高保费为 A. 0元 B. 10元 C. 20元 D. 30元 E. 40元 F. 50元 G. 60元 H. 70元 I. 80元 J. 90元 K. 100元以上"。

显然，该实验延续了之前实验的设计思路，即一半的被试被告知他们十分喜爱该花瓶，而另一半则被告知，他们并不喜爱该花瓶。之后，两组被试则被要求选择他们愿意为这张保单支付的最高保费，选择项是0元、10元、20元、30元、40元、50元、60元、70元、80元、90元及100元以上。这里需要注意的是，笔者之所以没有让被试自主写出保费是考虑到0元至100元的选择区间过宽，被试自主写出保费数字则会过于主观且模糊不清。例如，写下 46 元的被试未必要比写下 42 元的被试更加愿意投保，因为各人对这种比较细小的差别的理解是不同的。相对而言，在保费数字的选择过程中，选择 50 元的被试通常要比选择 40 元的被试更加倾向于投保，这样的实验设计有助于提升之后对于实验结果统计分析的说服力。

最终，实验结果如表 8-4 和图 8-4 所示。

表 8-4　投保决策实验 I 结果

喜爱与否	索赔的愿意程度均值及标准差
十分喜爱	mean34.53　　s.e.=28.02
并不喜爱	mean18.78　　s.e.=21.74

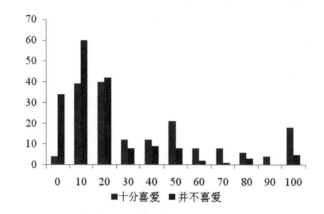

图 8-4　投保决策实验 I 中不同索赔意愿程度的两组被试人数

表 8-4 中的实验结果表明，从索赔的意愿程度均值来看，当被试钟爱该花瓶时，索赔的意愿程度较高，同时，实验结果的方差分析也表明这一差异具有统计学意义上的显著性（$p<0.05$）。

事实上，从标准经济学理论的分析视角出发，对于任何一组被试而言，上述这两张保单的吸引力应该是相同的，因为是否投保并不影响花瓶出险的概率，也不改变出险后能获得确定的 200 元保险金的事实。不过，实验结果表明，上述两组被试所给出的答案却具有极其显著的差别：高喜好组中的被试平均愿意支付的最高保费是 34.53 元，而低喜好组中的被试平均愿意支付的最高保费是 18.78 元，不论是从直觉意义（前者为后者的 1.8 倍多）还是统计学意义（$p<0.05$），高喜好组明显要比低喜好组愿意支付更高的保险费，这样的实验结果显然与慰藉假说相吻合。

3. 标准经济学对慰藉假说的理论解释

此外，上述实验结果也可以从标准经济学视角进行解释。即当人们并不知道某一件物品的市场价格时，如果他喜欢这件物品，那么他便会认为该物品的价格理应更高。请注意，这并不是一种行为异象，而是人类认知定价过程的一部分。基于标准经济学理论的观点，这一定价决策与事后索赔的意愿之间并没有关系，因为损失已经确实发生，财富已经遭到确定的损失，个人喜好就不应该影响索赔意愿的强弱；然而，在投保的过程中，保险事故是否会发生是不明确的，保险标的物依然是个体所拥有的财富。由于情感因素可以影响个体的价值感知，而价值大小则必然影响个体所愿意支付的保险费金额。据此，标准经济学理论认为，个体的喜好因素在其投保过程中将起到影响保费大小的作用。

我们假设 M 代表标的物的市场价格，W 代表个体花钱购买标的物后的财富，C 代表在保险标的物出险时保险公司所给付的赔偿金，I 代表个体需要为购买此保险所支付的保费，q 代表保险事故发生致使标的物受损的概率，所以保费 I 的决定应当满足以下等式

$$q \cdot U(W-I+C) + (1-q)U(W-I+M) = q \cdot U(W) + (1-q)U(W+M)$$

在上式中，$U(\cdot)$ 表示效用函数。该式的经济意义十分显然，左边代表个体选择参保后，期末的期望效用，右边代表个体选择不投保的情况下，期末的期望效用。换言之，保费的公平定价从效用理论的角度来说，就是使个体不论是否投保的情况下，期末效用都相同，即个体的选择是两可的。

因此，我们从上式出发可以考察标的物的市场价格对保费的影响 dI/dM

$$\frac{dI}{dM} = \frac{(1-q)U'(W-I+M) - (1-q)U'(W+M)}{(1-q)U'(W-I+M) + qU'(W-I+C)}$$
$$\approx -(1-q)I\frac{U''(W-I+C)}{U'(W-I+C)}$$

请注意，上式经过近似后的项 $\frac{U''(W-I+C)}{U'(W-I+C)}$ 是 Arrow-Pratt 风险偏好测度[1][2]。上式表明，对于一个风险偏好的个体而言，标的物的市场价格对保费的影响 dI/dM 是一个正值，换言之，只要标的物的市场价格 M 越高，他就愿意支付更多的保险费 I。据此可知，如果假设 A 代表个体对标的物的喜好程度，当个体不知道保险标的物确切的市场价格的时候，

---

[1] Arrow, K. J. (1965). "The Theory of Risk Aversion", in Aspects of the Theory of Risk Bearing, by Yrjo Jahnssonin Saatio, Helsinki. Reprinted in: Essays in The Theory of Risk Bearing, Markham Publ. Co., Chicago, 1971, pp. 90-109.

[2] Pratt, J. W. (1964). "Risk Aversion in the small and in the large", *Econometrica*. 32, pp.122-136.

他对于保险标的物的喜好程度 A 越大，那么定价 M 也就越高，他所愿意支付的保费 I 也就越多。因此，基于标准经济学的分析逻辑，喜好因素 A 通过定价 M 进而影响保费 I 是合理的，所以实验四的结果可以被有效地加以解释。

4. 标准经济理论抑或慰藉假说：寻找真相的进一步实验研究

既然标准经济理论和慰藉假说都可以对上述实验结果给出各自合理的解释，那么我们就需要寻找进一步的证据来说明哪一种理论解释更为合理。换言之，尽管两种理论解释皆可行，但所需前提最少的那种理论假设显然更优。

我们只要深入分析标准经济理论所给出的解释就不难发现，该推导过程虽然合理，但其结论成立的初始前提是个体不知道保险标的物的精确市场价值，换言之，保险标的物的价值是由个体根据成本、情感等主观因素所决定的。那么，如果我们通过控制实验条件，证明即使这个前提条件不成立，即在标的物的市场价值被明确地告知个体且维持不变的前提下，慰藉假说依然可以获得与实验四类似的结果，那么就可以证明慰藉假说相比标准经济理论具有更优的理论解释力。笔者在随后的实验五中让被试阅读到以下信息。

【实验五】投保决策实验 II

在第二组实验中，被试首先阅读到下面一段文字。

"假设现在你要搬家去另一个城市，你的公司会为你所有的搬家费用买单。你将所有需要搬运的物品委托给一家搬场公司搬运，其中有一口古董钟。搬场公司的人表示，这类古董类物品很可能会在搬运途中受到损伤，又由于古董的价值决定比较复杂，所以该公司对古董钟不提供任何损坏赔偿保证。不过，你可以选择前去保险公司为你的古董钟投保。这样，即使在搬运过程中，你的古董钟损坏或丢失，你也可以得到一定数额的赔偿。为古董钟投保并不会减少损失的可能性，不过保险公司告诉你，根据他们的评估，如果保险事故发生，你将获得 500 元的补偿。"

然后，所有被试阅读到一条关于该古董钟价值的信息："目前，这只古董钟早已经不再运转，由于过度老化也不能再被修理好。你知道它的市场价值几乎为零。"

接着，被试被随机分为两组，其中，第一组被试阅读到以下信息并按要求作出选择："假设你十分喜爱该古董钟，它是 5 岁时祖父赠送的生日礼物，具有很大的情感意义。那么你愿意为该古董钟支付的最高保险费为 A. 0 元　B. 5 元　C. 10 元　D. 15 元　E. 20 元　F. 25 元　G. 30 元　H. 35 元　I. 40 元　J. 45 元　K. 50 元"。

同时，第二组被试阅读到以下信息并按要求作出选择："假设你并不喜爱该古董钟，它只是 5 岁时一位远房亲戚送给自己的一个礼品。那么你愿意为该古董钟支付的最高保险费为 A. 0 元　B. 5 元　C. 10 元　D. 15 元　E. 20 元　F. 25 元　G. 30 元　H. 35 元　I. 40 元　J. 45 元　K. 50 元"。

显然，该实验延续了之前实验的设计思路，即一半的被试被告知他们十分喜爱该古董，它是 5 岁时祖父赠送的生日礼物，具有很大的情感意义；而另一半被试则被告知，他们并不喜爱该古董钟，它只是 5 岁时一位远房亲戚送给自己的一件礼品。接下来，两组被试被问及他们愿意为该古董钟支付的最高保险费，选择范围为 0 元到 50 元，与实验四类采用类似的方法，将区间划分为 10 个等额档，即 11 个选项。

最终，实验结果如表 8-5 和图 8-5 所示。

表 8-5　投保决策实验 II 结果

喜欢与否	保费均值及标准差
十分喜爱	mean 35.12　　s.e.=19.25
并不喜爱	mean 15.09　　s.e.=14.71

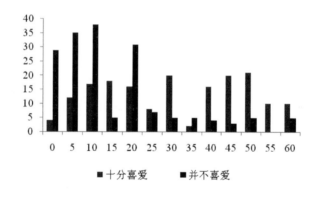

图 8-5　投保决策实验 II 中选择不同保费的两组被试人数

表 8-5 中的实验结果表明，此次实验的结果再现了与实验四类似的情景。从保费均值来看，当被试钟爱该古董时，其愿意投保的保费较高：处于高喜好组中的被试平均所愿意支付的最高保费是 35.12 元，而处于低喜好组中的被试平均愿意支付的最高保费则是 15.09 元，高喜好组所愿意支付的保费为低喜好组愿意为同样物品所支付保费的 2.3 倍多；同时，实验结果的方差分析也表明这一差异性具有统计学意义上的显著性（$p<0.05$）。

该实验结果表明，即使在被试明确知道保险标的物的市场价值的前提下，对物品拥有较高程度喜好的被试明显地要比对物品拥有较低程度喜好的被试愿意支付更多的保费。这也就为慰藉假说提供了实验结果的证据支持，即保费所提供的不仅是经济补偿，还包括对于物品损失所带来痛苦情绪的心理慰藉。与之前实验结果相类似,高喜好组中被试之所以愿意支付更多保费,源于保险标的物一旦遭到损失,他们相比低喜好组中的被试会受到更多痛苦情绪的困扰,因而他们对于心理慰藉的期望也就越高,对于心理慰藉的需求也就越强烈。

值得注意的是,上述实验五的研究结果并不能用标准经济学理论来解释。因为无论是在高喜好组还是低喜好组,所有的被试都被明确地告知,他们的这只古董钟几乎没有市场价值,所以两个实验组中被试的财富情况是相同的。基于标准经济理论的观点,他们对于保单价值的认知也应该是一致的,他们所愿意支付的保费也不应该有显著性差别,然而实验结果却违背了这一逻辑推论。可见,尽管标准经济理论和慰藉假说都可以有效地解释为什么对保险标的物拥有更高喜好的个体愿意支付更高的保费,但是慰藉假说不需要"个体不知道保险标的物的确切市场价值"这一理论前提,所以就实验层面而言,慰藉假说是一个需要前提假设更少、更优的理论解释。

第三节 保险心理研究的延展

投保和索赔是保险过程中的两大行为决策,前者由投保人向保险人支付保险费,后者则由保险人向投保人赔付保险金。通常,学界在对保险决策的研究中大多基于"完全理性人"假设,即认为人们是否投保和索赔,以及投保时所愿意支付的保费金额等都是由其事先经过精确量化分析后的决策结果。在保险决策中,影响人们投保和索赔决策的因素包括保费、损失概率及保险金的金额。然而,投保人(尤其是个体投保人)几乎不会基于精确、标准的成本-收益分析视角来制定自己的保险决策。事实上,现实生活中的保险决策是人们依靠主观判断(甚至直觉)在很短的时间内迅速作出的。

上述五组实验结果表明:人们的投保决策并不仅仅是基于经济价值的考虑。事实上,保险标的物本身及投保人对保险标的物的喜好程度,都将影响投保人的保险决策。这一研究结果对于保险行为决策而言是一重大发现,由于人们对每件事物的喜好程度不同,所以即便是面对经济价值相当的事物,人们愿意为其所支付的保费也会有所变化。

慰藉假说表明,人们在保险认知的过程中,并不是在其头脑中将每样保险标的物都简单机械地"翻译转换"成相应的以货币表示的经济价值(事实上,货币价值更像是决定人们保险行为的重要影响因素之一,但非全部影响因素)。总之,人们的保险决策是"以物为本",而非"以货币为本"。

第八章 保险决策的情感效应与保险心理学

当然，我们也可以认为，对于情感效应的相关研究并不是对标准经济理论的简单否定，而是对其所做的有益补充。事实上，在一些实验中，标准经济理论分析同样可以有效地解释慰藉假说成立下的实验结果，但这些解释往往需要更多的理论假设前提，然而，用情感效应加以假设则可以省去这些不必要的前提条件。因为标准经济理论以货币为分析基础，它并不考虑诸如情感等非货币因素(情感效应则对这种比较单一的分析视角进行了扩展)。

可见，尽管上述五组实验的实验情景都是商船运载货物，但其实验结果对于保险行为决策研究具有比较重要的延伸意义。换言之，其他形式的保险行为也会受到情感效应的影响。例如，奚恺元和米能(Hsee & Menon，1999)[①]在一则实验中询问被试是否愿意为他们最近购买的汽车添置一份保险担保。实验结果表明，如果被试的汽车是一辆漂亮的敞篷车，那么他们就更愿意购买保险担保；如果他们的汽车只是一辆普通的旅行汽车，那么他们购买保险担保的意愿就会弱很多，而这一研究发现与之前情感效应的实验结果是相一致的。显然，由于人们对于漂亮敞篷车的喜好程度通常要高于普通的旅行汽车，因而一旦敞篷车遭受损失，人们所经历的痛苦程度也会大于旅行汽车遭受的损失，因而拥有敞篷车的个体所需要的期望慰藉也就越大，所以其更倾向于为自己的爱车购买一份保险担保。

此外，哈格斯和克鲁瑟(Hogarth & Kunreuther，1995)[②]在实验中发现，当营销人员询问顾客是否要为新买的立体声音响外加一份质量保险担保时，几乎没有消费者会仔细考虑音响实际可能发生损坏的概率及期望修理费用。

总之，上述研究结果都指向了同一个结论：人们在作出投保决策时往往都基于自身的主观感受，即人们在作出保险决策时，并不是通过精密的计算，而是依靠所谓的"感觉"。例如，决策者会询问自己对于标的物的喜好程度，假如自己十分喜爱该事物，但又不采取保险行动，那么就会让其内心产生不安全感，因为一旦标的物受损，他就会经历痛苦，并且得不到任何形式的慰藉。这正如被试在哈格斯和克鲁瑟的研究中所言："如果有一份这样的保险，那么我就会睡得更踏实……""如果我当初没有购买这份保险，而损失真的发生了，那么我想我会后悔"。事实上，这种诸如"踏实""后悔"的非货币性情绪因素普遍地充斥在人的保险行为决策之中。

此外，慰藉假说及其实验结果还可以被用来解释在一些极端情形下人们的保险行为决

[①] Hsee, C. K., & Menon, S. (1999). *Affection Effect in Consumer Choices, unpublished data*. University of Chicago.

[②] Hogarth, R. M., & Kunreuther, H. (1995). Decision Making Under Ignorance: Arguing with Yourself. *Journal of Risk and Uncertainty*. 10, pp. 15-36.

策倾向。当一次规模比较大的意外事故，甚至是灾难发生后，人们会普遍较之前更加倾向于购买与之相关的保险产品。例如，当洪水或地震等自然灾害来袭后，人们更倾向于前去投保(与这些灾害相关的)财产和人身保险，尽管在灾害发生之前，其从未表现出投保这些险种的意向。换言之，当灾害发生后，人们对于此类保险的需求便会大大地增强。

标准经济学认为，上述行为是人们非理性的一种体现，源自人们看见灾害来临后所产生的恐惧感，即害怕同样的危险会降临到自己身上。事实上，这是一种"事后聪明偏差"，即事情已经发生了，人们这才意识到它的发生一直具有可预测性。其实，由于投保保险行为本身并不会降低灾害发生的概率，并且灾害的发生地距离自己的居住地十分遥远，因而在该灾难发生期间，个体自身所承担的实际风险概率并未发生任何变化(无论是增大还是减小)。

然而，慰藉假说则给上述保险行为偏差以另一种解释：人们在灾难发生后之所以会倾向于投保，未必是因为人们觉得灾难发生后，同样灾难的发生概率会有所增加，而是源于当灾难一旦真实发生后，人们才切实感受到经历一次这样灾难时内心的痛苦，即人们真实感受到了失去自己所喜好的事物的痛苦感。因此，人们便会希望通过投保(与这些灾害相关的)财产和人身保险以避免类似的痛苦在未来重现。换言之，由于灾害的发生让人们切实感知到了其之前所没有意识到的内心潜在的对于慰藉的需求，因而才促使他们通过购置相应的保险产品以避免痛苦的出现。

研究表明，当一次灾害过去之后，即使是灾害发生地的居民也会逐渐认为该种灾害再次发生的概率在日益减小，甚至低于灾害发生前他们所认为的灾害发生概率。例如，克鲁瑟(Kunreuther, 1996)[1]的调查发现，在每一个年度中，每5个洪水保险的参保人中就有一人撤销他们的保险合同，因为投保洪水保险每年需要支付一定数额的保费，而灾害又一直没有发生，许多参保人便会觉得这种保险"越来越不合算"。

事实上，人们在遭到损失后寻求心理慰藉，期望通过一定形式对自己进行补偿的现象绝非仅仅存在于保险行为之中。在现实生活中有许多的行为是受到寻求补偿的心理因素影响而发生的，如司法领域中的诉讼行为。

诉讼行为是否发生取决于人们对于"是否要前去法庭"所作的决策。泊斯纳尔(Posner, 1977)[2]指出，除了为获得经济利益(或补偿)外，标准经济学理论并没有对人们前去诉讼的其

---

[1] Kunreuther, H. (1996). Mitigating Disaster Losses through Insurance. *Journal of Risk and Uncertainty.* 12, pp. 171-187.

[2] Posner, R. (1977). *Economic Analysis of Law*, 2nd ed. Boston: Little, Brown and Company.

第八章 保险决策的情感效应与保险心理学

他动机因素进行分析,即标准经济学认为人们是否诉讼只是取决于通过诉讼可以获得的期望货币利益。不过,这种说法显然不够合理,我们可以看到,现实生活中有许多司法诉讼,从一开始原告就知道即使赢得官司,也不可能获得经济补偿,抑或其所获得的经济补偿远远抵不上所付出的时间和精力(然而尽管如此,人们还是会坚持这些明知不能获益的诉讼行为)。

可见,标准经济学理论认为个体的诉讼行为决策仅取决于期望经济收益的论断显然过于片面。情感效应的研究结果则提供了更加合理有效的解释:如果人们对一件事物的喜好程度很深,那么一旦遭到侵犯,其就更倾向于决定前去诉讼,因为诉讼一旦获得成功,不论从经济上还是从心理上都可以给人以心理慰藉。

其实,在诉讼中,慰藉的形式未必是给予起诉人以货币形式的补偿,它既可以是正义、公正得到伸张的情感诉求,也可以是复仇情绪得到实现的满足体验(如起诉人强烈希望杀人凶手被判处死刑等)。

不过,复仇抑或伸张正义未必一定是导致人们作出诉讼决策的必要条件,因为从本章实验二的研究结果可见,即使报复的心理因素被消除,人们也愿意为了得到和保护自己更加喜好的事物而付出更大的代价。这也就说明,诉讼行为未必一定是寻求复仇,它也可能仅仅是诉讼人寻求慰藉的一种途径。

卡尼曼和特沃斯基的前景理论中也有关于补偿问题的研究,其中提到了补偿比例效应(proportion of compensation effect)。卡尼曼和特沃斯基提出,根据总体损失大小的不同,同样数额的金钱补偿给人带来的感受是不同的,补偿所占总损失的比例越大,则补偿给人带来的满足感就越大,这就是所谓的补偿比例效应。例如,当一个人遭遇了 500 美元的损失而获得 100 美元的补偿,另一个人遭遇了 100 美元的损失而获得 100 美元的补偿,尽管在这两种情况下个体所获得的补偿金额的绝对值是相同的,但后者所带来的欣慰感要远大于前者。前景理论认为,在前一种情形下,100 美元只是补偿了总体损失的一小部分,而在第二种情形下,所有的损失都得到了补偿,而人们判断是否满足的认知依据不仅是金钱的绝对数额大小,还包括补偿所占总体损失的比例大小。

而我们发现,情感效应的实验结果表现出的现象和补偿比例效应有所矛盾,在情感效应的实验中,只要个体对受损事物的喜好程度深,哪怕补偿只是总体损失的一部分,个体也更愿意花费时间、精力、经济成本得到慰藉,并没有因为补偿本身不能完全或大部分补偿损失而选择不前往索赔,或者不参与保险。不过,奚恺元和克鲁瑟指出,情感效应和补偿比例效应并不是孤立、矛盾的两种行为现象,只是在一般情况下,情感效应在决策中似乎起到更强烈的作用,人们总是在自己喜好的事物遭到损害时急于获得慰藉,不论这种慰藉能不能完全消除自己因为损失而遭受的痛苦。

不过,情感效应也有其局限性,不是在任何情况下都能在决策中比补偿比例效应起到更加显著的作用。当补偿的数额所占总损失的比率小到可以被忽略时,一个还保持着理智的人就不会花费时间、精力和经济成本试图获得这种慰藉。

【小资料】

奚恺元(Christopher K. Hsee)生于上海,于1989年获得夏威夷大学本科学位,并在1993年获得耶鲁大学博士学位,同年在芝加哥大学Booth商学院任教,从事幸福学、营销学、心理学、行为经济学和与跨文化有关领域的研究工作。他是首批在西方接受教育,并将幸福科学、幸福指数等概念带回中国的学者之一。他被邀请在几乎所有美国和中国的优秀大学中做过演说。此外,奚恺元由于其优质的教育水准而获得过多项教育类荣誉,如在芝加哥大学获得McKinsey Award。

本 章 小 结

本章主要将情感心理学的观点和成果运用于保险心理学研究。保险产品的一大特点是保单所承保的客体所有者是投保方,这与绝大多数其他金融产品的特点大相径庭。为此,投保方或消费者对于保险标的物的认知会显著影响他们的保险决策。本章通过介绍相关研究成果,指出当消费者对于保险标的物产生情感依赖心理时,不仅对于风险具有经济补偿的需求,还具有情感上的慰藉需求。

笔者首先进行了情感效应和保险索赔决策的一系列实验研究,以揭示情感在投保决策及损失后申请理赔中的作用。实验研究发现,人们如何看待金钱(即经济利益的获取源自何种名义),会影响人们对于金钱价值的感知。研究结果表明,人们的索赔意愿其实并不仅仅局限于补偿的货币价值,还受到人们对于损失事物的喜爱程度(亦即对损失的遗憾程度)的影响,这种现象被称为情感效应。慰藉假说就是建立在这一实验结果基础之上的一种理论假说,该假说认为人们对出险事物的索赔意愿源于以下两个方面,一是补偿的货币价值,二是因损失给个体所带来的痛苦。即人们所获得的补偿事实上是补偿了两部分内容,一部分是经济损失,另一部分则被用来补偿情感损失(类似于人们日常生活中所谓的精神损失)。换言之，补偿作为一种经济行为的同时，还具有慰藉痛苦的象征意义，而这种象征意义也是补偿行为所带来的效用的一部分。因此，补偿的金额越大，补偿的效用也就越大；同时，补偿的另一部分效用，即补偿的慰藉价值则取决于人们对损失事物的喜爱，即喜爱程度越深，所带来的痛苦越大，所需要慰藉的愿望也就越强烈。总之，慰藉假说认为，个体不仅仅把保险金看作是一种货币补偿，也是对损失事物的一种情感补偿。即保险金在情感上也是对损失事物的一种补偿，个体索赔的意愿取决于个体对损失事物的喜爱程度。这一结论也为后续实验结果所证实。

然后，笔者又对情感效应和投保决策展开了一系列实验研究。实验研究结果表明，尽管标准经济理论和慰藉假说都可以有效地解释为什么对保险标的物拥有更高喜好的个体愿意支付更高的保费，但是慰藉假说不需要"个体不知道保险标的物的确切市场价值"这一理论前提，所以就实验层面而言，慰藉假说是一种需要前提假设更少、更优的理论解释，即慰藉假说相比标准经济理论具有更优的理论解释力。同时，笔者还对保险心理研究进行了延伸和展望。

思 考 题

1. 回忆本章内容，什么是情感效应或情感启发法？这其中的情感和中文里常用的"情感"一词有什么联系和区别？

2. 大量行为研究表明，金钱在大部分情况下不具有同质性(如理查德·塞勒提出的心理账户理论)，不同来源的金钱对于人们的价值有很大差异。罗文斯坦的实验显示，人们对于因为自己表现优异而得来的金钱收入和只是纯粹因为运气而得到的金钱认知存在着显著差别，对前者的评价明显高于后者。请谈谈你的看法？

3. 哈格斯和克鲁瑟在实验中发现，当营销人员询问顾客是否要为新买的立体式音响外加一份质量担保保险时，几乎没有消费者会仔细考虑音响实际可能发生损坏的概率及期望修理费用。你认为这是消费者普遍存在的认知偏差吗？如果消费者并不对保险标的具有较强的情感，你认为他们是否会转而仔细思考损失概率和期望损失成本？

4. 在当代几乎所有的情感心理学研究文献中，对于情感的测量都是通过被试自我报告的形式，即实验者通过一些方法询问被试现在的情绪状态，由被试主观给出。而学界最常用的方法是刻度报告法，即被试在一个数值区间内报告自己的情绪状态(如在测试"兴奋"项时，被试被要求在 0~9 内作出自我兴奋情绪的打分，0 为"全然不兴奋"，9 为"极度兴奋")。请分析这种做法的优劣,试着提出自己的建议。

5. 回忆禀赋效应的概念,其中"禀赋"一词是什么含义?这和经济分析中的"禀赋"有什么联系?本章正文中描述的对于保险标的的情感效应是否和这种禀赋效应有关?试描述两者的联系和区别。

第 8 章参考答案

第九章 神经科学的新探索与保险心理学

【本章精粹】

◆ 神经科学与保险心理

◆ 人脑结构与脑部兴奋追踪技术

◆ 神经科学与保险决策

【关键词】

神经科学 人脑结构 脑部兴奋追踪技术

【章前导读】

随着保险心理学研究的深入,许多学者希望能够进一步探索个体保险决策背后的心理机制,而神经科学(neuroscience)的科学研究手段发展使这种更深层次的探索成为可能。近10年以来,神经科学家和经济学家开始相互涉足对方所熟知的领域,研究决策背后的神经机制(neural mechanism),提出新的决策模型,这一跨领域的学科也被正式命名为"神经经济学"(neuroeconomics)。本章对新近的神经科学在经济学,尤其是在保险决策领域的研究方法和成果作一介绍。

第一节 神经科学在保险领域的应用

你有没有想过:广告商掐住你的脖子,对你的潜意识进行催眠,让你对产品深信不疑或使你冲动行事去买这个产品呢?你可能不以为然,认为这简直是天方夜谭。然而,目前一种称为"神经经济学"的新兴技术正在欧美兴起,这种技术运用脑部扫描来测算人对于促销信息的反应。

你也许会惊叫起来:天哪!这简直是控制消费者啊!事实上,神经行为学运用功能性磁共振成像(fMRI)、磁性脑照相等先进技术以及较为传统的脑电图技术(EEGs)来观察当测试对象看见、听见某种产品促销时的"大脑兴奋区域"。例如,福克斯公司做了一项调研:他们运用脑电图和眼部活动跟踪记录下被测试人对嵌入到视频游戏当中广告的反应,结果发现吃冰激凌相比吃巧克力或酸奶会产生更大的愉悦感;又如,英国最大的早餐时间电视台GMTV对一天当中不同时段广告的观众反应做了一次评估,在六周时间里扫描了200位电视观众的大脑反应,包括他们的注意力、专注程度、短时和长时记忆以及积极情绪的参与度等,研究发现:早上的广告在所有选项上都比晚间的播放效果好,可见,黄金时段并非那么"黄金"。

当前,神经经济学在神经科学特别是认知神经科学的飞速发展之上,正由概念演变为现实。所谓的神经经济学,是指运用神经科学方法来研究经济行为,探求风险决策的神经层面活动机理,找到经济行为背后真正的推动力,从而制定恰当的经营策略。如果过去是"得人心者得市场!",那么现在则是"得人脑者得市场!"

以往人们普遍认为,"经济学"(economics)是研究如何最优地配置有限资源的科学,而"保险学"(Insurance)则附属于经济学下的一个在当代较为重要的研究主体。这种说法非常容易使人产生联想,认为经济学乃至保险学是有关"钱"的学科,可是这是一种误解。

萨克(Zak，2004)[①]指出，当代经济学其实对"钱"或者说货币本身的研究并不深刻。更加具体而直白地说，经济学其实是"决策科学"，即通过建立模型的方法解释和预测个体(包括人、群体和机构)决策(decision-making)的科学，其中决策指个体衡量不同的会带来不同经济后果的选择项的优越程度并作出最后选择的过程。如我们所熟知的经济学中的均衡(equilibrium)理论，就是主要研究在面对给定的限制条件时，单个个体或多个个体如果在各个可选项下抉择，最终作出最优(optimal)决策的理论。

经济决策可以进一步被细分为三个过程。

(1) 信息获取。个体必须获得有关每个可选项的各个方面的相关(relevant)信息作为最后决策的参考因素。

(2) 评价可选项。在获得有关可选项的信息后，个体必须对这些信息进行处理，从而对每一个可选项作出价值判断。

(3) 在可选项中进行选择。严谨地说，在经济学模型里，评价可选项和作出最终选择并不是同一件事情。要充分理解这其中的含义需要读者查阅相关经济学模型创建过程的有关资料，其巨细不在本节讨论范围之内，但是可以想象一个较为直观的例子：当我们在作出"要不要打开那包薯片"的决策时，我们首先要对"打开吃"和"不开打它"两个选项进行价值评判，其中涉及诸如"现实能够得到的快乐""将来可能带来的增胖后果""将要背负罪恶的感觉"等因素的考量；而作出选择是指我们最终执行某一选择，这个行动过程又要受到其他因素影响，诸如进行决策后是否会失望、后悔等，这些心理与选项本身的价值评判的相关程度较弱。

对于神经科学(neuroscience)而言，上述这三个过程都是可以通过大脑探测技术较有效地度量的，这便使神经科学涉足保险学成为可能。事实上，神经科学家已经将这三个步骤进一步细分为细小的简单决策，考察每一个简单决策下的神经机制，并试图预测人们的保险行为，并提出人们发生某项保险行为的根本(ultimate)原因。例如，由丹尼尔、卡尼曼等人建立的"启发法和偏差"(heuristics and biases)行为分析框架似乎能够提供令人信服的行为异象解释，但是它们依旧没有解释一个根本的问题，即启发法和偏差究竟从何而来？其实，启发法和认知偏差究其本质还是一种人为命名的认知现象，其背后的心理和神经机制(mechanism)并没有得到充分探索。认知神经科学(cognitive neuroscience)便是从这个角度切入到风险决策研究中，试图将保险心理学还未界定清晰的概念加以更为科学和具体的阐释。

[①] Zak, P. J. (2004). Neuroeconomics. *Philosophical Transaction of the Royal Society London*. B, *359*, pp.1737-1748.

第二节 人脑结构与脑部兴奋追踪技术

一、人脑结构简介

(一)人类大脑的基本组成

人类神经系统的一个重要和基本的组成部分被称为神经元细胞(neuron,见图 9-1),而一个成年人的大脑中含有约 1 000 亿个神经元,而每个神经元会与 1 000～10 000 个其他神经元直接连接,通过神经放电(firing)和其他神经元产生交流。人类大脑细胞的组成可以被分为如下所述两类。

(1) 灰质(grey matter)。大部分灰质由神经元组成。灰质大约占整个人类大脑体积的 40%,不过却要消耗大脑供氧量的 94%,这是因为神经元之间的交流需要通过神经冲动(action potential)时的神经放电来实施,而这个放电过程需要消耗氧气。

(2) 白质(white matter)。白质主要包含起到连接神经元作用的组织,如轴突(axons)和树突(dendrites)。白质由大量的髓磷质(myelin)组成,肉眼看上去呈白色。

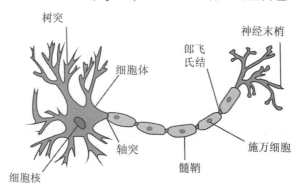

图 9-1 神经元细胞模型

神经经济学和神经金融学的研究重点主要集中在大脑皮层(cortex)兴奋和人类决策行为的关系(关于皮层兴奋的特征我们将在之后予以介绍)等方面。皮层好像是包裹在大脑最外层的"表皮"。事实上,"cortex"也来自拉丁文,意义为"树的皮"(bark)。大脑皮层主要负责人类大脑的信息处理和执行较为高等的思维功能。或许是由于进化,人类的大脑已经发展为一个极其复杂的系统,大脑似乎为了能够被有限的头颅空间所容纳,进化为层层重叠的组织,这也就是为什么人类(以及其他一些近邻或者进化时间久远的种族)大脑会呈现出"沟回"的视觉特征。所有大脑组织则处于突起的脑回(gyrus)或者凹陷的脑沟(sulcus)上。

(二)大脑的解剖学分析

解剖学按照区域位置特征大致将大脑分为四个部分,称为四个脑叶(lobes,见图 9-2),即额叶(frontal lobe)、颞叶(temporal lobe)、顶叶(parietal lobe)以及枕叶(occipital lobe)。每个脑叶都具有各自的功能,并各自包含负责完成具体任务的下级组织。大脑在脑干(brainstem)之上并与其相连接,而脑干又与脊髓(spinal column)相连接。如图 9-2 所示中还显示了一个位于枕叶之下并与脑干相连接的脑组织,即小脑(cerebellum),其形状与花菜类似。

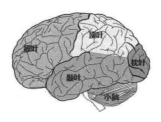

图 9-2　人脑脑叶分割

人脑结构复杂难辨,学界通常使用一种被称为"Brodmann's Area"的方法来较为清晰地指明大脑区域,这种方法由一位叫作科比尼安·布罗德曼(Korbinian Brodmann,1868—1918)的德国解剖学家发明。这种方法是将人脑分作 47 个基本区域,并用"BA1～BA47"来分别指代所指区域(如图 9-3 所示)。

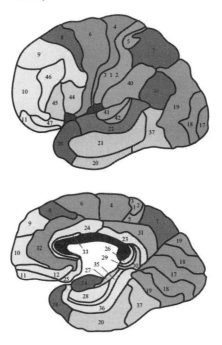

图 9-3　布罗德曼区域(Brodmann's Area)脑区域指代图鉴

(三)人脑区域命名中常用的词缀及其含义

英文中人脑区域的命名大都引用拉丁文形式,当其要命名一个脑部区域时,通常按照该组织所处的绝对或者相对位置来进行定名。我们将在之后的讨论中看到许多形如"orbitalfrontal cortex""basal ganglia"等术语,为了便于理解,我们在表 9-1 中列举了各个常用词缀所表达的意义。

表 9-1 人脑区域术语常用的英文词缀及含义

词前缀	含义
dorsal	在顶部
ventral/basal	在底部
rostral/anterior	在前部
caudal/posterior	在后部
superior	朝上的
inferior	朝下的
medial/mesial	中间的
lateral	侧边的
orbital	在眼球上方的

其中,神经科学中有一个比较普遍的规律,即带有"ventral"(在底部)和"inferior"的(朝下的)脑区域相对其他来说比较"古老",即经过了长期的进化依然存在于大脑中。类似区域往往也存在于其他较低动物的脑中。

二、人脑兴奋的衡量技术

我们之前提到,不同的脑部区域负责不同的任务处理,而当某一区域开始执行任务时,该区域就会较其他脑区域更加"兴奋",这种现象即神经性兴奋(neural activation)。神经科学研究则利用这一特点研究被试者在作出经济和金融决策时的脑部兴奋状态。神经性兴奋有电波、热量等多种表现方式,神经科学家普遍采用下文将要介绍的四种技术对神经性兴奋度量进行测量。

(一)正电子放射断层造影术

正电子放射断层造影术(Positron Emission Tomography,PET)于 20 世纪 70 年代首次被应用于人体。在 PET 试验中,被试首先接受放射性同位素追踪剂注射,接下来躺下并被送入环形的造影设备中(见图 9-4)。

第九章 神经科学的新探索与保险心理学

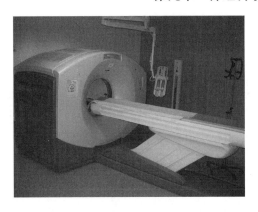

图 9-4 正电子放射断层造影术设备

当放射性同位素经历 β 衰变时，会释放出一个正电子。正电子运动若干毫米后，将遭遇体内的一个电子并湮灭，同时产生一对光子射向几乎背对背的两个相反方向。当它们遇见造影设备中的晶体物质的时候，便会产生一点光亮，这种光亮会被设备中敏锐的光电倍增管(photomultiplier)所察觉并记录。当人脑的某一部分处于兴奋的状态时，该区域会发生更多的神经元放电现象，这个过程中需要消耗大量的葡萄糖和氧气，因而需要更多的血液向该脑部区域流动。神经科学进而发现，脑部区域的血流量和其神经放电率成正比例关系。PET 也正是利用了脑兴奋过程中的这个特点，即当脑部某一区域需要更快代谢葡萄糖时，便会经历更强的血流量，这个过程中便会引起注射入体内的放射性追踪剂放射更多光子。

PET 不具有侵入性，但是却要使被试暴露在放射性同位素下，因而放射性追踪剂的注射量就要受到限制。在试验中，注射入人体的同位素只能支持 1 个小时的实验，每个被试一年中至多只能接受两次 PET 实验。

(二)功能性磁共振成像

功能性磁共振成像(Functional Magnetic Resonance Imaging，FMRI)可以产生立体的神经性兴奋图示，这种技术自 1992 年起被用于人类实验中。和 PET 扫描仪类似，FMRI 扫描仪也呈环形，被试平躺并将头部固定，然后送入扫描仪中(见图 9-5)。非同于 PET，接受 FMRI 的被试不需要进行放射性同位素注射。

FMRI 所获得的数据被称为 BOLD 信号(Blood Oxygen-Level Dependent)，它是通过测量带氧和缺氧血量比率来间接神经性兴奋程度。大脑的活动需要葡萄糖和氧气作为能量来源，可是大脑本身却不储存这些物质，所以当神经元兴奋过后，其所消耗的能量就需要通过血液流动带来的带氧血红蛋白(oxyhaemoglobin，即带氧状态下的血红蛋白)快速补充。血红蛋白在带氧时呈抗磁性，而在缺氧状态下呈顺磁性，在短电波脉冲干预下，缺氧血红蛋白较带氧血红蛋白可以产生略高的磁共振信号，这种细微的差别会被成像设备中的强力磁石所观测到，进而表现为 BOLD 信号随着血液中带氧血红蛋白浓度上升而增强。

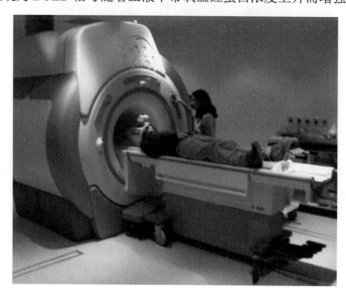

图 9-5　功能性磁共振成像扫描仪

根据康格尔卢等人(Kangarlu ed al.，1999)[①]的报告，人体暴露于磁力场中不会产生任何危害健康的副作用。一般来说，作用于人体的磁共振成像(MRI)使用 1~8T(tesla)磁通量密度的磁石进行实验[②]，而只有 4T 以上的极强的强度才会使被试产生暂时性的眩晕以及感受到口腔内泛出金属味。fMRI 可以在同一个被试身上不断进行。

(三)脑电图

脑电图(electroencephalography，EEG)是通过脑电图描记仪将人体内微弱的生物电进行放大从而侦测神经元群(一般大于 100 万个神经元)兴奋的曲线图。这些电信号通过贴在被试头皮上的 16～256 个电极(electrode)所侦测(见图 9-6)。在临床上，EEG 主要被用于侦测癫痫等神经疾病，患者正坐或者平躺，由 EEG 记录一段时间内患者脑波的振幅、频率及同步性(synchronicity)来进行疾病诊断。

---

① Kangarlu, A., Burgess, R. E., Zhu, H., Nakayama, T., Hamlin, R. L., Abduljalil, A. M. & Robitaille, P. M. (1999). Cognitive, cardiac, and physiological safety studies in ultra high field magnetic resonance imaging. *Magnetic Resonance Imaging*, 17, pp.1407-1416.

② 1T 相当于地球表面磁场的约 20000 倍。

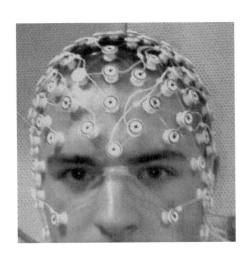

图 9-6 脑电图被试

(四)细胞内/细胞外单神经元电兴奋纪录

单神经元电兴奋纪录(single neuron electrical activity recording)是指对单个或若干个神经元放电率进行测量的研究方法。这种技术需要将微型电极附着在(细胞外)或者嵌入(细胞内)神经元细胞体。相对其他扫描技术而言,单神经元电兴奋纪录所得出的脑兴奋区域结果最精确,但是神经元细胞体的大小大约只有4~100微米,而附着或者嵌入微型电极往往会使神经元受伤或者损毁,所以单神经元电兴奋纪录极少被用于人类试验,而大多被用于进行动物试验。

神经科学在经济学和金融学领域的应用中,大多数实验采用 FMRI 和 PET 扫描方法。这两种技术主要回答的问题是在被试执行某项经济和金融决策时,其脑部的哪些区域正在经历兴奋过程,属于"空间"(space)上的研究方法。根据巴克纳尔(Buckner,2003)[1]的研究结果,FMRI 和 PET 所提供的"时间"(time)上的信息十分微弱,即几乎不能产生序列数据,其中 PET 提供 30s 左右的数据追踪,而 FMRI 只能提供 100 毫秒至 2 秒内的数据追踪。相对来说 EEG 提供的脑电图是序列数据,可以用来研究脑部兴奋在一段时间内所经历的变化。

FMRI 和 PET 的数据分析方法采用一种类似"减法"(subtraction)的形式。粗略地说,为了判别某一脑部区域在一项决策中的兴奋程度,实验者首先获得处于决策中的被试的该脑部区域兴奋信号(voxel,或称为体素单位),并减去对照组(一般是没有进行任何决策时的被试)的该区域兴奋信号,得出的差别便是被试由于决策事件引起的脑兴奋。

---

[1] Buckner, R. L. (2003). The hemodynamic inverse problem: Making inferences about neural activity from MRI signals. *Proceedings of Natural Academic Science*. USA 100, pp.2177-2179.

第三节 神经科学在风险决策领域的主要发现

一、模糊性和风险决策的神经科学研究

我们在之前章节中介绍了保险心理学对于"确定效应"(certainty effect),"模糊厌恶"(ambiguity aversion)的概念。保险心理学研究发现,当进行风险决策时,投保者普遍希望寻求确定的回报(即确定效应),而当回报都具有风险时,投保者希望风险因素中的概率因素是已知的(即模糊厌恶)。

(一)对于模糊性和风险性决策的实验研究

一项具有模糊性(ambiguity)的决策,是指决策可选项中有一项或者多项的发生概率没有清楚的定义。例如,史密斯等人(Smith ed al., 2002)[①]对于模糊性和风险性下的决策行为进行了神经科学研究。实验者在实验中设计了四个实验组,分别为风险收益(Risk Gain,或 RG)、风险损失(Risk Loss 或 RL)、模糊收益(Ambiguity Gain,或 AG)和模糊损失(Ambiguity Loss,或 AL),代表风险性和模糊性决策下的收益和损失情况。决策以赌博(lottery)的形式进行,通过从一个瓮中抓球实现。已知瓮中装有红、蓝、黄共 90 个球,抓到不同颜色的球则可以获得不同的收益。每组实验的球色分布及抓到每种颜色的球所对应的收益如表 9-2 所示。

表 9-2 各实验组瓮中球色分布及回报分布

实验组	选项一	选项二
RG	30 红($30), 30 蓝($30), 30 黄($0)	30 红($50), 30 蓝($6), 30 黄($4)
RL	30 红(-$30), 30 蓝(-$30), 30 黄($0)	30 红(-$50), 30 蓝(-$6), 30 黄(-$4)
AG	30 红($30),蓝($30); 黄($0). 蓝黄共 60	30 红($50), 30 蓝($6), 30 黄($4)
AL	30 红(-$30),蓝(-$30); 黄($0). 蓝黄共 60	30 红(-$50), 30 蓝(-$6), 30 黄(-$4)

由表 9-2 可知,在风险性决策(RG 和 RL)下,由于瓮中球的颜色分布已知,所以所有的可能结果都有一个确定的出现概率;但是在模糊性决策(AG 和 AL)下,瓮中蓝黄两球的具体比例未知,只知道两色球相加共 60 枚。从 RG 和 RL 的实验中,实验者试图发现被试在风险损失和收益下的偏好(选项二的风险高于选项一);从 AG 和 AL 的实验中,实验者则试

---

① Smith, K., Dickhaut, J., McCabe, K. & Pardo, J. (2002). Neuronal substrates for choice under ambiguity, risk, certainty, gains, and losses. *Management Science*, 48, pp.711-718.

图发现在损失和收益情景下,被试对于模糊性的偏好(选项一为模糊性选项)。

(二)数据分析及实验结果

如果被试在 RG/RL 下选择选项一,则被认为是规避风险型,若选择选项二,则认为其是追求风险型;若被试在 AG/AL 下选择选项一,则被认为是追求模糊性型,若选择选项二,则认为其是规避模糊性型。之后,被试用在 RG/RL 下选择选项一的人数分别减去选择二的人数,得到"风险规避指数";并用 AG/AL 下选择二的人数分别减去选择一的人数,得到"模糊性规避指数",规避指数数值越高,则说明规避倾向更强烈,如图 9-7 所示。

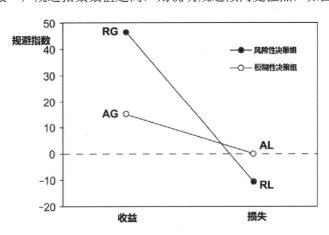

图 9-7 各试验组下的风险/模糊性回避指数

从图 9-7 中可见,在风险性决策组中,收益状态下被试们普遍呈现出规避风险的倾向,但在损失状态下规避指数变为负,表示大多数被试开始呈现出风险追寻的倾向,这种现象与之前所提到的"损失厌恶"(loss aversion)相吻合。而模糊性决策组,在收益状态和损失状态下,大多数决策者都显示出规避模糊性的倾向,与行为金融学中"模糊厌恶"(ambiguity aversion)的提法相吻合。接下来,Smith 等人便通过 PET 来进一步研究这些行为背后的神经学机制。如图 9-8(上下图)所示展现了不同计算形式(收益-损失情况及损失-收益情况)下的脑部体素图,可以粗略地理解为在决策下的脑部兴奋区域。

图 9-8 的上图 a 行展现了排除了模糊性因素后的脑腹(ventromedial)结构与收益-损失差异有关的兴奋区;而下图 a 行展现了排除了模糊性因素后的脑背内侧(dorsomedial)结构与损失-收益差异有关的兴奋区。上下图的 b 行展现了和风险因素有关的兴奋区,而上下图的 c 行则展现了和模糊性因素有关的兴奋区。通过上下视图和截面视图,便可以清晰定位具体的脑部兴奋位置。

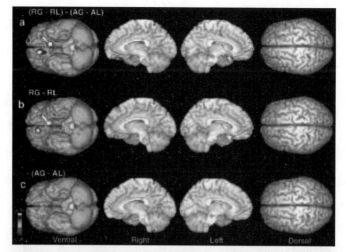

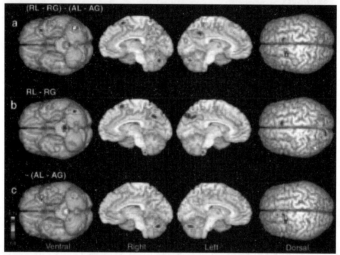

(图片来源:史密斯等人,2002)

图 9-8 不同数据处理下的脑部体素

根据之前的数据分析,在 AG 和 AL 下人们对于模糊性的规避程度相差较小,而在 RG 和 RL 下人们对于风险的规避程度相差较大,这点在脑成像结果中得以映射:从上图的 b 行和 c 行来看,大部分脑腹部兴奋来自风险性因素,少量来自模糊性因素。同样地,从下图的 b 行和 c 行来看,大部分的脑背内侧部兴奋同样来自风险性因素,而较少归于模糊性因素。史密斯等人还发现,去除模糊性因素的收益和损失差异似乎可以激发强烈的眼窝前皮层(orbitofrontal cortex,通常简称 OFC)及顶间沟(intraparietal sulcus)的强烈兴奋。而去除模糊性因素的损失和收益差异似乎激发了小脑及背内侧皮层(dorsomedial cortex)兴奋。根据各个脑区域所负责的任务,这些脑成像结果说明,损失所引起的皮层兴奋联系的是人脑的"计算"功能,而收益联系的是脑中较为古老的部分,即脑腹系统。而模糊性本身激发了较为微弱的脑腹兴奋及边缘系统(limbic system，被认为控制情绪和长期记忆的大脑结构)。

(三)基于风险性和模糊性决策研究的决策系统理论

史密斯等人(2002)基于其研究发现，提出了"双决策系统"的假说。假说认为，人脑中有两个互补的决策系统，一个是脑背内侧结构，用来处理风险情景下对于损失的衡量，而另一个则是相对更加原始脑腹结构，用来处理其他刺激因素。苏，巴特和阿道夫斯(Hsu, Bhatt & Adolphs, 2005)[①]对于风险和模糊性决策的试验部分肯定了史密斯等人的结果，他们同样发现，收益和损失差异可使眼窝前皮层发生兴奋，不过苏，巴特和阿道夫斯对于这个脑腹结构在决策中的功能作出了更加细致的界定，将其分作两个有交互影响的系统：一个负责警戒(vigilance)和评价不确定性的系统，包括杏仁体(amygdala)和眼窝前皮层，以及一个负责对于回报进行预期的系统，包括纹状体(striatum)。

二、短视损失厌恶的神经科学研究

(一)短视损失厌恶的基本含义

简单介绍一下短视损失厌恶的概念。在经济学和金融学理论中，个体总是被认为是风险厌恶的。可是普利斯考特和梅拉(Prescott & Mehra, 1985)[②]有关"股权溢价之谜"(equity risk premium)的理论研究却发现，如果股权溢价被认为是投资者风险厌恶导致的，那么投资者的风险厌恶系数会达到一个不合理的超高水平，是理论所无法解释的。伯尔纳兹和塞勒(Bernatzi & Thaler, 1995)[③]对股权溢价之谜作出了一种解释，称为短视损失厌恶(myopic loss aversion)。短视损失厌恶的概念主要借用了Kahneman和Tversky的前景理论(prospect theory)的两个核心论点。

(1) 投资者在决策过程中对损失的价值评判要高于同等数目的收益。所以人们的决策往往表现出规避损失的倾向。

(2) 投资者对于风险选项的评判是相对于参照点(reference point)进行的，所以决策呈现

---

① Hsu, Ming., Bhatt, Meghana., & Adolphs, Ralph. (2005). Neural systems responding to degrees of uncertainty in human decision-making. *Science*, 310, pp.1680-83.

② Prescott, E., & Mehra, R. (1985). The Equity Premium: A Puzzle. *Journal of Monetary Economics*, 15, pp.145-161.

③ Benartzi, S., & Thaler, R. (1995). Myopic Loss Aversion and the Equity Premium Puzzle. *Quarterly Journal of Economics*, CX. pp.73-92.

出"参照点依赖"(reference dependencen)的特征。所有的收益和损失的评判都是相对参照点而言,而不是绝对的。

短视损失厌恶理论据此认为,由于投资者具有损失厌恶的行为特征,他们会倾向于过量投资于风险较小的固定收益证券,因而使风险较高的股票等证券收益率提高。

(二)神经科学探究:谁才是"理性人"?

希弗等人(Shiv ed al.,2005)[①]对于短视损失厌恶的神经机制进行了研究。他们的实验对象是15名患有部分脑区域瘫痪(brain lesions)的病人,让他们作出投资决策,其中8名病人患有眼窝前皮层瘫痪,4名患有右侧岛叶(right insular cortex)瘫痪,3名患有杏仁体(amygdala)瘫痪,这些脑部区域被神经科学界普遍认为与人类情绪处理有关。希弗等人的实验假设是这些患有脑区域瘫痪的病人要相对于对照组被试(健康的被试)表现出更少的风险厌恶偏好,由于他们脑部处理恐惧情绪的区域损坏,他们对于损失的恐惧应该小于正常人。

实验结果发现,在期望收益为正的投资情景下,患有脑部瘫痪的病人较对照组显现出更加强烈的赌博欲望,最后使这些患者所获得的收益高于普通人。更为有趣的发现是随着实验的进行,无论是遭遇损失还是获得收益,几乎所有的普通被试都开始表现出越来越强的风险厌恶倾向,可是患者被试却没有展现出这种倾向,他们的投资行为并不为投资的历史结果而显著影响。

这一实验的意义十分耐人寻味。首先,由于在实验中患者和普通被试的风险决策行为显著不同,证明了人们的风险决策背后受到神经机制的影响。其次,几乎所有正常的被试的投资行为都展现出了"损失厌恶"的特征,违背了标准经济学里期望效用理论(expected utility theory,EU)的结果;但是患有脑部分区域瘫痪的病人却没有展现出这种特征,事实上,他们的行为更加符合EU理论。换句话说,从逻辑上来讲,那些患有脑部分区域瘫痪的病人才是所谓的"理性人"。

在当今的复杂社会环境下,人们被许许多多的信息所困扰,对于投资者决策来说,这些信息有些是有用的,有些则是毫无用处的,如果被一些看似吸引人但是其实没有用处的信息所吸引,就容易产生不理智的从众行为。但是要在这些信息中筛选出有用信息,从生物学角度来说是一个成本很高的过程。在认知心理学和神经科学中,这个筛选的过程叫作"认知内省"(cognitive introspection),神经科学研究发现,这种认知内省的过程很大程度上

---

① Shiv, B., Loewenstein, G., Bechara, A., Damasio, A., & Damasio, H. (2005). Investment Behavior and the Dark Side of Emotion. *Psychological Science*, 16, pp.435-439.

依赖于人类大脑的前额叶皮层(prefrontal cortex，通常简称 PFC)，该皮层被认为在处理情绪、计划、决策等许多重要人类行为中都起到很大作用。认知内省也要依赖 PFC，当需要处理和筛选的信息过多，就要招致大量生物资源耗用。较为不幸的是神经科学研究发现，如果我们接收到的信息带有过多的情感因素(尤其是涉及金钱利益)，中脑(midbrain)中的组织会首先处理这些情感信号，甚至会压过前额叶皮层的处理结果，使我们被情绪所掌控。例如，艾瑞艾里和罗文斯坦(Ariely & Loewenstein，2006)①的实验发现，给异性恋男性被试呈现带有情色意味的女性图片会显著改变这些被试的时间偏好(time preference)和风险偏好，被试变得没有耐性，希望立即获得回报而不愿等待，并且风险喜好加强。

希弗和费多里卿(Shiv & Fedorikhin，1999)②发现，人们的行为呈现出一种"超社会"(hyper-social)的特征，即人们希望作出决策时有他人在场，并且相对于自己掌握的信息更加偏好于使用他人的信息。萨克等人(2007)③则进一步指出，这种依赖他人的社会行为是脑部进化过程的结果之一，整个过程需要触发许多大脑中负责情感处理的区域兴奋。

三、风险决策者对于市场波动的生理反应研究

当代学界已逐渐意识到，人们的风险决策和情绪波动有着很强的关系，而且这种关系时常出现自我加强(self-reinforcement)的趋势，即市场波动导致情绪波动，情绪波动导致决策失误，进而导致更加强烈的市场波动，并在一定时间内反复循环。许多经济学和保险学的教科书中也已经将"心理因素"纳入影响市场表现的主要原因之一。在神经经济学领域，洛和莱彭(Lo & Repin，2002)④对 10 名外汇交易员对于市场波动生理反应的研究受到学界广泛关注，本部分简要介绍该研究的方法和最终结论。

(一)实验组织和基本假设

洛和莱彭认为，如果神经经济学中"市场波动与市场参与者情绪相关"的理论可以成立，那么就意味着市场波动会导致市场参与者发生显著的生理学变化，而这些生理学变化

---

① Ariely, D. and Loewenstein, G. (2006). The Heat of the Moment: The Effect of Sexual Arousal on Decision Making. *Journal of Behavioral Decision Making*, 19, pp.87-98.

② Shiv, B., and Fedorikhin, A. (1999). Heart and Mind in Conflict: The Interplay of Affect and Cognition in Consumer Decision Making. *Journal of Consumer Research*, 26, pp.278-292.

③ Zak, P., Stanton, A., and Ahmadi, S. (2007). Oxytocin Increases Generosity in Humans. *PLoS ONE*, 2, pp.1-5.

④ Lo, A. W., & Repin, D. V. (2002). The psychology of real-time financial risk processing. *Journal of Cognitive Science*, 14, pp.323-339.

可以被有关仪器定量记录。如果生理数据和市场数据产生显著关联,那么行为金融学的理论就可以被神经金融学所证实。在实验中,被试是 10 名从业年限各不相同的专业外汇交易员,每个人都管理着价值 100 万美元的外汇投资,实验者同时记录 60 分钟以内外汇市场的波动情况与这些交易员的生理变量波动。

(二)生理变量和情绪度量

为了衡量被试的情绪反应,实验者一共度量 6 种生理变量,即皮肤导电反应(skin conductance,与汗液分泌有关)、容积血流脉搏(blood volume pulse,BVP)、心率(heart rate,HR)、肌电图信号(electromyographical signal,EMG)、呼吸(respiration)和体温(body temperature)。这 6 个变量被归为 5 组生理表现。

(1) 皮肤导电反应(skin conductance response,SCR)。根据波塞恩(Bouscein,1992)[①]的实验证据,以杏仁体(amygdala)为主要组成部分的情感唤起系统(affect arousal system)在经历情感刺激,如执行高度新鲜或者刺激的任务时,会在数秒内产生显著的 SCR 信号;对于将要发生的重要事件的预期也会产生明显的 SCR 信号。此外,从较长的时间层面上看,SCR 水平和个体情绪亢奋状态相关。因此,皮肤导电反应是对个体情绪兴奋程度的一种较为有效的认知层面的度量。

(2) 心血管系统(cardiovascular system)变量。心血管系统包括心脏及所有血管,而心血管系统变量则包括容积血流脉搏(BVP)和心率(HR)。容积血流脉搏可以理解为某一根血管某截面处血流通过率,它与个体血压以及血管径有关。根据帕皮罗和夏佩罗(Papillo & Shapiro,1990)[②]的研究,血管的扩张和收缩与个体信息处理及决策过程密切相关。心率则指心肌的收缩频率。和 SCR 信号不同的是 BVP 和 HR 记录更多的是躯体上的反映,它们可以作为对 SCR 信号的信息补充:如果 SCR 增强伴随着 BVP 和 HR 增强,那么这种生理反应可以被认为是由于个体受到外部任务(在本例中即为外汇投资)刺激所导致;而当 SCR 变化和 BVP 及 HR 记录变化不显著相关时,可以认为这是和外部任务无关的正常生理过程。

(3) 肌电图信号数据。肌电图信号是由于肌肉收缩而导致的电信号。肌肉电势随着肌肉运动,在这个过程中,部分电兴奋会逃逸到皮肤表层,这些电兴奋信号就会被贴在被试

---

① Boucsein, W. (1992). Electrodermal activity. New York: Plenum.

② Papillo, J. F., & Shapiro, D. (1990). The cardiovascular system. In J. T. Cacioppo & L. G. Tassinary (Eds.), *Principles of psychophysiology: Physical, social, and inferential elements* (pp. 456- 512). Cambridge, UK: Cambridge University Press.

皮肤表层的电极收集起来。实验证据显示，一些肌肉组织的运动和个体情绪状态有着显著的关联。卡其奥普、塔西纳里和贝恩特(Cacioppo，Tassinary & Bernt，2000)[1]发现，前额附近的EMG兴奋和个体焦虑、紧张等情绪存在紧密联系，而伴随着面部EMG兴奋减弱的眉梢EMG兴奋增强往往代表个体正在经历令其不快的外界刺激。

(4) 呼吸。呼吸和心率有很强的相关关系，在测量心率的同时测量呼吸有助于排除咳嗽、喷嚏等因素引起的和目标事件无效的心率变化。

(5) 体温。有研究表明，个体体温是衡量其情绪和情感状况的有效指标之一。例如，里姆-考夫曼和凯根(Rimm-Kaufman & Kagan，1996)[2]的研究发现，双手皮肤温度会因为个体经历正面情绪而升高，因为个体经历负面情绪而降低。

(人像来源：洛和莱彭，2002)

图9-9 外汇交易员被试及试验设备佩戴

如图9-9所示，度量六个变量的感应装置被附着在外汇交易员被试的身体上，所有数据将会被悬挂在腰部的控制设备接收，并被实时传送至计算机。与此同时，这些交易员开始进行真实的外汇交易。

(三)交易员对于市场波动的生理反应

实验最终发现，在市场价格波动、趋势延续以及趋势反转这三种市场事件发生期间，

---

[1] Cacioppo, J. T., Tassinary, L. G., & Bernt, G. (Eds.) (2000). *Handbook of psychophysiology*. Cambridge, UK: Cambridge University Press.

[2] Rimm-Kaufman, S. E., & Kagan, J. (1996). The psychological significance of changes in skin temperature. *Motivation and Emotion*, 20, pp.63-78.

所有被试的皮肤导电反应、心血管系统变量值和肌电图信号都显著增大，表示这些比较常见的市场现象普遍都会使被试产生情绪波动，其中市场波动造成的生理反应尤为明显。

不过更为有趣的发现是这种生理反应的强烈程度和被试的从业年限呈负相关关系，即"老手交易员"对于同样程度的市场波动所产生的情绪反应比"新手交易员"产生的反应要来得显著轻微，虽然他们依旧无法消除对于波动的情绪反应。对这则实验结果有两种逻辑上的解读，其一是老手交易员在其长久的工作时间内逐渐学会了抑制自己对于价格波动产生的影响，其二是容易对于价格波动产生剧烈反应的交易员会在工作若干时间后主动或被迫离开交易岗位从事别的职业。为了知道这两种假设哪种更为可靠，实验者必须再记录这些交易员各自的交易业绩，不过可惜的是由于商业界的一些信息保密规则，实验者并没有能够得到相关数据。

洛和莱彭的实验结果至少有两层含义。首先，实验部分验证了神经经济学对于市场参与者情绪影响市场表现的假想，发现市场表现可以切实影响参与者情绪，不过要验证这种情绪变化是不是会进而影响投资表现还需要进一步考证。其次，实验证明了在现实中进行神经经济实验的可行性。在当今学界，由于实验成本以及各方利益问题，许多决策实验还停留在实验室内，但是由于经济和金融决策往往是十分复杂的过程，所以在现实情境下进行实验是一种更为可靠的做法，以上实验中虽然没有涉及直接脑区域兴奋探测，却也为相关研究开辟了实验理念。

本 章 小 结

近10年来，神经科学家和经济学家开始相互涉足对方所熟知的领域，研究决策背后的神经机制(neural mechanism)，提出新的决策模型，这一跨领域的学科也被正式命名为"神经经济学"(neuroeconomics)。所谓的神经经济学，是指运用神经科学方法来研究经济行为，探求风险决策的神经层面活动机理，找到经济行为背后真正的推动力，从而产生恰当的风险决策。如果过去是："得人心者得市场！"，那么现在则是"得人脑者得市场！"

当前，随着神经科学(neuroscience)研究手段的快速发展，使探索个体保险决策背后的心理机制成为可能。而神经经济学在神经科学特别是认知神经科学的飞速发展之上，正由概念演变为现实。本章对新近的神经科学在经济学，尤其是在保险决策领域的研究方法和成果作了详细介绍。

思 考 题

1. 当代神经科学研究经济决策背后的神经机制,其目的是什么?

2. 在研究人脑某区域在决策中的作用时,试验者为何要招募该区域瘫痪的病人作为被试?你认为这种实验逻辑是否存在问题?

3. 脑成像是一种比较直观的脑兴奋侦测技术,但是其对被试头部的扫描方式存在许多硬性要求,可能给实验带来了限制。例如,你认为躺着进行决策和正坐进行决策其结果会有明显区别吗?试提出你的其他设想。

4. 文中介绍的神经经济实验都是以单个个体决策为试验背景的,即独立决策(solitary choice)。但是在经济学中另一个重要的研究课题是策略决策(strategic choice),即多个个体间竞争、合作、复仇等决策过程。据你猜想,脑成像试验应该如何反映多个个体博弈期间多个大脑间的兴奋状态?[①]

第 9 章参考答案

---

① 有兴趣的读者可以参考 Montague, P. R., Berns, G. S., Cohen, J. D., McClure, S. M., Pagnoni, G., Dhamala, M., Wiest, M. C., Karpov, I., King, R. D., Apple, N. & Fisher, R. E. (2002). Hyperscanning: Simultaneous fMRI during linked social interactions. *Neuro Image*, 16, pp.1159-1164.

参 考 文 献

[1] 陆剑清. 投资行为学[M]. 北京：清华大学出版社，2012.
[2] 陆剑清. 行为金融学[M]. 北京：清华大学出版社，2013.